新时代新商科系列教材

商务谈判理论与技巧

主　编　殷向洲
副主编　张光磊　汪秀婷

武汉理工大学出版社

内 容 提 要

商务谈判是现代社会经济生活不可或缺的重要组成部分。它既是一门融多学科于一体的综合学科，又是一门需要灵活运用各种知识与技巧的艺术。本书从商务谈判理论、商务谈判流程、商务谈判策略、国际商务谈判四个方面全面介绍了商务谈判的相关知识，重点突出理论基础知识及其应用，借助各种案例加强读者对商务谈判理论知识的理解，结构层次清晰，具有较强的逻辑性和可读性，有助于培养读者分析和解决问题的能力。

图书在版编目(CIP)数据

商务谈判理论与技巧/殷向洲主编. —武汉:武汉理工大学出版社,2022.3(2023.12 重印)
新时代新商科系列教材
ISBN 978-7-5629-6555-8

Ⅰ.①商… Ⅱ.①殷… Ⅲ.①商务谈判-高等学校-教材 Ⅳ.①F715.4

中国版本图书馆 CIP 数据核字(2022)第 034033 号

项目负责人:楼燕芳		责 任 编 辑:楼燕芳	
责 任 校 对:向玉露		排　　　版:天成图文	

出 版 发 行:武汉理工大学出版社
社　　　　址:武汉市洪山区珞狮路 122 号
邮　　　　编:430070
网　　　　址:http://www.wutp.com.cn
经　　　　销:各地新华书店
印　　　　刷:武汉兴和彩色印务有限公司
开　　　　本:787×1092　1/16
印　　　　张:12
字　　　　数:315 千字
版　　　　次:2022 年 3 月第 1 版
印　　　　次:2023 年 12 月第 3 次印刷
定　　　　价:36.00 元

凡使用本教材的教师,可通过 E-mail 索取教学参考资料。
E-mail:10124159@qq.com
本社购书热线电话:027-87384729　87391631　87165708(传真)
凡购本书,如有缺页、倒页、脱页等印装质量问题,请向出版社发行部调换。

·版权所有　盗版必究·

新时代新商科系列教材编审委员会

主　任：
　　陈晓芳
副主任：
　　王　超
委　员：（按姓氏笔画排序）
　　马　颖　刘明菲　闵　剑
　　汪秀婷　陈　耘　罗　帆
　　胡　艳　殷向洲　彭华涛
　　程　琦　鄢　丹

总　序

　　新时代,我国发展的新的历史方位对商科人才的培养提出了新的要求。教育部发布的《关于深化本科教育教学改革 全面提高人才培养质量的意见》(以下简称《意见》)明确指出:要深化高校专业供给侧改革,在本科高校人才培养方面,要积极发挥"互联网＋教育"模式的优势,探索智能化教育新形态。培养出符合时代发展需要、满足行业需求的应用型、复合型新商科人才,是新时代商科教育改革发展的阶段性目标,将为我国经济社会实现可持续发展提供重要的人才保障。为此,我们组织人员编著了这套"新时代新商科系列教材"。

　　新一轮科技革命和产业革命引发的商科教育变革越来越清楚地表明,必须重新审视与深刻思考传统意义上的以专业职能培养为导向的商科教育,勇于探索与积极实践一场范式转化意义上的商科教育的深入变革。本系列教材的编著立足中国特色社会主义进入新时代这一新节点,面对中国高等教育的新需求、新变化、新阶段、新特征、新考验,特别是党的十九届五中全会确定的高等教育发展的新目标和新要求,力求大力推进商科人才培养范式的新变革,以期为挖掘中国改革开放和现代化建设的伟大实践,构建新时代新商科理论体系,建设优质商科教学资源和内容做出贡献。

　　本系列教材首批共有十五种,涵盖工商管理和管理科学与工程两个学科,具有以下四个鲜明的特色:

　　一是体现专业思政。高校的根本任务是立德树人,教材是传播知识的最重要载体,本系列教材的内容结合立德树人的根本要求,强调知识与思政内容的有机结合,在传授知识的同时,重视家国情怀、人格塑造和科学方法论知识的传播。因此,本系列教材不仅是知识传播的载体,更是立德树人的渠道。

　　二是强调交叉融合。为满足新经济时代对商科人才的能力要求,本系列教材以管理与技术的融合为特色,包含了最新的全球营销、网络营销、财务智能分析、大数据分析以及商务数据决策等新时代新经济发展所需要的理论知识与实践应用。

　　三是立足市场导向。为全面培养新时代的商科人才,本系列教材不仅包含了战略管理、财务管理、会计学等基础性商科理论知识,还涵盖了面向实际需求的情商与沟通管理、项目管理、数据分析等新商科人才应具备的实践技能。

　　四是扎根中国情境。本系列教材以中国特色话语体系为主导,在强调与国际接轨的同时,也强调中国国情,采用中国案例,用符合中国国情的理论解释中国现象,解决中国问题,指导中国的经济发展实践,其内容更加适合中国实际,符合新时代中国高校的课程设置。

　　本系列教材结合互联网技术,根据每种教材的具体内容,配套相关的多媒体资源,在一定程度上弥补纸质书的缺陷。除了适用于工商管理、管理科学与工程学科的本科生外,本系列教材也可作为工商管理、管理科学与工程学科的研究生以及工商管理从业人员的参考资料。

随着新时代教育改革的不断深入、新技术的日新月异和新经济的蓬勃发展,商科的研究和教育应顺应时代潮流,不断发展和完善,教材也要不断更新内容——"终日乾乾,与时偕行"。编著这套教材,是在新时代对新商科教材建设的初步探索和尝试,希望广大读者对这套教材提出批评与建议,以便于我们不断修订与完善。

新时代新商科系列教材编写委员会

前　言

自从有了社会交往,谈判就作为一种普遍的社会活动,影响人类的社会发展。改革开放打开了国门,企业开始置身于国际化市场,商务活动日益频繁,而任何一次商务活动都离不开谈判。如今,商务谈判已成为社会经济生活不可或缺的重要组成部分。

商务谈判并非人们想象的那么容易,谈判桌上"风云变幻",每一场谈判都俨然是一场没有硝烟的战争,复杂的形势会使缺乏经验的谈判人员疲于应付,即使是老练的谈判人员,有时也难免"败走麦城"。商务谈判人员不能依靠玩弄手段或欺诈来获取谈判的胜利,而是需要熟练掌握谈判的各种理论和技巧,并加以灵活运用,以在谈判过程中处于优势地位。

商务谈判既是一门融多学科于一体的综合学科,又是一种需要灵活运用各种知识与技巧的艺术。在现代社会经济生活中,商务谈判涉及的学科领域十分广阔,包括心理学、公共关系学、国际贸易学、市场营销学、法学、逻辑学、会计学、统计学、礼仪学等。

本书共分为四篇,即商务谈判理论篇、商务谈判流程篇、商务谈判策略篇、国际商务谈判篇。商务谈判理论篇主要对商务谈判的概念、特点、原则、作用、类型等理论知识进行阐述,同时对商务谈判人员的心理进行分析。商务谈判流程篇介绍了谈判活动的流程及各个阶段中需要注意的要点。商务谈判策略篇主要阐述了各种谈判策略与技巧,包括商务谈判的语言技巧、僵局的处理、风险的规避等,其中特别引入了"声东击西"和"借刀杀人"策略,以期为商务谈判提供具有中国特色的借鉴。国际商务谈判篇主要介绍了跨国文化差异对国际商务谈判的影响,以及国际商务谈判中需要注意的礼仪等。

本书重点突出理论基础知识及其应用,借助各种案例加强读者对商务谈判理论知识的理解。每一章按照学习目标、案例导入、理论知识讲解、本章小结、专有名词、思考题及案例讨论的主线进行编排,结构层次清晰,具有较强的逻辑性和可读性,有助于培养读者分析和解决问题的能力。

本书的编写分工如下:殷向洲撰写第一章至第八章并统稿,张光磊撰写第九章,汪秀婷撰写第十章。本书的编写参阅了大量相关资料及书籍,同时借鉴了诸多国内外专家、学者的观点,在此表示衷心的感谢! 由于编者水平有限,时间仓促,书中难免出现疏漏,恳请各位专家和读者批评指正。

编　者
2021 年 7 月

目　　录

商务谈判理论篇

第一章　商务谈判概述 (1)
- ■ 案例导入　罗杰·道森不花一分钱解救人质 (1)
- 第一节　商务谈判的概念和特点 (1)
- 第二节　商务谈判的原则和作用 (4)
- 第三节　商务谈判的类型和内容 (8)
- ■ 本章小结 (14)
- ■ 专有名词 (14)
- ■ 思考题 (14)
- ■ 案例讨论　我国某冶金公司与美国公司的价格谈判 (15)

第二章　商务谈判的心理研究 (16)
- ■ 案例导入　不凡帝公司的游戏规则 (16)
- 第一节　商务谈判心理研究的意义 (17)
- 第二节　需要理论 (19)
- 第三节　商务谈判者的心理类型 (23)
- 第四节　商务谈判中的心理因素 (28)
- 第五节　谈判者的心理误区与挫折应对 (32)
- ■ 本章小结 (35)
- ■ 专有名词 (35)
- ■ 思考题 (35)
- ■ 案例讨论　一场完全占据主动的价格谈判 (36)

商务谈判流程篇

第三章　商务谈判的准备 (37)
- ■ 案例导入　奥康集团与GEOX公司合作谈判 (37)
- 第一节　收集商务谈判所需的各类信息 (38)
- 第二节　组织谈判人员 (45)
- 第三节　准备谈判所需的物质条件 (50)
- 第四节　制订谈判方案 (51)
- 第五节　模拟谈判 (56)
- ■ 本章小结 (58)
- ■ 专有名词 (59)

- ■ 思考题 ··· (59)
- ■ 案例讨论　中韩双方关于丁苯橡胶的报价之争 ····················· (59)

第四章　商务谈判的过程 ·· (61)

- ■ 案例导入　谈判过程像谈了一场恋爱 ································· (61)
- 第一节　开局阶段 ··· (62)
- 第二节　报价阶段 ··· (69)
- 第三节　讨价还价阶段 ··· (74)
- 第四节　成交阶段 ··· (80)
- ■ 本章小结 ··· (83)
- ■ 专有名词 ··· (83)
- ■ 思考题 ·· (84)
- ■ 案例讨论　史蒂夫的报价策略 ··· (84)

商务谈判策略篇

第五章　商务谈判的语言技巧 ·· (86)

- ■ 案例导入　少了一颗纽扣 ·· (86)
- 第一节　商务谈判语言概述 ··· (87)
- 第二节　有声语言技巧 ··· (91)
- 第三节　无声语言技巧 ··· (98)
- ■ 本章小结 ··· (102)
- ■ 专有名词 ··· (102)
- ■ 思考题 ·· (102)
- ■ 案例讨论　中印项目谈判的语言运用 ································ (103)

第六章　商务谈判的策略 ·· (104)

- ■ 案例导入　商务谈判的开局 ··· (104)
- 第一节　商务谈判策略概述 ··· (104)
- 第二节　商务谈判过程中运用的策略 ··································· (111)
- 第三节　对付不同风格谈判对手的策略 ································ (117)
- 第四节　"声东击西"策略在商务谈判中的运用 ······················ (121)
- 第五节　"借刀杀人"策略在商务谈判中的运用 ······················ (123)
- ■ 本章小结 ··· (126)
- ■ 专有名词 ··· (126)
- ■ 思考题 ·· (126)
- ■ 案例讨论　中国高铁招标 ·· (127)

第七章 商务谈判中僵局的处理 (129)
- ■ 案例导入 失言的后果 (129)
- 第一节 僵局产生的原因及类型 (129)
- 第二节 处理僵局的原则及办法 (132)
- 第三节 破解谈判僵局的策略 (133)
- ■ 本章小结 (136)
- ■ 专有名词 (137)
- ■ 思考题 (137)
- ■ 案例讨论 中日特大索赔案 (137)

第八章 商务谈判的风险与规避 (140)
- ■ 案例导入 范旭东打破"洋碱"垄断 (140)
- 第一节 商务谈判中的风险 (141)
- 第二节 商务谈判中的风险规避 (145)
- ■ 本章小结 (148)
- ■ 专有名词 (149)
- ■ 思考题 (149)
- ■ 案例讨论 令人失望的欧洲迪士尼乐园 (149)

国际商务谈判篇

第九章 国际商务谈判 (152)
- ■ 案例导入 石灰原料提供方的那些事 (152)
- 第一节 国际商务谈判概述 (153)
- 第二节 文化差异及其对国际商务谈判的影响 (155)
- ■ 本章小结 (161)
- ■ 专有名词 (162)
- ■ 思考题 (162)
- ■ 案例讨论 南方蜡烛公司的失败之旅 (162)

第十章 商务谈判礼仪 (165)
- ■ 案例导入 投其所好 (165)
- 第一节 商务礼仪概述 (165)
- 第二节 商务谈判的日常礼仪 (169)
- ■ 本章小结 (175)
- ■ 专有名词 (175)
- ■ 思考题 (175)
- ■ 案例讨论 不懂礼仪的代价 (176)

参考文献 (177)

商务谈判理论篇

第一章　商务谈判概述

学习目标

1. 熟练掌握商务谈判的概念及特点。
2. 理解商务谈判的原则及作用。
3. 熟悉商务谈判的类型及内容。

案例导入

罗杰·道森不花一分钱解救人质

作为谈判专家,罗杰·道森最富传奇色彩的经历即"虎口救人"——不花一分钱说服萨达姆释放了一名人质。

1991年的一个夜晚,罗杰·道森在家中接到一个电话,对方说自己在科威特石油公司的兄弟被萨达姆扣为人质,想聘请罗杰·道森为谈判顾问,无论花多少钱都愿意赎回他的兄弟。"金钱并不能打动萨达姆,我们必须真正明白萨达姆想要什么。"罗杰·道森说。考虑到海湾战争期间萨达姆的国际形象很不好,萨达姆急需改变这种形象,因此他决定调动新闻媒体来报道这一事件。

几经波折之后,罗杰·道森见到了萨达姆,并说服萨达姆在镜头前发表了20分钟的演讲,最后释放了人质。要知道,这是那段时期萨达姆所放出的唯一人质。

第一节　商务谈判的概念和特点

一、商务谈判的概念

1. 谈判的含义

谈判有广义和狭义之分。广义的谈判指各种形式的"交涉、磋商和洽谈",狭义的谈判则指在正式场合下安排和进行的会谈。国内外主流学派对谈判的定义对比表见表1-1：

表 1-1 国内外主流学派对谈判的定义对比表

序号	国外主流观点	国内主流观点	对比
1	谈判是指有关各方为了达到自身的目的,在一项涉及各方利益的事务中进行磋商,并通过调整各自提出的条件,最终达成一项各方较为满意的协议这样一个不断协调的过程	谈判是指人们为了各自的利益动机而进行相互协商并设法达成一致意见的行为	国外的观点认为谈判是一个过程,强调谈判过程的结果是达成各方满意的协议;国内的观点认为谈判是一种行为,强调谈判行为产生的动机
2	谈判是使两个或数个角色处于面对面位置上的一项活动。各角色因持有分歧而相互对立,但他们彼此又互为依存。他们选择谋求达成协议的实际态度,以便终止分歧,并在他们之间(即使是暂时性的)创造、维持、发展某种关系	谈判是具有利害关系的双方或多方谋求一致而进行协商洽谈的沟通协调活动	国外的观点强调谈判各方的关系是互相对立又相互依存;国内的观点说明了谈判的性质是沟通协调
3	谈判是双方致力于说服对方接受其要求时所运用的一种交换意见的技能	谈判是双方(各方)观点互换、情感互动、利益互惠的人际交往活动	国外的观点认为谈判是一种互相说服的技能;国内的观点认为谈判是情感交往活动

虽然中外学者对谈判定义的表述各异,但不难从中发现关于谈判的基本点:

(1)谈判活动必须有两个或两个以上的参与者,且他们之间存在着一定的利益关系。

(2)谈判各方之间在利益、立场、观点等方面存在分歧,试图通过谈判寻求解决分歧的方法。

(3)谈判活动中,各方运用各种策略,在为自己争取最大利益的基础上达成一致协议。

综上所述,谈判是指具有利益关系的各方为了满足各自的需要,对某个或某些问题进行磋商,协调彼此之间的关系,从而达成协议的过程。

2. 商务谈判的含义

商务谈判是谈判的一种,是指在经济贸易活动中,买卖各方为了满足各自的需要,改善彼此间的经济关系,进行意见交流、关系协调,争取达成一致协议的过程。

经济利益是指因持有某一实体的股权、债券以及其他债务性的工具而拥有的利益,包括为取得这种利益而享有的权利和承担的义务。商务谈判中涉及的经济利益主要有谈判对象的所有权、持有者的要求权和商业票据等。

商务,泛指一切有形资产与无形资产的交换或买卖事宜。按照国际惯例,商务活动分为以下四种:

(1)直接的商品交易活动,如商品的批发、零售等。

(2)直接为商品交易服务的活动,如运输、仓储、加工整理等。

(3)间接为商品交易服务的活动,如金融、保险、信托、租赁等。

(4)具有服务性质的活动,如咨询、广告等。

商务谈判的要素主要有商务谈判主体、商务谈判客体、商务谈判目标、商务谈判环境、商务谈判方式等。

(1)商务谈判主体。商务谈判主体是指参加商务谈判活动的双方(各方)人员,可具体划分为关系主体和行为主体。

①关系主体:在商务谈判中有权参加并承担后果的自然人、社会组织及其他能够在谈判或履约中享有权利、承担义务的各种实体。

②行为主体:实际参加谈判的人。

在商务谈判活动中,谈判主体是最主要的因素,决定了谈判活动的成效。谈判主体可以是单个的人,也可以是由各种精英组成的团队。

(2)商务谈判客体。商务谈判的客体是指商务谈判活动的标的和议题。

①商务谈判的标的:商务谈判涉及的交易对象或交易内容,如贸易谈判的标的是买卖的具体货物。

②商务谈判的议题:谈判需商议的具体内容或交易条件,如价格、质量、支付方式等。谈判议题是谈判的核心,是一切谈判活动的中心,它决定参与谈判的人员组成及谈判中运用的策略。没有议题,谈判就无法进行。

(3)商务谈判目标。商务谈判的目标很明确,就是在争取到自己最大利益的前提下与谈判对手达成协议。虽然谈判双方(各方)的具体目标是不一样的,但都服从谈判活动的直接目标,只有这个直接目标实现了,谈判双方(各方)才可能实现各自的具体目标。

(4)商务谈判环境。商务谈判环境是指进行商务谈判活动时所处的客观环境,它对谈判的结果具有很大的影响,主要包括政治环境(社会制度、国家关系等)、经济环境(市场需求状况等)、文化环境(宗教信仰、企业经营理念等)等。

(5)商务谈判方式。商务谈判方式是指谈判双方(各方)解决谈判问题时用来沟通、协商的途径。根据商务谈判使用的方式和手段的不同,可将商务谈判分为面对面谈判、电话谈判、函电谈判和网上谈判。

①面对面谈判。面对面谈判是最古老、应用最广泛最频繁的一种方式,指谈判双方(各方)直接地、面对面地就谈判内容进行沟通、磋商和洽谈。面对面谈判可以直接对话、直接交流,具有较大的灵活性,谈判的方式较为规范,谈判的内容深入、细致,有利于建立长久的贸易伙伴关系。但是面对面谈判有时间限制,决策时间短,有较高的物质条件要求,费用较高。

②电话谈判。随着通信技术的广泛使用和日益普及,使用电话沟通信息、洽谈商务、进行谈判越来越常见。电话谈判使用限制小、谈判成本低,但容易遗漏一些谈判事项。

③函电谈判。这是通过磋商,寻求达成交易的书面谈判方式。函电谈判省时、谈判成本低,能够方便、准确地传递谈判信息,有利于进行谈判决策。但文字沟通可能会出现理解不一致的情况,无法洞察对方的心理活动,无法深入、细致地讨论问题。函电谈判方式在国际贸易的商务谈判中使用普遍,在国内贸易的商务谈判中则较少使用。

函电谈判方式与电话谈判方式既有相似之处,又有不同之处。相似之处在于两者都是远距离、不见面的磋商;不同之处在于,前者用文字来表达,后者用语言来表达。

④网上谈判。这是伴随着电子商务的兴起而发展起来的新的谈判方式,谈判双方(各方)借助于互联网进行沟通、磋商和洽谈。网上谈判是一种特殊的书面谈判,加强了谈判各方间的信息交流,提高了谈判效率,有利于进行决策,降低谈判成本,改善服务质量。

二、商务谈判的特点

1. 谈判的特点

谈判兼具科学性和艺术性,是有关方面就共同关心的问题互相磋商,交换意见,寻求解决问题的途径和达成协议的过程。谈判具有以下特点:

(1)目的性。谈判总是以某种利益的满足为目标,是建立在满足谈判双方(或各方)需要的基础上的,这是进行谈判的动机和前提。

(2)相互性。谈判是两方或两方以上的交际活动,只有参与谈判的各方有可能通过对方的行为得到满足时,才会产生谈判。

(3)协调性。谈判是一个协调的过程,是谈判各方寻找利益共同点、解决问题和协调矛盾的过程。

(4)寻求建立和改善社会关系。谈判的目的是获得某种利益,要获得所追求的利益,就需要建立新的社会关系,或巩固已有的社会关系,而这种关系的建立和巩固是通过谈判实现的。

2. 商务谈判的特点

(1)合作与冲突兼而有之。商务谈判是谈判各方给予与接受兼而有之的一种互助过程。谈判是各方不断调整各自的需要,相互适应并最终趋于一致的过程。在任何一项谈判中,都必定同时存在合作和冲突。谈判各方都要做出一定的让步,在不同程度上修改其期望达到的目标,并降低某些要求,以满足对方的期望和要求。在谈判过程中,任何一方都需要根据对方的意愿和要求,相应地调整自己的需要,互相让步,最终达成彼此在利益上的平衡。需要注意的是,谈判中的让步对各方来说可能并不对等,因此,利益上的平衡并不意味着利益上的平均。所以商务谈判中冲突与合作兼具,谈判是各方合作与冲突的对立统一。

(2)双赢谈判互惠互利。谈判是谈判双方的一种交流活动,商务谈判是根据不同的要求和想法进行磋商,最终达成协议。双赢的谈判能够节约谈判各方的时间,提高谈判效率。

商务谈判除了关注达到谈判目标、签订谈判协议外,更关注长远利益,谈判双方建立一种良好的社会关系。因此,成功的谈判是在维护良好社会关系的前提下,实现谈判目的,以满足各自的需要。精明的谈判者往往不过分计较一时的得失,而是善于从战略的角度看待问题。尽管在当前的某项谈判中,一方可能放弃了某些可以得到的利益,但由此维护和改善了双方的合作关系,为未来长期利益的实现铺平了道路。

成功的商务谈判应该是这样的谈判:谈判双方的需要都得到了最大限度的满足,双方的互惠合作关系有了进一步的发展,任何一方的谈判收益都远远大于成本,整个谈判是高效率的。

(3)注重合同条款的严密性与准确性。商务谈判的结果是由双方协商一致的协议或合同来体现的。合同条款反映了各方的权利和义务,其严密性与准确性是保障谈判各方获得各种利益的重要前提。如果在拟订合同条款时,不注意其严密性、准确性,就有可能掉进对方设置的语言陷阱,不但失去既得利益,而且有可能付出更大的代价。因此,在商务谈判中,谈判者不仅要重视口头上的承诺,更要重视合同条款的严密性和准确性。

第二节 商务谈判的原则和作用

一、商务谈判的原则

谈判原则是指谈判的指导思想和基本准则,是谈判内在固有的范式,谈判各方都必须遵循。遵循必要的谈判原则，是谈判获得成功的基本保证。商务谈判应当坚持合作原则、维护利益原则、互惠互利原则、就事论事原则、客观标准原则和合法原则。

1. 合作原则

合作原则是指在谈判中坚持将对方作为合作对象的原则。参与谈判的各方是合作者而非竞争者，在谈判过程中所表达的内容需要符合某次谈判的特定目标和方向。在谈判过程中，既要据"利"力争，又要注重合作互惠，做到求同存异。如果把谈判对方看作对手，必然要在谈判过程中分出输赢，无论什么结果，都不是商务谈判最理想的结果。正如谈判专家尼伦伯格指出的："陷入争输赢的谈判状况时，我们越想胜利，奋战得越艰苦，因为对方也期望胜利。"

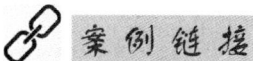

强硬的胜利并非成功的谈判

美国纽约印刷工会领导人伯特伦·波厄斯以"经济谈判毫不让步"而闻名全国。他在一次与报业主进行的谈判中，不顾客观情况，坚持强硬立场，甚至两次号召报业工人罢工，迫使报业主满足了他提出的全部要求。报业主被迫同意为印刷工人大幅度增加工资，并且承诺不采用排版自动化等先进技术，防止工人失业。谈判结果是以伯特伦·波厄斯为首的工会组织一方大获全胜，报业主则陷入困境。最终三家大报社被迫合并，小报社倒闭，全市只剩下一家晚报和两家晨报，以致数千名报业工人失业。

在谈判过程中，如果一方追求强硬的胜利，会导致谈判失败或另一方被迫同意，最终的结果只会是两败俱伤。

在商务谈判过程中，谈判各方要关注对方，运用合作原则调整自己的策略，积极寻求合作。只有谈判各方共同遵守合作原则，才能最大限度地推动商务谈判活动顺利进行，才能最大限度地获得收益。

2. 维护利益原则

在谈判过程中，要以维护自己的既定利益为前提，一切谈判条件都要服从获取自己的合法利益这个大目标。只站在己方的立场上去解决问题，片面地坚持己方意见，就无法与对方达成友好协议。如果在谈判过程中不考虑对方利益，一味地强调己方的得失，即使做出迫不得已的让步，也是以对方的让步或牺牲为代价，这样即使达成协议，也并非双方真实意志的体现，会导致谈判无休止地争执、拖延下去，破坏谈判气氛，严重损害双方的关系，甚至导致谈判破裂。

20世纪七八十年代，在世界上比较发达的资本主义国家，劳资关系是非常紧张的。之所以这样，根本原因在于不论是资方还是劳方，都把双方的关系看作敌对的，导致在许多情况下都两败俱伤。有时一方争取到了近期利益，却损害了长远利益。要想长久、彻底地维护己方的利益，就要消除双方的敌意，寻找利益共同点，这样达成的协议才会使双方都受益。

3. 互惠互利原则

商务谈判最圆满的结局，应当是谈判的所有参与者各取所需，各偿所愿，同时照顾到了其他各方的实际利益，是一种多赢的局面。商务谈判过程中，在不损害自身利益的同时，应尽可能为谈判对方着想，主动为对方保留一定的利益，即遵循互惠互利原则，尽力达到各方共赢的局面，积极寻求长久合作。

互惠互利原则又称对等原则，要求商务谈判双方在了解对方需要的情况下，互通有无，使双方都能有所得；在考虑己方利益的同时，照顾对方利益，使商务谈判结果实现等价交换，互惠互利。等价交换是商品交换的客观规律，而互惠互利是实现交换的前提。当然，互惠互利不等于利益均分，可能一方获得的利益多一些，另一方获得的利益少一些，这主要取决于双方各自拥有的实力和谈判技巧等因素。

一汽的发动机谈判

1986年，我国正式批准了第一汽车制造厂（以下简称一汽）生产轿车的计划。我国汽车考察团先是与美国克莱斯勒汽车公司达成了合作意向：中方以一定的价格购买克莱斯勒汽车公司的高功率低油耗发动机，而克莱斯勒汽车公司承诺未来中方购买轿车车身时可以获得优惠。然而，当一汽准备购买车身时，克莱斯勒汽车公司突然转变了态度，大幅提高了报价。由于当时一汽所用的汽车发动机只适配克莱斯勒汽车公司提供的车身，一汽一时间陷入了两难的境地。此时，德国大众汽车公司主动寻求与一汽合作，共同研发了适配的车身，赢得了一汽的信赖。克莱斯勒汽车公司闻讯后，连忙降低条件再次谈判，但已于事无补。最终，大众汽车公司与一汽达成了协议。

4. 就事论事原则

商务谈判过程中的一个重要原则是就事论事原则。无论双方为了维护各自的利益争论得多么激烈，也不管讨价还价多么苛刻，都应始终以礼相待，绝对不能话不投机，恶言相向，甚至进行人身攻击。"买卖不成仁义在"，要从长远的角度考虑问题。

谈判过程中，谈判者在处理己方与对方之间的相互关系时，必须要做到人与事分别而论。要切记朋友归朋友、谈判归谈判，二者之间的界限不能混淆。如果在谈判中把彼此当作对手，会造成人与事的混淆。

人是商务谈判的主体，会不自觉地把个人的主观感受带入谈判过程中。就事论事原则要求把人与问题分开，尽量减少人的主观因素对谈判的影响。在谈判过程中要尽量多地阐述客观情况，在对方没有推卸责任的情况下，不要提出责任在谁，这样不仅避免了对方因遭受指责而情绪激动，而且还会调动对方解决问题的积极性。

5. 客观标准原则

客观标准原则是指独立于各方意志之外的合乎情理和切实可用的准则。它既可能是一些惯例、通则，比如等价交换、国际惯例、法律法规等，又可能是职业标准、道德标准、科学工作者鉴定标准等。坚持客观标准原则能够很好地消除建立在双方意愿基础上的让步所产生的弊病，有利于谈判者达成明智而公正的协议。

因为商务谈判所涉及的内容极其广泛，所以客观标准也是多种多样的。例如，在大米交易谈判中，卖方报价是每吨1000美元，而买方出价是每吨900美元，调和的标准是什么呢？如何确定一个公平的价格？这时大米的生产加工成本、市场上同类商品的价格就可作为参照，是谈判的客观标准。当然，这里的客观标准只是谈判双方参照的依据，不是商定的价格。这是因为价格议定还要考虑交货期限、交易数量、商品质量等多种因素。如果双方都能从坚持客观标准这一原则出发,所提出的要求和条件就比较客观、公正,而不是漫天要价、不着边际,调和双方的利益也变得可能和可行。只有坚持客观标准原则,才能规范谈判内容,使谈判有更高的效率。

6. 合法原则

任何谈判都是在一定法律的约束下进行的,谈判必须遵循合法原则。合法原则是指谈判及其合同的签订必须遵守相关的法律法规。国际谈判应当遵守国际法及谈判对方所在国家的有关规定。合法原则主要体现在四个方面:

(1)谈判主体必须合法。
(2)谈判各方所从事的交易项目必须合法。
(3)谈判各方在谈判过程中的行为必须合法。
(4)签订的合同必须合法。

谈判主体合法是谈判的前提条件,无论是谈判的行为主体还是谈判的关系主体,都必须具备谈判的资格,否则谈判无效。交易项目合法是谈判的基础,如果谈判各方从事的是非法交易,那么他们为此进行的谈判不仅不是合法的谈判,而且因其交易项目为法律所禁止,交易者还会受到法律的制裁。谈判行为合法是谈判顺利进行并且取得成功的保证。谈判要通过正当的途径达到目标,而不能通过一些不正当的手段谋取私利。只有在谈判中遵循合法原则,谈判及其签订的合同或协议才具有法律效力,谈判当事人的权益才能受到保护,实现其预期的目标。

二、商务谈判的作用

对于企业而言,商务谈判关乎企业战略目标的实现,影响企业的生存与发展,是树立企业形象的窗口,获取市场信息的重要途径,建立和改善商务关系的良好方式。

1. 商务谈判是实现企业经营战略的重要手段

企业不能没有商务谈判,商务谈判是企业运作的重要环节。企业和外界的一切业务往来,都要通过谈判来建立关系。在谈判中,谈判人员的一言一行都是企业经营战略的体现,都是为实现企业经营目标服务的。谈判人员开高价或放低价,态度热情或态度冷淡,都应该与企业的经营战略目标相统一。

2. 商务谈判影响企业的生存和发展

企业要生存发展,商务活动就必须有效。有效的商务活动,基于成功的商务谈判。商务谈判人员能够找到可靠、有益的合作伙伴,能够与之签订互惠互利的协议,就为实现企业的利益目标创造了良好的条件,为企业运营进入良性循环打好了基础。

3. 商务谈判是树立企业形象的窗口

每一次商务谈判,虽然不能保证都达成协议,但都是企业宣传自己、树立形象、扩大知名度的机会。谈判人员是企业形象的代表,他人对企业的印象,可能就来自于该企业谈判人员的一言一行。谈判人员是否干练,会使人联想到企业是否善于经营;谈判人员是否诚信,会使人联想到企业是否可靠。这些可能就为以后的合作铺平了道路或制造了障碍。

4. 商务谈判是企业获取市场信息的重要途径

商务谈判中,谈判人员在向对方传达信息的同时,也在接收对方发布的信息。这种获取信息的方式和企业日常收集信息的方式有所不同。商务谈判的目的是明确而具体的,为了说服对方,各方准备的信息往往是最充分、最具说服力的,信息收集方平时一般很难凭借自己的努力收集到这些信息。这对企业来说,是谈判的额外收获,谈判人员不能忽视。比如,通过谈判可以了解对方的多种情况,可以知道企业自身对市场的影响,可以听到对企业产品的不满之声等。这无论是对谈判,还是对改进工作,都是宝贵的财富。

5. 商务谈判有利于建立和加强企业间的经济联系

商务谈判大多是在企业与企业之间进行的。每个企业只有与其他部门或单位进行协作,才能完成生产经营活动。事实上,经济越发展,分工越细,专业化程度越高,企业间的联系与合作越紧密,越是需要各种有效的沟通手段。企业之间的交往与联系必须建立在自愿互利的基础上,实行等价交换、公平交易。因此,谈判就成为企业之间进行经济联系的桥梁和纽带。

随着改革的不断深化,市场体制逐步完善,企业拥有了充分的自主权和独立的经济利益,成为真正独立的商品生产经营者。企业有权在国家的宏观调控下进行生产经营活动,有权维护自己独立的经济利益和各种合法权益。这样,谈判就成为经济活动中企业之间以及企业与其他各种经济实体之间联系的主要媒介。企业通过谈判获得生产要素,销售产品;通过谈判处理合同纠纷;通过谈判解决企业生产经营活动中所有涉及两方及两方以上的任何问题。

由此可以看出,谈判加强了企业之间的联系,促进了经济的发展。

第三节 商务谈判的类型和内容

一、商务谈判的类型

1. 按参加谈判的利益主体的数量分类

根据谈判利益主体的数量的多少,商务谈判可分为双方谈判和多方谈判两种类型。

(1)双方谈判,是指只有两个利益主体参与的谈判。例如,由一个卖方和一个买方参与的交易谈判就是双方谈判。在国家或地区间进行的双方谈判也叫双边谈判。

(2)多方谈判,是指有三个及三个以上的利益主体参与的谈判。在国家或地区间进行的多方谈判也叫多边谈判。

双方谈判和多方谈判,由于利益主体数量的差别而有不同的特点。双方谈判,一般来说涉及的责权利划分简单明确,因而谈判较易控制。多方谈判,由于参与方数量较多,其谈判条件相对复杂,需要顾及的方面也较多,一般难以在多方的利益关系中加以协调,从而会增加谈判的难度。

2. 按参与谈判人员的规模分类

根据谈判人员规模,商务谈判可分为一对一谈判、小组谈判和大型谈判。

(1)一对一谈判。对于小项目的商务谈判,各方往往只选派一个人,即采用一对一谈判类型。一对一谈判一般适合规模小、谈判者能全权代表的场合。这种谈判方式灵活,有利于谈判过程和内容的保密。然而,一对一谈判往往是最困难的谈判类型,因为谈判双方都无法得到助手的帮助,只能单兵作战。所以,在安排人员参加这种类型谈判的时候,一定要谨慎选择。

(2)小组谈判。对于情况较复杂、规模较大的谈判项目,各方一般都会选派多人参加谈判,他们之间有明确的分工,各尽所能,相互协作,体现集体的智慧,这样可以缩短谈判时间,大大提高谈判的效率。

(3)大型谈判。采用大型谈判方式的一般都是国家级重大项目,有的甚至会影响国家声望及国家利益,所以必须准备充分、计划周详。为此,必须为谈判团队配备专家顾问团或智囊团。这种类型谈判的程序都较严密,时间也较长,一般会分若干阶段进行。

3. 按谈判所在地分类

根据谈判所在地,商务谈判可分为主场谈判、客场谈判、主客场轮流谈判和中立场谈判。

(1)主场谈判,又称为主座谈判,是指在自己一方所在地组织的谈判。主场谈判,主方占有"地利"的优势,会有诸多便利,如熟悉的工作和生活环境、利于谈判的各项准备、便于问题的请示和确定磋商条件等。作为东道主,谈判的主方必须礼貌待客,做好谈判的各项准备。

(2)客场谈判,又称为客座谈判,是指在谈判对手所在地进行的谈判。在客场谈判中,远赴他乡的谈判人员会受到各种条件的限制,这时就必须审时度势,认真分析谈判背景,以及主方的优势与不足等,以便正确运用并调整自己的谈判策略,发挥自己的优势,争取获得满意的谈判结果。

(3)主客场轮流谈判。主客场轮流谈判是一种在商务谈判中轮流交换谈判地点的谈判。主客场轮流谈判适用于情况复杂、周期长的谈判,可能是大宗商品的买卖,也可能是成套项目的买卖。如果谈判需要分阶段进行,通常安排主客场轮流谈判,以平衡主客场谈判的利弊。在这种情况下,谈判人员要善于抓住主场机会,使其对整个谈判过程产生有利的影响。

(4)中立场谈判,是指在谈判双方(或各方)所在地以外的地点安排的谈判。中立场谈判方式可以避免主、客场对谈判的某些影响,为谈判提供良好的环境和平等的氛围,但是也可能因中立场的介入而使谈判各方的关系发生微妙的变化。

4. 按谈判的态度与方法分类

根据谈判的态度与方法,商务谈判可分为软式谈判、硬式谈判和原则式谈判。

(1)软式谈判,也称关系型谈判或让步谈判。这种谈判方式把谈判对手当作朋友,重点在于和对方建立和维持良好的合作关系。

一般软式谈判的具体进程为:相信对方——提出建议——做出让步——达成协议——建立并维护关系。如果谈判各方都以"关系"为重,那么谈判效率就会大大提高,协议也会顺利达成。然而,由于各方的价值观是不同的,加上利益的驱使,纯粹的软式谈判是不可能发生的,一味地维护"关系"而选择退让,最终达成的只能是利益受损的不公平协议。只有在长期保持友好、信任关系的合作伙伴中才可以考虑选择软式谈判方式。

(2)硬式谈判,也称立场型谈判。这种谈判方式强调的是坚持自己的既定立场,认为谈判是一场意志力的竞赛,不能退让,只有在自己的既定利益目标达成后才会与对方签订协议。

采用硬式谈判,往往会陷入旷日持久的僵局,无法达成协议。这种谈判方式多用于以下情况:对方玩弄谈判手段侵害己方权益;事关己方重大利益且无法退让;对方为己方的竞争对手,进行一次商务交往后不再合作等。

(3)原则式谈判,也称价值型谈判。此谈判方式强调公平、公正原则,各方开诚布公,努力寻找利益平衡点,是一种既理性又富有人情味的谈判方式。这种谈判方式符合现代谈判强调的实现各方互惠合作的宗旨,日益受到社会的推崇。

原则式谈判和软式谈判都注意与谈判对方保持良好的关系,但是软式谈判强调双方关系,忽视利益的获得;而原则式谈判要求谈判双方都尊重对方的基本需求,寻求双方的利益共同点。当双方的利益发生冲突时,原则式谈判坚持根据公平原则寻找共同性利益,达成双方都可接受的协议,而不是一味地退让。

原则式谈判和硬式谈判相比,主要区别在于原则式谈判主张调和双方利益,而不是在立场上纠缠不清。在原则性谈判中,谈判者更容易找到既符合自身利益又符合对方利益的替代性方案,缓和谈判的紧张气氛。

5.按谈判参与方所在的地区范围分类

按谈判参与方所在国家或地区界限,商务谈判可分为国内商务谈判和国际商务谈判。

(1)国内商务谈判,是指谈判参与方同属一个国家或地区的谈判。国内商务谈判的各参与方都处于相同的文化背景中,不需要考虑文化差异带来的负面影响,谈判的主要问题是怎样运用谈判策略调整各方利益,寻求更多的平衡点。

(2)国际商务谈判,是指谈判参与方来自两个或两个以上的国家或地区的谈判。国际商务谈判远比国内商务谈判复杂,这是因为谈判人员来自不同的国家或地区,其在语言、信仰、价值观念、谈判心理等方面都存在很大差距,势必会对谈判进程造成一定的影响。

6.按谈判结果的呈现形式分类

根据谈判结果的呈现形式,商务谈判可分为合同之内的谈判和合同之外的谈判。

(1) 合同之内的谈判

①合同条款的谈判。合同条款是各方履行合同的保证,它主要包括双方的权利义务、纠纷处理、合同期限、执行方式等,是构成一份完整有效的合同所必不可少的部分。

②价格的谈判。价格谈判是商务谈判的核心,是谈判中最敏感的话题,商务谈判策略与技巧往往体现于此。商务谈判的失败一般都是由于谈判各方在价格方面无法达成最终一致造成的。

③交易条件的谈判。交易条件与谈判价格相辅相成、相互影响,是谈判参与方利益的重要组成部分。交易条件主要包括标的、数量与质量、付款方式等。

(2)合同之外的谈判

①谈判时间的谈判,是指关于谈判举行时间的谈判。谈判时间可由一方决定,也可由双方协商而定。不同的谈判时间,对各方的影响是不同的。时间不同,双方的准备程度不同,外部环境的变化不同,进而谈判实力也就不同。因此,谈判者要尽量争取利于己方的谈判时间。

②谈判地点的谈判,是指关于谈判举行地点的谈判。一般来说,主场谈判比客场谈判更有利。现代商务谈判强调公平公正原则,所以谈判的举行地往往主客场轮换,或者寻求第三方谈判地点。

③谈判议程的谈判,是指关于谈判的议题安排的谈判。一项内容复杂的谈判往往有多个议题,其先后顺序的安排对谈判结果的影响很大。谈判议程是谈判策略的重要组成部分,一般由双方协商而定。

二、重要商务谈判的具体内容

通常商务谈判可分为工程项目谈判、商品贸易谈判、技术贸易谈判、劳务合作谈判、合资合作谈判。

1.工程项目谈判

工程项目谈判,买方一般为工程的使用单位,卖方一般为工程的承建单位,谈判标的一般为承建工程。工程项目谈判是最复杂的商务谈判形式。工程项目谈判中涉及的内容广泛,一般为多方谈判。

工程项目谈判一般应包括以下内容:

(1)人工成本的谈判。人工成本费用在工程预算中占很大比重,谈判各方应认真磋商这部分支出的合理比例,如工资额、奖金额以及其他支出。

(2)材料成本的谈判。在工程建设中要耗费大量的钢材、木料、水泥等建筑材料,对于这部分费用的估价要仔细研究确定。

(3)保险范围和责任范围的谈判。为避免在施工过程中的人员伤亡,以及妥善处理伤亡后的各类事宜,谈判各方必须明确保险范围和责任范围。

(4)承包公司服务范围的谈判。有关承包公司服务范围及其责任的谈判,内容越详尽越好。如果只在合同中笼统地规定各自的责任范围,即使说明可以变更,买方要承包公司承担另外的责任,往往需付出很高的代价。

(5)工程设计调整的谈判。在工程项目施工期间可能要进行设计调整,谈判各方在谈判中应明确规定谁有权要求和批准设计变更,通过什么程序,承包公司应如何计算必需的变更费用,以防止承包公司对变更设计漫天要价。

(6)价格变动的谈判。谈判还应考虑到施工期间由于人工费用和材料成本价格变动产生的影响,在合同中进行明确的规定。

(7)设备保证的谈判。由生产厂家制造的设备在安装过程中可能会有所改动,原说明书、保证书有可能失效。所以,为了避免在以后的使用中出现问题,责任不清,在谈判中应明确由谁负责担保。

(8)工程留置权的谈判。承包公司可能将所承包的任务转包给其他公司,如果其他公司没有得到承包公司应付的款项,有可能拒绝转移所有权,因而影响利益。所以,在谈判中应明确规定出现上述情况时双方的责任及赔偿方式。

其他诸如不可抗力、执照和许可证、专利等都是谈判所涉及的内容,切不可忽略。

2. **商品贸易谈判**

商品贸易谈判是指商品买卖双方就商品的买卖条件所进行的谈判。与其他商务谈判相比,商品贸易谈判的难度相对较小,条款比较全面。

商品贸易谈判一般应包括以下内容:

(1)商品品质的谈判。商品品质是指商品的内在质量和外观形态。它是货物使用价值和价值的具体体现,是交易双方最关心的问题,也是洽谈的主要问题。在谈判中一定要对商品品质做出详细、准确、全面的规定。

(2)商品数量的谈判。确定买卖商品的数量,是非常有必要的,它是确定合同总金额的重要因素。在国际贸易谈判中,一定要明确使用哪种度量衡制度,以免由于采用不同的度量衡制度造成误会和争议。此外,还要根据商品的性质等因素选用适当的计量单位。

(3)商品包装的谈判。包装既可以保持货物的使用价值,又可以提升货物的价值。在商品交易中,除少数散装货、裸货外,绝大多数商品都需要包装。在货物的包装方面,买卖双方一般主要就包装材料、包装方式、包装标志和包装费用等进行磋商。

(4)商品运输的谈判。在商品交易中,卖方向买方收取货款是以交付货物为条件的,所以运输方式、运输费用以及交货地点是商务谈判的重要内容。

(5)商品检验的谈判。商品检验是指对交易商品的品种、质量、数量、包装等项目按照合同规定的标准进行检查和鉴定。检验合格,是卖方履行合同的重要标志,也是买方支付货款的前提条件。谈判中关于检验的磋商主要有检验内容和方法、检验时间和地点以及检验机构等。

(6)商品价格的谈判。商品价格是商务谈判中谈判议题的核心,直接影响贸易双方的经济利益。商品价格是否合理是决定商务谈判成败的重要因素。

商品价格是由商品成本、商品质量、商品成交数量、供求关系、竞争条件、运输方式和价格政策等因素共同决定的。

(7)支付方式的谈判。在商品贸易中,货款的结算与支付直接关系到交易双方的利益,影响双方的生存与发展。在不同的支付条件下,尽管表面上支付的价格总额不变,但对买方的实际支出和卖方的实际收入可能有很大影响。所以,谈判各方都应该努力争取对自身有利的支付条件。为此,要注意以下问题:

①支付货币种类。在国际商品交易中,涉及以何种货币计价和支付的问题。一般情况下应选择兑换比较方便、币值比较稳定的货币作为计价和支付货币。

②支付时间。支付时间的早晚影响到交易双方的实际收益,应根据资金周转状况商定具体的支付时间,以免日后节外生枝。对分期付款,需明确首付时间和金额以及之后的分期次数、各期的支付时间与金额;对延期付款,应明确具体的付款时间和进度。

③支付手段。货款的支付手段分为现金结算和非现金结算两种。目前,大多数交易采用非现金结算,这就需要对诸如汇票、本票、支票等支付手段做出明确规定。

(8)索赔、仲裁和不可抗力相关问题谈判。在商品交易中,买卖双方常常会因权利、义务或不可抗力产生争议,从而引起索赔、仲裁等情况的发生。

①索赔。索赔是一方在认为对方全部或部分未履行合同规定的责任时,向对方提出的索取赔偿的要求。除了买卖中的一方违约引起索赔外,索赔还可能由合同条款规定不明确、双方对同一条款的理解不一致等引起。一般来说,买卖双方在洽谈索赔问题时应洽谈索赔依据、索赔期限和索赔金额等内容。

②仲裁。仲裁是指在合同当事人产生争议且不能协商解决的情况下,由仲裁机构居中做出的判断和裁决。商务谈判中的仲裁条款主要包括仲裁地点、仲裁机构、仲裁程序和仲裁费用等内容。

③不可抗力。不可抗力也称为人力不可抗力,通常是指合同签订后,不是由于当事人的疏忽过失,而是由于当事人所不可预见,也无法事先采取预防措施的事故,如地震、水灾等自然原因或战争、禁运、罢工等社会原因造成的不能履行或不能按期履行合同。在这种情况下,遭受事故的一方可以据此免除履行合同的责任或推迟履行合同,另一方无权要求其履行合同或索赔。洽谈不可抗力的内容主要包括不可抗力事故的范围、后果和补救方法,出具证明的机构以及通知对方的期限。

3. 技术贸易谈判

技术贸易谈判一般包括技术谈判和业务谈判两部分,具体是指技术的接受方(即买方)与技术的转让方(即卖方)就转让技术的形式、内容、质量规范、使用范围、价格条件、支付方式等所进行的谈判。

技术贸易谈判一般应包括以下内容:

(1)技术贸易种类的谈判。技术商品是指人们可以用来交换且能为应用者创造价值的技术成果。技术贸易的种类主要有专有技术、专利、商标、工程服务、专营权等。

(2)技术经济要求的谈判。有些技术贸易转让的技术或研究成果不是实实在在的产品,而是无形的,这就为以后的验收加大了难度。所以,谈判双方应该对其技术经济参数做出详细说明,把各种技术经济要求和指标写入合同条款。

(3)技术转让期限的谈判。技术协作一定要有一个期限,不能无限期地进行下去,否则,很容易在以后的合作中发生纠纷,对各方产生不必要的影响。

(4)技术商品交换形式的谈判。技术商品交换的形式有两种:一种是改变所有权的技术商品交换,买方付清技术商品的全部价款并可自行决定如何使用或处理,卖方不再对其拥有使用权及转让销售权;另一种是不改变所有权的技术商品交换,买方只获得技术商品的使用权。

(5)技术贸易计价及支付方式的谈判。一般的货物买卖谈判中,商品价格以价值为基础并反映市场供求状况,较容易确定价格。然而,技术贸易谈判中技术的价格无法以价值为基础确定,决定价格的因素主要是接受方运用此项技术后所能带来的收益,而这项收益很难被技术接受方准确预测,这就给价格的确定带来了很大的麻烦。支付方式的谈判主要是确定支付条件、使用何种货币等情况。

(6)技术转让方和受让方的义务谈判。技术贸易谈判中,技术转让方的主要义务是按照合同规定的时间和进度交付技术,并积极协助和指导技术受让方掌握科技成果,达到合同规定的技术经济指标,以获得预期的经济效益。

技术受让方的主要义务是按合同规定的时间和要求及时提供协作项目所必需的基础资料,为接受的技术成果支付酬金。

如果技术转让方或受让方未能按合同规定进行履约,则应根据规定进行相应的补偿。

4. 劳务合作谈判

劳务合作已成为经济合作的重要组成部分,其发展速度日益提高,市场竞争十分激烈,已得到国内外企业的普遍关注和重视。劳务合作谈判是指劳务合作双方就劳务提供的形式、内容、时间,劳务价格、计算方法、劳务费的支付方式,以及有关合作双方的权利、责任、义务关系等问题所进行的谈判。

劳务合作谈判一般应包括以下内容:

(1)劳动者层次的谈判。由于劳动者的学历、知识、技能、经验以及职业要求的差异,会形成许多不同的级别,如科研人员、技术工人、勤杂工、家政服务员等。

(2)劳动力的谈判。劳动力是指人的劳动能力,通过劳动者人数来表现。

(3)劳动者素质的谈判。素质是指劳动者智力、体力的总和,目前只能从劳动者年龄、文化程度、技术水平上加以具体表现。劳动者的体力主要从年龄上来体现。劳务市场磋商时,一般对劳动者的体力采用目测的方法。文化程度体现劳动者受教育的情况,一般可分为四个层次:大学(含大专);高中(含中专)、职高、技校;初中;小学。

技术水平是劳动者社会劳动技能熟练程度和水平高低的体现,一般具体分为三个层次:专业技术人员(高、中、初级职称,未评职称);技术工作人员(3级以下,4~6级,7~8级,8级以上);其他(含非专业技术干部和普通工人)。

(4)职业和工种的谈判。职业和工种在各行业部门中有许多不同的分类,如机器制造业工人分为铸工、锻工、车工、磨工、钳工等。职业、工种按劳动者素质双向选择,对高空、水下、井下和容易产生职业病的职业,工种的选择性较大。

(5)劳动地点、劳动时间和劳动条件的谈判。劳动地点对某一具体劳动力需求方来说一般是固定的,只有少数是流动的。劳动者主要考虑离家远近、交通状况,结合劳动时间、劳动条件和劳动报酬等选择工作。

(6)劳动报酬、工资福利和劳动保险的谈判。劳动报酬、工资福利和劳动保险,是双方磋商的核心问题,是发展劳务市场,推动劳动力在不同工作、地区、单位间转移的重要动力。

劳动报酬、工资福利和劳动保险是劳务合作谈判中的核心问题。劳务合作谈判应依据劳动法规规范确定谈判内容与条件。

5. 合资合作谈判

(1)合资谈判。合资是指由两个或两个以上的个人或组织按一定的资金比例联合投资,共同兴办企业的一种生产经营形式。合资谈判的目的是建立并维持长期的友好合作关系,而不是仅仅为了某一次交易。其涉及的内容有：投资总额和注册资本、出资方式和资产评估、投资比例、组织结构等。

(2)合作谈判。合作是指按照契约形式运作的各种类型的商务协作。合作谈判是指谈判双方因为合作生产或合作经营而进行的谈判，具体包括来料加工、来图加工、来件装配、补偿贸易等形式。合作谈判具有谈判直接、对抗性小、谈判面广、影响面大等特点。

本章小结

谈判是指具有利益关系的各方为了满足各自的需要，对某个或某些问题进行磋商，协调彼此之间的关系，从而达成协议的过程。谈判兼具科学性和艺术性，广泛地存在于社会生活的各个方面。商务谈判是指在经济贸易活动中，买卖各方为了满足各自的需要，改善彼此间的经济关系，进行意见交流、关系协调，争取达成一致协议的过程。商务谈判的要素主要有谈判主体、谈判客体、谈判目标、谈判环境、谈判方式等。它的主要特点是：合作与冲突兼而有之；双赢谈判互惠互利；注重合同条款的严密性与准确性。

商务谈判过程中需要遵循很多原则，如合作原则、维护利益原则、互惠互利原则、就事论事原则、客观标准原则和合法原则。商务谈判是实现企业经营战略的重要手段，影响企业的生存和发展，是树立企业形象的窗口，是企业获取市场信息的重要途径，有利于建立和加强企业间的经济联系。

根据参加谈判的利益主体的数量，可将商务谈判分为双方谈判和多方谈判；根据谈判人员的规模，可将商务谈判分为一对一谈判、小组谈判和大型谈判；根据谈判所在地的不同，可将商务谈判分为主场谈判、客场谈判、主客场轮流谈判和中立场谈判；根据谈判的态度与方法，可将商务谈判分为软式谈判、硬式谈判和原则式谈判；根据谈判参与方所在的地区范围，可将商务谈判分为国内商务谈判和国际商务谈判；根据谈判结果的呈现形式，可将商务谈判分为合同之内的谈判和合同之外的谈判。重要的商务谈判主要包括工程项目谈判、商品贸易谈判、技术贸易谈判、劳务合作谈判、合资合作谈判。

专有名词

谈判(Negotiation)

商务谈判(Business Negotiation)

合作原则(Cooperative Principle)

互惠互利原则(Mutual Benefit Principle)

软式谈判(Concession Negotiation)

商品贸易谈判(Merchandise Trade Negotiations)

多方谈判 (Multiparty Negotiation)

原则式谈判(Principled Negotiation)

思考题

1. 什么是商务谈判？商务谈判有什么特点？

2. 怎样理解商务谈判的构成要素？
3. 商务谈判有哪些作用？商务谈判应坚持哪些原则？
4. 重要商务谈判的主要内容有哪些？

 案例讨论

我国某冶金公司与美国公司的价格谈判

我国某冶金公司要向美国某公司购买一套先进的冶炼组合炉。该冶金公司选派了一名高级工程师与美商谈判。为了不负使命，这位高级工程师做了充分的准备工作。他查找了大量有关冶炼组合炉的资料，花了很多的时间和精力对国际市场上冶炼组合炉的行情以及美国这家公司的历史和现状、经营情况等进行了全方位的了解。

谈判开始，美商一开口要价150万美元。中方代表列举各国成交价格，使美商目瞪口呆，经过谈判，以80万美元达成协议。当进行购买冶炼自动设备的谈判时，美商报价230万美元，经过讨价还价，美商将价格降到130万美元，中方仍然不同意，坚持出价100万美元。美商表示不愿意继续谈下去了，把合同往中方代表面前一扔，说："我们已经作了这么大的让步，贵公司仍不愿意合作，看来你们根本没有合作的诚意。这笔生意就算了，明天我们就回国。"中方代表闻言，轻轻一笑，把手一伸，做了一个优雅的请的动作。美商真的走了，冶金公司的其他人有些着急，甚至埋怨工程师不该把价格压得这么低。工程师说："放心吧，他们会回来的。同样的设备，去年他们卖给法国只有95万美元，国际市场上这种设备的价格100万美元是正常的。"

果然不出所料，一个星期后美商又回来继续谈判了。工程师向美商点明了他们与法国的成交价格，美商愣住了。他们没有想到眼前这位中国商人如此精明，于是不敢再报虚价，只得说："现在物价上涨得厉害，比不了去年。"工程师说："每年物价上涨指数不超过6%。一年时间，你们算算，该涨多少？"美商被问得哑口无言，在事实面前，不得不让步，最终以101万美元的价格达成了这笔交易。

问题：

简述在这场谈判中美商失利的原因和我国某冶金公司高级工程师胜利的原因。

第二章　商务谈判的心理研究

学习目标

1. 掌握马斯洛需要层次理论在商务谈判中的运用。
2. 理解知觉在商务谈判中的作用。
3. 判断商务谈判动机的类型。
4. 了解情绪对商务谈判的影响。
5. 熟悉商务谈判中的心理误区与挫折应对。

案例导入

不凡帝公司的游戏规则

意大利不凡帝公司生产的阿尔卑斯奶糖正式上市时,零售价格定为每千克10.5元。这在当时是最高的糖价标价,当然该糖果的进货价也是所有糖果中最高的。如此高的标价却赢得了当时最大的糖果销量,原因何在?在取得了前期的销售规模后,经销商为什么没有按照一般的做法,要求不凡帝公司以进货量定价格呢?为什么经销商在不凡帝公司面前永远矮一截呢?

因为不凡帝公司坚决执行这样的谈判策略:给现在的经销商最好的服务和支持,同时永远在物色和准备"后备经销商"。

这一对事不对人的策略为不凡帝公司赢得了极高的市场谈判地位。经销商一方面深刻感受到不凡帝公司的支持和帮助,另一方面也感到竞争的压力。为了不被淘汰,他们只有认真努力地做好他们的事。

不凡帝公司要求每位销售经理为每个经销商准备"后备经销商",通常中心城市一个经销商有2~3家"后备经销商",地级城市则有1~2家。不凡帝公司建有"后备经销商"专门的档案,每月至少进行一次例行的客情访问,电话、登门拜访、聚餐、喝茶,方式不限。访问中通报彼此的近况(非核心内容),同时不做任何与合作相关的实质性承诺。

"后备经销商"主要从下列三个方面进行考察:

(1)接收能力。有足够的现金迅速接收现有经销商的所有库存,并完成第一次进货。
(2)网点接受能力。现有经销商的网点不拒绝接受其自然供货(厂家可以提供支持协调)。
(3)人员及经营理念。接受并执行不凡帝公司的深度分销理念与方法。

物色与管理"后备经销商",就是为现有经销商准备"影子对手"。因为是"影子",所以不可能爆发公然的对抗;同样因为是"影子",所以令现有经销商产生"心理恐惧",迫使其遵守不凡帝公司的游戏规则,自然就少有机会和胆量与不凡帝公司讨价还价了。

商务谈判的过程,从很大程度上来说是一场心理战。谈判代表在谈判桌上为了各自的利益斗智斗勇、分毫必争,其谈判技巧的运用取决于对对方心理的揣摩、猜测,因此掌握一定的谈判心理学知识对于参与商务谈判的人员来说是必需的。需要心理、谋略心理、成功心理和群体心理都是比较常见的谈判心理。

第一节　商务谈判心理研究的意义

商务谈判是一个双方谈判人员进行心理较量的过程。商务谈判心理影响商务谈判行为。熟练掌握商务谈判心理在商务谈判中的作用,有助于培养良好的商务谈判心理素质,锻炼洞察力及应变能力。在商务谈判中,运用谈判心理学知识对谈判进行研究,可以帮助我们认识商务谈判心理现象的特点,掌握商务谈判心理发生、发展、变化的规律,提高谈判的艺术性,从而灵活、有效地处理好各种复杂的谈判问题,促进商务谈判的顺利展开。

一、商务谈判心理概述

1. 商务谈判心理的概念

商务谈判心理是指在谈判活动中谈判者所具有的各种心理活动。它是商务谈判者在谈判活动中对各种情况、条件等客观现实的主观能动的反映。譬如,当谈判人员在商务谈判中第一次与谈判对手会晤时,对手彬彬有礼、态度诚恳、易于沟通,就会对对方有好的印象,对谈判取得成功抱有希望和信心。反之,如果谈判对手态度狂妄、盛气凌人、难以友好相处,谈判人员就会对其留下坏的印象,从而对谈判的顺利开展心存忧虑。

2. 商务谈判心理的特点

与其他的心理活动一样,商务谈判心理有其特点以及规律。一般来说,商务谈判心理具有相对稳定性、隐蔽性、个体差异性等特点。

(1) 商务谈判心理的相对稳定性。商务谈判心理的相对稳定性是指谈判人员的某种商务谈判心理现象产生后往往具有一定的稳定性,短时间内不会轻易改变。例如,商务谈判人员的洞察力和沟通能力会随着谈判经历的增多而有所提高,但在一段时间内是保持相对稳定的。因此我们可以通过观察分析去判断谈判对方的心理,运用相应的谈判策略为己方争取更大的利益,使谈判朝有利于己方的方向发展。

(2) 商务谈判心理的隐蔽性。商务谈判心理的隐蔽性是指商务谈判心理是内藏于心的,别人无法直接观察到,只能凭借对方的话语、行为方式等去揣摩。例如,在商务谈判中,对方的主谈人员出现皱眉的表情,有可能是因为不同意己方提出的条件等,这时就要调整既定的谈判策略,使谈判能够顺利进行下去。

(3) 商务谈判心理的个体差异性。商务谈判心理的个体差异性是指不同的谈判个体,其内心对客观环境的反应是不一样的,谈判个体之间的心理状态存在着一定的差异。商务谈判心理的个体差异性,要求人们在研究商务谈判心理时,既要注重探索商务谈判心理的共同特点和规律,又要注意把握不同个体心理的独特之处,以有效地为商务谈判服务。

二、研究商务谈判心理的作用

1. 有助于培养谈判人员自身良好的心理素质

谈判人员良好的心理素质是谈判取得成功的重要基础条件。谈判人员相信谈判成功的坚定信心、对谈判的诚意、在谈判中的耐心等都是保证谈判成功不可或缺的心理素质。良好的心理素质,是谈判者抗御谈判心理挫折的条件和铺设谈判成功之路的基石。谈判人员加强自身心理素质的培养,可以提高谈判的心理适应能力。

谈判人员对商务谈判心理有正确的认识,就可以有意识地培养自身优良的心理素质,摒弃不良的心理行为习惯,从而使自己成为商务谈判方面的专门人才。商务谈判人员应具备的基本心理素质有:

(1)自信心。自信心是指谈判者相信自己和本企业的实力和优势,相信集体的智慧和力量,相信谈判各方的合作意愿和光明前景。自信心是谈判者充分施展自身潜能的前提条件。谈判过程中,谈判各方为了实现既定目标,都会运用各种策略调整自己的心理状态,试图在气势和战略上压倒对手。如果一方谈判人员表现得信心不足,就会让对手在心理上占据优势,己方则无力支撑整个谈判过程,最终导致谈判的失败。

自信不是盲目的唯我独尊。自信是在充分准备、充分占有信息和对谈判双方实力进行科学分析的基础上对自己有信心,相信自己要求的合理性、所持立场的正确性及说服对手的可能性,这样才有惊人的胆魄,才能做到大方、潇洒、不畏艰难、百折不挠。有了充足的信心,谈判人员才能充分展示自己的才能,发挥潜能,将自己的既定目标转化为现实。所以,即使谈判出现很大的困难,谈判人员也不能表现出信心不足。

(2)耐心。大多数谈判都不是短时间内就能谈成的,往往需要反复磋商,多轮谈判。商务谈判的状况十分复杂,商务谈判人员必须做好抗御挫折和打持久战的心理准备,耐心及容忍力是必不可少的心理素质。耐心是在谈判中抗御压力的必备品质,也是争取机遇的前提。在一场旷日持久的谈判较量中,谁缺乏耐心和耐力,谁就将失去取胜的主动权。耐心是表现坚韧意志力的一种形式。有了耐心,可以调控自身的情绪,不被对手的情绪牵制和影响,使自己能始终理智地把握正确的谈判方向。有了耐心,可以使自己有效地倾听对方的诉说,观察对方的举止行为和各种表现,获取更多的信息。有了耐心,可以增强自身的韧性和毅力。它是对付意气用事的谈判对手的武器,能收到以柔克刚的良好效果。但耐心不等于拖延,耐心主要指从心理上战胜对方,拖延则是一种谈判战术。

此外,在僵局面前一定要有充分的耐心,以等待转机。谁有耐心,沉得住气,就可能在打破僵局后获取更多的利益。

(3)诚心(诚意)。一般来讲,商务谈判是一种建设性的谈判,这种谈判需要双方都有诚意。具有诚意,不但是商务谈判的出发点,而且是谈判人员应具备的心理素质。诚意,是一种负责的精神、合作的意向,是诚恳的态度,是谈判双方合作的基础,也是影响、打动对手的武器。只有双方都有诚意致力于互相合作,才会考虑与对方合作的可能性和必要性。有了诚意,双方的谈判才有坚实的基础;才能真心实意地理解和谅解对方,并取得对方的信赖;才能求大同存小异,取得和解,做出让步,促成合作。要做到有诚意,在具体的活动中,对于对方提出的问题,要及时答复;对方的做法有问题,要适时恰当地指出;自己的做法不妥,要勇于承认和纠正;不轻易许诺,承诺后要认真践诺。诚心能使谈判双方进行良好的沟通,保证谈判气氛的融洽,排除一些小事的干扰,能使双方谈判人员的心理保持在较佳状态,建立良好的互信关系,提高谈判效率,使谈判顺利发展。

2. 有助于恰当地表达和掩饰己方心理

谈判双方相互沟通是商务谈判进行的必需条件。了解商务谈判心理,有助于表达己方心理,可以有效地促进沟通。如果对方不清楚己方的心理要求或态度,必要时己方可以通过各种合适的途径和方式向对方表达,以有效地促使对方了解并重视己方的心理要求或态度。

作为谈判的另一方,谈判对手也会分析研究己方的心理状态。己方的心理状态往往蕴含着商务活动的重要信息,有的是不能轻易暴露给对方的。掩饰己方心理,就是要掩饰己方有必要掩饰的情绪、需要、动机、期望目标、行为倾向等。在很多时候,这些是己方在商务谈判中的核心机密,失去了这些机密也就失去了主动。商务谈判的研究表明,红白脸的运用、撤出谈判的胁迫、最后期限的通牒、拖延战术的采用等,都是以一方了解了另一方的某种重要信息为前提,与一方对另一方的心理态度有充分把握有关,因而对此不能掉以轻心。

为了不让对方了解己方真实的心理状态、意图和想法,谈判人员可以根据自己对谈判心理的认识,在言谈举止、信息传播、谈判策略等方面予以调控,对自己的心理动机、情绪状态等作适当的掩饰。如己方面临交货时间压力,为了掩饰这一心理状态,可借助多个成员提出不同的要求,以扰乱对方的视线,或在议程安排上有意加以掩饰。

3. 有助于揣摩谈判对手心理,实施心理诱导

人的行为是由人的心理引导的,所以,可以通过诱导对方的心理来引导对方的行为。了解了谈判对手的心理,可以针对对手的心理状况采取相应的策略,把握谈判的主动权,使谈判向有利于己方的方向进行。谈判人员对商务谈判心理有所认识,经过实践锻炼,可以通过观察分析谈判对手的言谈举止,揣摩谈判对手的心理活动状态,如其个性、心理追求、心理动机、情绪状态等。谈判人员在谈判过程中,要仔细倾听对方的发言,观察其神态表情,留心其举止,包括细微的动作,以了解谈判对手心理,了解其深藏于背后的真正意图,识别其谈判策略,防止掉入对手设置的谈判陷阱并正确做出自己的谈判决策。

英国哲学家弗朗西斯·培根在他的《谈判论》中指出:"与人谋事,则需知其习性,以引导之;明其目的,以劝诱之;谙其弱点,以威吓之;察其优势,以箝制之。"培根此言对于从事商务谈判至今仍有裨益。

了解谈判对手心理,可以针对对手不同的心理状况采用不同的策略。了解对手的谈判思维特点、对谈判问题的态度等,可以开展有针对性的谈判准备和采取相应的对策,把握谈判的主动权,使谈判向有利于己方的方向转化。比如,需要是人的兴趣产生和发展的基础,谈判人员可以通过观察对方在谈判中的兴趣表现分析了解其需要所在;同时,也可以根据对手的需要进行心理的诱导,激发其对某一事物的兴趣,促成商务谈判的成功。

4. 有助于营造谈判氛围

了解商务谈判心理的知识,可以帮助谈判人员很好地处理与对方的人际关系,从而为谈判营造良好的氛围。适当的谈判氛围可以有效地影响谈判人员的情绪、态度,使谈判顺利进行。

一个商务谈判的高手,也是营造谈判氛围的高手,会对不利的谈判气氛加以控制。对谈判气氛的调控往往根据双方谈判态度和采取的策略、方法而变。一般的,谈判者都应尽可能地营造出友好和谐的谈判气氛以促成双方的谈判。但适当的谈判氛围并不都是友好和谐的。出于谈判利益和谈判情境的需要,也会有意地制造紧张甚至不和谐的气氛,以对抗对方的胁迫,给对方施加压力,迫使对方做出让步。

第二节 需要理论

一、需要概述

1. 需要的含义

需要是人缺乏某种东西时产生的一种主观状态,是人对一定客观事物需求的反映。需要有一定的对象,一般表现为追求某事物的意念,或者避开某事物、停止某活动而获得新的情境

的意念。它使人感到某种结果具有吸引力,当需要未被满足时就会产生紧张感,进而激发个体的内驱力,这种内驱力会导致个体产生寻求特定目标的行为。如果最终目标实现,需要得以满足,紧张感就会解除。

需要有周而复始的周期性。它随着社会历史的进步,一般由低级到高级、由简单到复杂、由物质到精神、由单一到多样,不断地发展。谈判是建立在需要的基础之上的,这是因为人的活动都受某种需要支配,每次行动的最终目的都反映了某种需要。交易活动中,买方买东西,卖方卖东西,都反映了各自的某种需要,这种需要促使双方坐下来商谈具体合作事宜。需要是谈判活动的动力,而谈判是满足各方需要的过程。

2. 需要的特点

(1) 具体性。无论是个人还是组织,其需要都是有具体对象的。如一个人需要一款价格合适、样式时尚的衣服;一个企业需要采购一批价格合理、质量上乘的原料等。

(2) 连续性。当人的某种需要得到满足后,它并不会消失,而是会出现新的需要。人们的需要不断地出现和不断地被满足,是一个周而复始的持续的过程。

(3) 发展性和上升性。人的需要不断出现与被满足的过程,并不是简单的重复,而是呈螺旋式上升的,既表现需要标准的不断提高,又凸显需要内容的不断变化。

二、马斯洛需要层次理论

人有各种各样的需要,这些需要是不断发展的,这正是推动人类社会不断进步的动力根源所在。然而,需要并不是杂乱无章的,它是有一定层次的。需要层次理论的提出者——心理学家马斯洛在《动机与个性》一书中指出:人的需要是有层次的,只有低层次的需要被满足后才会出现更高层次的需要;人的需要按从低到高的顺序可划分为五个层次,即生理需要、安全需要、社交需要、尊重需要、自我实现的需要。马斯洛的需要层次理论,如图2-1所示。

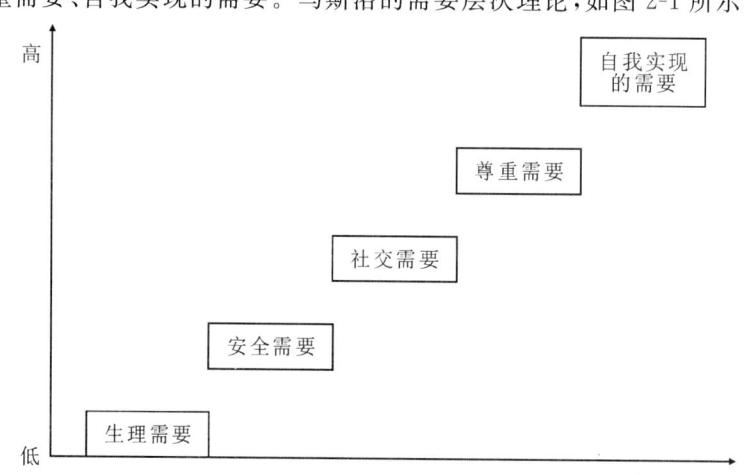

图 2-1 马斯洛的需要层次理论

1. 生理需要

这是人最原始、最迫切、最基本的需要,包括对衣、食、住、行、水、空气等的需要。生理需要是人赖以生存和发展的基本条件。现代商务谈判往往是一个艰苦而又漫长的磋商过程,谈判人员的生理需要如果不能很好地得到满足,会直接影响谈判的效果。

2. 安全需要

当一个人的生理需要得到基本满足之后,就希望在生理和心理上获得安全,受到保护,即产生了安全需要。安全需要包括人身的安全、财产的安全和职业的稳定等方面的需要。安全需要是人们安居乐业的基本保证。

3. 社交需要

社交需要亦可称为交往和归属的需要。人的生理需要和安全需要基本满足后,便会产生社交需要,希望从社交活动中得到信任和帮助,建立融洽的人际关系。社会中的每个人都希望自己归属于一个理想的组织,成为其中的一员,并得到认可,从而消除孤独感,在心理上产生一种满意的归属感。

4. 尊重需要

尊重需要是指受人尊重和自尊的需要。人都希望得到名誉、地位和声望等,想得到他人的尊重和承认,也希望自己具有实力,获得自由,拥有独立性等,能感到自己存在的价值,从而产生自尊心、自信心。在谈判活动中,有的人很讲究排场,有的人爱炫耀自己,有的人喜欢听恭维话,这些都是尊重的需要。谈判人员要在不失身份、尊严等的情况下投其所好,这样有利于谈判的顺利进行。

女王也会吃"闭门羹"

维多利亚女王一直高高在上,忙着处理国家事务,虽然她和丈夫阿尔贝托的感情总体还算和谐,但也有过不愉快的时候。

一天晚上,王宫举办了一场宴会,女王始终都在忙着接待王公贵族,没有时间理会自己的丈夫。阿尔贝托非常生气,悄悄地离开了。女王察觉到了,宴会结束后急忙去找丈夫。

女王敲敲阿尔贝托的门,里面的人问:"谁啊?"

维多利亚在外面生硬地回答:"我是女王!"

门没有开,女王只得悻悻地走了。没过多久,她转念一想,改变了主意,返回来敲门。

阿尔贝托又问:"谁啊?"

维多利亚和气地回答:"我是维多利亚。"不过阿尔贝托还是不开门。

女王更生气了:"你敢让我吃'闭门羹'!"于是又愤愤地离开了。不久后她又意识到自己的做法欠妥,就又返回来重新敲门。

里面的人仍旧冷冷地问:"谁啊?"

维多利亚柔声地说:"你的妻子。"

这时,阿尔贝托终于把门打开了。

谁也想不到至高无上的维多利亚女王也会有吃"闭门羹"的时候。原因在于,不管是谁,都希望得到平等的对待和尊重。

5. 自我实现的需要

自我实现的需要是指人希望从事与自己能力相称的工作,使自己潜在的能力得到充分的发挥,实现个人的理想、抱负和价值,这是人最高层次的需要。达到自我实现境界的人,既接受自己又接受他人,解决问题的能力增强,自觉性提高,善于独立处事,要求不受打扰地独处,能完成与自己的能力相匹配的各项工作。

三、需要层次理论在商务谈判中的应用

马斯洛认为，上述五种需要是有高低之分的，并按从低到高的次序逐级发展，每一级都有一种需要占主导地位。马斯洛的需要层次理论揭示了一般情况下人的需要状况，为我们了解每种需要提供了理论支持。在实际谈判活动中，如果能分析并找出谈判对方的实际需要，就能对症下药，选择合适的谈判策略，取得谈判的胜利。

商务谈判的需要有物质性需要和精神性需要之分。物质性需要是在资金、资产、物质资料等方面的需要，精神性需要是尊重、公正、成就感等方面的需要。与谈判对手进行谈判，既应注意对方在物质方面的需要，又不能忽视对方尊重、独立自主、平等方面的需要。

与马斯洛需要层次理论的需要类型相一致，商务谈判需要也有各种相应的表现：

商务谈判人员有较强的安全需要。出于信用安全的考虑，谈判人员通常乐意与老客户打交道；在与新客户打交道时往往会心存疑虑，对其主体资格、财产、资金、信誉等状况较为关注。

谈判人员一般都有很强的尊重需要，若得不到应有的尊重，谈判往往破裂。有着强烈尊重需要的人，当自尊心受到伤害时，在心理防卫机制的作用下，很可能会出现攻击性的敌意行为，或者是不愿意继续合作，这会给谈判带来很大的障碍。

此外，商务谈判人员也有社交、自我实现等方面的需要。值得注意的是，商务谈判需要不仅表现为谈判人员个人的需要，而且表现为谈判主体群体或组织的需要。这是商务谈判需要的特殊之处。如对于一个参加谈判的企业，为了生存和发展，必须拥有一定量的原材料、劳动力，这是最低层次的需要；企业也有安全保障，以及在交易活动中树立良好信誉与形象，赢得信任、尊重、好感和努力实现企业的目标并获得认可、赞誉等的需要。

由上可知，谈判人员作为社会的一个特定群体，其需要有特殊之处。在许多场合，谈判人员不是代表个人，而是代表组织参加谈判，其在寻求个人需要满足的同时，还要寻求群体或组织需要的满足。因此，谈判需要可以说是谈判人员个人需要与群体需要、组织需要的集合，而且在许多情况下，谈判人员所代表的群体需要、组织需要的满足应摆在优先的地位。作为一个组织的谈判代表，从职业道德来看，应当经过自己的努力，尽力实现群体需要、组织需要的满足，而不应从对手那里寻求满足不正当的个人私欲。

谈判活动是建立在需要的基础上的，有了需要，谈判各方才会走到一起进行相关的协商，力图达成满足各方需要的协议。灵活掌握和运用需要层次理论，可以很好地把握满足谈判对方需要的条件，为最终签订满意的合同打下坚实的基础。具体可以从以下几个方面做起：

(1)细致、周到地满足谈判者的生理需要。谈判活动中的生理需要表现为在吃、住、行等方面的需要，虽说这不是谈判最终成功的决定性因素，但它直接影响谈判的进程。所以，一定要保证谈判者的生理需要得到很好的满足。

(2)为谈判者营造一个安全的谈判环境。安全的谈判环境有助于保证谈判者在人身、财产及谈判资料等方面的安全。人们都愿意和老客户打交道，这是因为彼此了解，可以确保各方面的安全。所以，在谈判中一定要保证谈判者各方面的安全，打消对方的顾虑，这样才能使谈判顺利地进行下去。

(3)让谈判者有归属感。归属感在谈判活动中表现为希望与谈判对方建立友好合作关系。由于谈判都会涉及一定的利益，这使得谈判双方处于一个相对对立的关系中。人一般是不愿意在紧张的气氛中活动的，而是希望在友好的氛围中与他人交流合作。所以，谈判人员应秉持友好合作的态度，利用一切机会建立并维持与对方的友好合作关系。

(4)满足对方的尊重需要。如果谈判人员得不到应有的尊重，会给谈判带来很大的负面影

响。特别是有强烈自尊需要的人，当他们的自尊心受到伤害时，就会表现出抗拒甚至敌意行为，不愿意继续合作下去，最终导致谈判的破裂。所以，在谈判活动中应注意言辞，争辩时对事不对人；尊重对方的身份，注意保持谈判人员职务、级别的对等；保持谦虚有礼的态度。

（5）使对方感受到自我实现的价值。自我实现在谈判活动中表现为谈判取得胜利，为己方争取到更多利益等。谈判讲究的是双赢，所以在不失己方利益的同时，应尽量满足对方的需要，这样会让对方感受到自我实现的价值，有利于双方建立友好合作的关系。

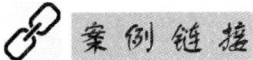

尊重的价值

国内某个企业为了引进一套先进的技术设备，同时与几家外国公司接触洽谈，其中一家是国际著名的公司。中方在与这家公司洽谈时说："贵公司在国际上的知名度很高，我们很信得过你们，也很想与你们做成这笔交易，但令人遗憾的是，贵公司提出的交易条件与其他几家相比，实在不具备竞争力，看来我们只好找其他公司了。这笔交易本身做成与否不是什么大问题，关键是，对贵公司来讲，在声誉上的损失可是大事。请考虑一下，以贵公司的实力和在金融界所享有的声誉，居然在这笔交易中败于其他无名的公司，其影响和后果是可想而知的。"

中方的这番话非常敬重对方，并从对方角度指出了其目前行为的后果。最后，该外国公司权衡再三，为了维护其企业的声誉，大幅度地降低了交易条件。

第三节 商务谈判者的心理类型

谈判归根结底是一个人与人相互沟通的过程，所以很有必要花一些时间来研究谈判对手，从而预见他们处理问题的方法，从容地使用相应的策略来改变对方的立场，把双方的关注点放在共同的利益上，避免因性格的差异产生谈判的分歧，推动谈判健康而深入地进行并取得成功。下面是较为常见的不同心理类型的商务谈判者。

一、关系型谈判者

关系型谈判者十分注重上级和同事对自己的看法，以及与谈判对方建立友好的关系，同时也很注重谈判目标的实现。这类人一般不愿意接受竞争与挑战，更不愿意冒风险，喜欢维持现状，遇事请示上级，只起上传下达的"传话筒"作用。关系型谈判者又可细分为下面三种类型：

1. 经验不足，遇到问题不敢做主。对这种类型的谈判者，在谈判中应主动地点明问题的要害，并提醒要早做决定，以免耽误谈判。

2. 有经验，但怕负责任。这种类型的谈判者圆滑世故，表面热情，遇事不作为。对这种类型的谈判者，谈判时最好先谈次要问题，在谈重大问题时要以强硬的态度全面出击，否则难以使谈判取得进展。

3. 善于与他人建立良好的关系，但是没有主见。对这种类型的谈判者应"以礼相待"，用商榷的口气谈问题。这种类型的谈判者大多来时已有明确的目标和让步的最终退却点，这是领导给他的标准。

二、权力型谈判者

权力型谈判者的第一个特点是对权力、业绩有狂热的追求。为了获得最大利益，他们往往不择手段,不惜一切代价。在多数谈判场合中,他们想方设法使自己成为权力的中心,不给对方留下任何余地。一旦控制谈判,他们就会最大化地运用手中的权力,向对方讨价还价,甚至逼迫对方接受条件。他们时常抱怨自己权力有限,限制了谈判能力的发挥。更有甚者,为了炫耀手中的权力,刻意追求豪华的谈判场所、舒适的谈判环境、精美的宴席、隆重的场面。

权力型谈判者的第二个特点是敢冒风险,喜欢挑战。他们认为只有通过接受挑战和战胜困难,才能显示出自己的能力并树立起良好的形象,谈判太顺利反而不能调动他们的积极性,只有经过反复的讨价还价、斗智斗勇才能调动他们的积极性,才会使他们感到满足。

权力型谈判者的第三个特点是急于建功,决策果断。这种类型的谈判者求胜心切,不能容忍拖沓与延误。他们在获得更大权力和更好业绩的驱动下果断决策、当机立断。

在谈判中,这是最难对付的一类谈判者。如果你谦让,他必然会得寸进尺;如果你抵制,谈判就会陷入僵局,甚至破裂。

对于权力型谈判者,要表现出极大的耐心,以柔克刚。请看下面的例子:

【例1】甲:"根据我的经验,我们应该先谈技术条件,再谈价格条件,在时间安排上前紧后松,您看怎样?"

乙:"同意您的意见,谈的中间出现什么问题我们再商量。"

【例2】"您的意见,我们认为十分在理,自谈判开始我们就照您的意见在做了,但到目前为止我们已无能为力。您的地位和能力完全可以帮助我们摆脱困境,请您做出决断,以免影响到后续的谈判。"

上面的例子充分表现出了对权力型谈判者的尊重,也点明了解决问题的办法。不管结果怎样,这样的说法对权力型谈判者应该是有效的。

【例3】谈判桌前,一位50多岁、身材魁梧的部长准备同一名20多岁、精干利落的业务员谈判。部长傲气十足,架子端得很高,根本没有把年轻人放在眼里,在谈判桌上明知故问:"贵方谁是主谈?我能全权解决问题,贵方呢?"年轻人先忍让了一会儿,很有礼貌地回答:"我很荣幸地受命与您洽谈该项目,希望多加指教。"接着,年轻人抓住了对方资料不足的问题,说:"此事我已向贵方提出,至今未能准备好,工作效率太低,如果影响谈判的进度和效果,应由贵方负责。"此后,年轻人又利用洽谈中对方怕承担责任,不敢在谈判时答应技术保证一事而追逼对方:"这些本是正常的、合理的要求。在第一天的会上,您也讲了您有权解决问题。既然如此,为什么在这些小事上不做出决断呢?我认为这有失您的身份。"

一席话软硬相间,使对方的脸红一阵、白一阵,尽管进攻性强,但效果良好,就连对方的助手们也都认为年轻人有理。后来部长改变了态度,反过来称赞年轻人精干、机敏,二人成了互相尊重的忘年交。在后来的合同签订过程中,只要这一老一少交换意见,问题很快就能得到解决。

这个例子中,一方表现出了咄咄逼人的气势,另一方则刚柔相济,抛出问题让对方做决定。这种在适当时刻利用对方的权力特征,以其人之道还治其人之身的方法,使谈判取得了有利的成果。

三、成功型谈判者

成功型谈判者对谈判所定的目标十分明确,并努力追求目标的实现,大有不达目标誓不罢休的气势。这种类型的谈判者办事方法隐蔽,手段巧妙,谈判中又十分随和,外表也充满魅力。成功型谈判者大致有以下三种类型:

(1)初入行当的年轻人。他们大都急于表现自己,以求为以后的发展奠定基础。行之有效的办法是给予鼓励,即使出现了明显的失误,也要摆出钦佩其精干的态度,在他的领导面前称赞其"努力""能干"。当然也可以用"激将法",但不要伤其自尊心,否则会引来报复。

(2)工作资历深、年龄较大的人。他们把成功看作给自己的荣誉和地位增添光彩。对这种人要充分利用他们的资历、能力和有影响力的一面,多出难题,因为他们在难题面前不会畏缩,担心丢脸。

(3)不论年龄大小,都有着对公司的热爱,对领导的忠诚,有高度的责任感和使命感,对谈判有执着追求的人。这种人是谈判中最强有力的竞争对手,软硬不吃,极富经验,又具有耐心,外表友善、温和,对自己的事业满腔热情。但这种人善于装腔作势,是充满野心的进攻型人才。对这种人最好采用"以原则对原则"的态度,将计就计,形成一种公事公办的气氛。

四、说服型谈判者

在谈判活动中,最普遍、最有代表性的是说服型谈判者。在某种程度上,这种类型的谈判者比权力型谈判者更难对付。后者容易引起己方的警惕,前者则容易被忽视。对方温文尔雅的外表下,很可能暗藏雄心,欲与己方一争高低。

说服型谈判者的第一个特点是具有良好的人际关系,他们需要别人的赞扬和欢迎,受到社会和他人的认可对他们来说比什么都重要。他们喜欢帮助别人,会主动消除交际中的障碍,在和谐融洽的气氛中,他们如鱼得水,发挥自如。同时,这类谈判者与下属的关系比较融洽,会给下属更多的权力,使下属对其信赖、忠诚。

说服型谈判者的第二个特点是处理问题绝不草率盲从,而是三思而后行。他们对自己的面子、对对方的面子都竭力维护,绝不轻易做伤害对方感情的事。在许多场合下,即使他们不同意对方的提议,也不愿意直截了当地拒绝,总是想方设法说服对方或阐述他们不能接受的理由。

与权力型谈判者不同的是,说服型谈判者并不认为权力是能力的象征,认为权力只是一种形式。虽然他们也喜欢权力,意识到拥有权力的重要性,但他们并不以追求更大的权力为目标,而是希望获得更多的报酬、更多的利益、更多的赞赏。

五、执行型谈判者

执行型谈判者在谈判中并不少见。他们最显著的特点是对上级的命令和指示以及事先定好的计划坚决执行,全力以赴,但是拿不出自己的见解和主张,缺乏创造性。维持现状是他们最大的愿望。

执行型谈判者的另一特点是工作安全感强。他们喜欢安全、有秩序、没有太大波折的谈判。他们不愿接受挑战,也不喜欢爱挑战的人。他们在处理问题时,往往寻找先例,出现某一问题,如果以前是用A方法处理的,他们就决不会采用B方法,缺少构思能力和想象力,决策能力也很差。所以,在谈判中这类人很少能独当一面。但在某些特定的局部领域中,他们工作起来得心应手,效率高。这种性格的人喜欢照章办事,适应能力较差,他们需要不断地被上级认可、指示。特别是在比较复杂的环境中,面对各种挑战,他们往往不知所措,很难评价对方提出新建议的价值。自然,他们也无法提出具有建设性的意见。

六、疑虑型谈判者

怀疑多虑是疑虑型谈判者的典型特征,他们对任何事都持怀疑、批评的态度。每当出现一项新的建议,即使对他们有明显的好处,只要是对方提出的,他们就会怀疑、反对,千方百计地探求他们所不知道的一切。

疑虑型谈判者的另一特点是犹豫不决,难于决策。他们考虑问题慎重,不轻易下结论。在关键时刻,如拍板、签合同、选择方案等问题上,他们不能当机立断,总是犹豫,拿不定主意,担心吃亏上当,结果常常贻误时机,错过达成更有利的协议的机会。

疑虑型谈判者的特点之三是对细节观察仔细,主意较多,而且设想具体,常常提出一些出人意料的问题。此外,他们不喜欢矛盾冲突,虽然倾向于怀疑一切,经常批评、抱怨他人,但不愿意激化冲突。他们竭力避免对立,如果真的发生冲突,很少固执己见。

七、其他类型谈判者

根据谈判者的性格差异和在谈判中所表现出来的特征,还可以把谈判者分成其他几种类型:

1. 爱好危险型的谈判者

"爱好危险型"就是赌徒型,这种类型的谈判者对于自我利益的关心重于对互相利益的关心。换句话说,爱好危险型的谈判者不在乎对手是否觉得愉快,不在乎对手为何保持沉默等。

2. 认识式复杂性的谈判者

认识式复杂性与情报处理能力有关。能够处理抽象性情报的人,其认识式复杂性较高。只能处理具体性情报的人,其认识式复杂性较低。

3. 一丝不苟型的谈判者

这种类型的谈判者和非这种类型的谈判者相比,前者比较喜欢规则性、明确性、均衡性、具体性,后者比较喜欢变化、模棱两可、不均衡、抽象性。因此,一丝不苟的人会表现出极低的对人指向性以及符合这种性格的行为。同其他类似的谈判者谈判时,一丝不苟型的谈判者会表现出较强的协调性。

4. 自我概念型的谈判者

自我概念,是一个人对自身存在的体验。这类谈判者富于积极性,自尊心很强,常表现出好摆架子,在态度上盛气凌人,谈判时具有协调性。

5. 马基雅维利主义性格的谈判者

为了控制对方而使用欺诈式战术或其他战术的谈判者,称作马基雅维利主义性格的谈判者。这种性格的谈判者往往为了达到目的而不择手段。

6. 急性子型与慢性子型的谈判者

急性子型的谈判者急于求成,不细心,常常忘掉策略,易被人钻空子。这类谈判者虽不拖泥带水,但容易急中出错,表现为缺少谋略和不沉稳。慢性子型的谈判者虽细心周到,但慢悠悠的个性容易表现出没有效率,应努力训练自己,使自己具有雷厉风行的特点。

7. 温善型与泼辣型的谈判者

温善型的谈判者性格温存,待人友善。这种谈判者往往禁不住谈判对方的谎言和攻击,容易轻信于人,缺乏识别对手的本领。泼辣型的谈判者性格外向,敢于争辩,工作大胆;但缺少策略,语言尖刻,不给自己留退路。

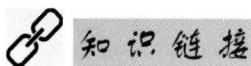

各类型谈判者的应对

1. 如何应对权力型的谈判者

要应对追求权力、喜欢挑战、决策果断的权力型谈判者,必须首先在思想上有所准备,要针对这类人的性格特点,寻找解决问题的突破口。正如这类人的优点一样,他们的弱点也十分明显:不考虑冒险的代价,一意孤行;缺乏必要的警惕性;没有耐心,讨厌拖拉;对细节不感兴趣,不愿意陷入琐事;希望控制他人,包括自己的同事;必须是谈判的主导者,不愿意当配角;易于冲动,有时控制不住自己。

针对他们的弱点,可从以下几个方面采取对策:

在谈判中表现出极大的耐心,靠韧性取胜,以柔克刚。即使对方发火,甚至暴跳如雷,也一定要沉着冷静,耐心倾听,不要急于反驳、反击。如果能冷眼观看,无动于衷,效果会更好。因为对方就是想通过这种形式来制服你,如果你能承受住,他便无计可施,甚至还会对你产生尊重、敬佩之情。

努力营造一种直率的、能让对手接受的气氛。在个人谈判中,面对面的直接冲突应加以避免,这不是因为惧怕对方,而是因为直接冲突并不能解决问题,应该把更多的精力放在引起对方的兴趣和欲望上。例如,谈判者可以说:"我们一贯承认这样的事实,你是谈判另一方的核心人物。"(引起权力欲)"我们的分析表明,谈判已经到了有所创造、有所建树的时刻。"(激起挑战感)与此同时,要尽可能利用文件、资料来证明自己观点的可靠性。必要时,要提供大量的、有创造性的情报,促使对方铤而走险,达成交易。

2. 如何应对说服型的谈判者

要辨别说服型谈判者的需要和弱点是十分困难的,因为他们把自己掩藏于外表之下,处事精明,工于心计,说话谨慎,不露锋芒,外表和蔼,充满魅力。他们比较随和,善于发现和迎合对手的兴趣,会在不知不觉中说服他人。总之,说服型谈判者的弱点并不十分明显,面对这类谈判对手时,要透过表面现象分析其本质。他们的性格可能潜藏着这样的弱点:过分热心与对方搞好关系,忽略了必要的进攻和反击;对细节问题不感兴趣,不愿进行数字研究;不能长时间专注于单一的具体工作,更倾向于考虑重大问题;不适应冲突气氛;不喜欢单独工作等。

明确了这类谈判者的性格弱点,就可以制定相应的策略。首先,要在相互尊重的前提下保持进攻的态度,并注意双方感情的距离,不要与对手交往过于亲密。必要时,保持态度上的进攻性,引起一些争论,使对手感到紧张、不适。其次,可准备大量细节问题,使对方感到厌烦,产生尽快达成协议的想法。再次,在可能的条件下努力形成一对一的谈判局面。说服型谈判者的群体意识较强,他们善于利用他人营造有利于自己的环境气氛,不喜欢单独工作,因为这使他们的优势无法发挥。利用这一点,我们可以争取主动。最后,准备一些奉承话,必要时给对方戴个高帽,这很有效,但必须恭维得恰到好处。

3. 如何应对执行型的谈判者

找出执行型谈判者的弱点并不十分困难,困难的是怎样利用这些弱点,实行相应的策略。执行型谈判者讨厌挑战、冲突,不喜欢新提议、新花样;没有能力把握大的问题,不习惯、也不善于从全局考虑;不愿意很快决策,也尽量避免决策;不适应单边谈判,需要得到同伴的支持;适应能力差,有时无法应付复杂的、多种方案的局面。

根据上述特点,在实际谈判中可采取这样一些策略:第一,努力形成一对一的谈判格局,把谈判分解为有明确目标的各个阶段,这样容易获得对方的配合,使谈判更有效率。第二,争取缩短谈判的每一具体过程。这类谈判者反应迟缓,谈判时间越长,他们的防御性也越强,所以从某种角度讲,达成协议的速度是成功的关键。第三,准备详细的资料支持自己的观点。由于执行型谈判者常会要求对方回答一些详细和具体的问题,必须有足够的准备来应付,但不要轻易提出新建议或新主张,这会引起他们的反感或防卫。实在必要时,要加以巧妙地掩护或一步步提出,如果能让他们认识到新建议对他们有很大益处,则是最大的成功;否则,会引起他们的反对,而且这种反对很少有通融的余地。第四,讲话的态度、措辞也很重要,冷静、耐心是不可缺少的因素。

4. 如何应对疑虑型的谈判者

与疑虑型谈判者打交道应注意的问题是:提出的方案、建议一定要详细、具体、准确,避免使用"大概""差不多"等词语,要论点清楚,论据充分。在谈判中,耐心、细心是十分重要的,如果对方决策时间长,千万不要催促,逼迫对方表态,这样反而会加重他的疑心。在陈述问题的同时,留出充裕的时间让对方思考,并辅之以详细的数据说明。在谈判中要尽量襟怀坦荡、诚实热情。如果他发现你有一个问题欺骗了他,那么再想获得他的信任是不可能的。虽然这类谈判者不适应矛盾冲突,但也不能过多地运用制造矛盾法,因为这会促使他们更多地通过防卫、封闭自己来躲避你的进攻,致使双方无法进行坦诚、友好的合作,无法达成共识。

第四节 商务谈判中的心理因素

一、知觉与商务谈判

1. 知觉的含义

知觉是在感觉的基础上,人的大脑把感受到的信息加以综合整理后形成的事物整体印象,是人对感觉信息的组织和解释的过程。人们对客观世界的反映,首先由感觉开始,感觉是人们通过感觉器官对客观事物的个别属性的反映。知觉是人们通过感觉器官对客观事物的各种属性、各个部分的整体反映。我们感觉到苹果的颜色、滋味、硬度、温度等,看到它的大小、形状以及空间位置,在综合这一切的基础上,构成了我们对"苹果"的整体印象,这就是我们对苹果的知觉。

2. 知觉现象在商务谈判中的运用

(1)首因印象。首因印象,即第一印象,它决定人们对某人或某事的看法。首因印象往往比较鲜明、深刻,会影响到人们对某个人的评价和对其行为的解释。在许多情况下,人们对某人的看法、见解、情感、态度,往往产生于首因印象。

如果首因印象好,很可能形成对对方的肯定态度,赢得对方的信任与好感,有利于谈判的开展。如果首因印象不好,很可能形成对对方的否定态度,影响下一阶段的谈判。首因印象是人的认识过程中出现的一种常见现象,由于受知觉的选择性因素影响和知觉的个体差异性,人的知觉可能不全面,停留在表面而不深入,形成一些影响人正确知觉的偏见。首因印象的形成,主要取决于人的外表、着装、举止、言谈。在正常情况下,仪表端庄、言谈得体、举止大方的人较易获得良好的第一印象,得到人们的好感。

由于首因印象有较大的影响作用,商务谈判者必须重视谈判双方的初次接触,要努力在初次接触中给对方留下好的印象,赢得对方的好感和信任。同时,也要在初次接触后对对方多做些了解。

(2)晕轮效应。晕轮是指太阳周围有时出现的一种光圈,看上去太阳好像因此扩大了许多倍。晕轮效应是指人对某事、某人好与不好的知觉印象扩大到其他方面,也叫以点概面效应,即观察者从某一点做出对某个人整体面貌的判断,而看不到这个人其他的品质和特征。例如,崇拜某人,可能会将其看得十全十美,缺点、怪癖也会被认为有特点,而这种特点出现在不崇拜的人身上,则不能忍受。

晕轮效应在商务谈判中有正负效应。如果一方给另一方的感觉、印象好,那么提出的要求、建议往往会引起对方积极的响应,需求容易被满足,并引起对方的尊敬或崇拜,容易掌握谈判的主动权。如果给对方的感觉、印象不好,往往会引起对方的反感,被对方寻找借口拒绝,所提出的对于双方都有利的建议也会受到怀疑。

(3)先入为主。人们习惯于在看到结论前就主观地下结论。例如,打断别人说话,想当然地认为这就是对方的结论。人们最先所得到的关于事物的看法、观点等信息对人存在强烈的影响,影响人的知觉和判断,这种情况即先入为主。

先入为主的存在是由于人们习惯于受日常生活经验、定向思维的影响,这些影响造成了人们对新信息的排斥。人们最先获得的信息,有准确和不准确之分,根据这些信息对事物做出判断,就有正确和错误两种结果。先入为主造成的一个重要问题是它往往妨碍和影响人们对事物作进一步的了解和认识,使判断带有主观性。先入为主对谈判的影响通常表现为主观武断地猜测对方的心理活动,如对方的意图、关注的焦点问题、心理期望等。这些主观猜测一旦失误,就会直接或间接地影响谈判。

由于存在先入为主的心理知觉状况,在谈判中对先入为主的知觉规律要予以注意。在商务谈判的前几分钟,谈判双方的交流会对谈判气氛产生重要的影响,产生先入为主的效应。这时,在言谈举止方面要谨慎。一般来说,在寒暄之后以选择有共同兴趣的中性话题为宜,对于令人不愉快的话题尽可能不谈,也不要一见面就开门见山,直奔主题。

(4)刻板印象。人的知觉存在对某类人的固定印象,这是在过去有限经验基础上对他人下结论的结果。最常见的刻板是在看到某个人后便把他划归到某一群体之中。通过改变知觉者的兴趣、注意力,给知觉者增加更多的感知信息,有可能改变这一刻板的印象。

二、动机与商务谈判

1. 动机的含义

动机,是促使人产生满足需要的行为的驱动力,或者说是推动一个人进行活动的内部原动力,是引起和维持一个人的活动,并将活动导向某一目标,以满足个体某种需要的念头、愿望、理想等。

商务谈判动机,是促使谈判人员产生满足需要的谈判行为的驱动力。动机的产生取决于两个因素:内在因素和外在因素。内在因素是指需要,即个体因某些东西的缺乏而引起的内部紧张状态和不舒服感。需要产生欲望和驱动力,引起活动。外在因素指个体之外的各种刺激,包括物质环境因素的刺激和社会环境因素的刺激,如商品的外观造型、幽雅的环境、对话者的言语和神态表情等对人的刺激。

2. 动机与需要的关系

动机与需要既相互联系,又有区别。需要是人的行为的基础和根源,动机是推动人们活动的直接原因。当需要具有某种特定目标时,才转化为动机。一般来说,当人产生某种需要而又未得到满足时,会产生一种紧张不安的心理状态,在遇到能够满足需要的目标时,紧张的心理状态就会转化为动机,推动其从事某种活动,向目标前进。当人达到目标时,紧张的心理状态就会消除,需要便得到满足。

动机的表现形式是多种多样的,可以表现为意图、信念、理想等形式。需要是谈判的心理基础。没有需要就没有谈判,需要是谈判的原动力。

3. 商务谈判中心理动机的运用

谈判者的各种谈判动机可能会给谈判带来消极或积极的影响,因此,利用谈判动机中的积极因素,弥补谈判人员的心理漏洞,无疑是十分重要的。

一般而言,谈判者的谈判动机属于心理范畴,是个人秘密。由于时间的限制及各种因素的影响,谈判者不可能在谈判动机定位完美的情况下上阵,为了不被对手利用,就要保守秘密。即便是完全健康的积极的谈判动机,诸如为企业、国家的利益,也不必大肆宣扬。所以,谈判人员的谈判动机,无论是消极的还是积极的,都具有一定的内隐性,而善于判定对手的谈判动机是利用其动机的前提。除了观察外,还应善于从对方的言谈、自己有意的旁敲侧击、正式或非正式的谈话中予以证实。

优秀的谈判者善于利用对手的谈判动机作为自己运用策略的依据。所谓利用,主要是从两个角度而言:

(1)乘虚而入。利用对方的心理弱点,争取有利条件。具体做法大致如下:面对好虚荣的对手,让其在谈判的气氛中得到满足,赞美之词慷慨奉送;面对急于求成的对手,抛出条件后步步紧逼,时而制造紧张气氛,掌握谈判的主动权,在耐心的纠缠中获取较大的利益;面对谋私利的对手,在不违反法律及会计准则的前提下,以最小的诱饵使其上钩,交换成交条件,当然在做法上要巧妙。

(2)借力而用。谈判人员具有的积极性,如为企业、民族与国家争取利益的谈判动机,会给谈判带来活力。这种谈判对手具有一定的公开性、客观性、荣誉感,可以同他们进行正常的、健康的对话,还可设法让其提供真实的信息,放弃苛刻、不公正的要求。对于为企业争取利益的谈判者,有时可以联合起来共同作战。这些均为借力而用。

在借力而用的同时,还应注意防卫问题,措施主要有:在正面肯定对手的同时,要善于挑其毛病,找其缺陷,泼其"冷水",杀其锐气,还要多设防线,不能让其轻易有收获。另外,说话、处事多留余地,防止对手穷追猛打时,没有回旋的余地。

4. 激发商务谈判动机的原则

动机促使人们产生满足需要的驱使力。因此,在商务谈判中,谈判人员必须找出与对方相联系的需求,激发对方成交的动机,进而促成交易的达成。根据心理学的研究,一般来说,激发动机应贯彻以下几个原则:

(1)针对性原则。针对性原则是指对进行谈判的团体和个人的动机进行认真分析与研究,明确这些动机包含的需求,包括其中最基本的需求。动机产生于需求,只有认真研究谈判对手的需求,才能有针对性地激发其成交的动机。通过激发动机,就可以促使谈判对手产生行为——达成协议。需求的多层次性决定了激发方式的多样性。对谈判对手的各种各样的需求,应采取多种方式进行激发,使谈判对手获得赢得谈判的满足感,以此促成双方达成交易。

(2)结合性原则。对于共同利益的追求是谈判中取得一致的巨大动力。在谈判中,如果能使对方认识到,按己方条件达成协议,对满足其本身的需要至关重要,这便是结合性原则的体现。只有当谈判对手满意时,他才有成交的积极性。西方行为科学家弗鲁姆在"期望理论"中提出:激发力量=效价×期望。效价是指达到的目标对于满足需要的价值;期望是指达到的目标能满足需要的概率。达到目标的价值越大,能实现需求的概率越高,则激发力量越大。因此,谈判人员应该努力提高对手对达成协议的期望的估计,以激发其成交的积极性。

(3)公平性原则。人们不能指望单方面地从他人那里获取他所希望得到的好处,获得建立在给予的基础上,这便是公平性原则。心理学的研究表明,施与者会给接受者造成一种压力,接受者会以回报来平衡交换关系。虽然这种交换不像商品交换那样完全等价,但它至少不是无偿的。在商务谈判中,公平性原则主要表现在以下两个方面:

①在自我暴露方面。谈判者总希望在谈判中更多地获得对方的有关信息,以便更准确地了解对方,为此,他们总希望对方更多地暴露自己。在这里,公平性原则表现为,要想让对方更多地暴露,先得更多地暴露自己。己方深藏不露,却要求对方敞开胸怀,这种不公平的现象在谈判中是极少出现的。因此,老练而明智的谈判专家总是告诉新手应当坦诚,让对方更多地了解你,同时你也可以更多地了解对方。将伪装和欺骗视作谈判的高超技巧是对谈判的一种极大误解,最终所失将远远超过所得。

②在让步方面。在这里,公平性原则表现为,要让对方做出什么样的让步,必须先考虑自己准备在哪些方面做出让步,让步总是双向的。例如在一项商务谈判中,卖方如果希望买方在价格上做出让步,那么卖方可以考虑在质量方面(或其他方面)先做出一些让步。从维持长期合作的贸易伙伴关系和树立企业良好形象的角度来看,谈判者在制定让步策略的时候,重要的不是计算怎样以己方的微小让步去换取对方的较大让步,更不是考虑怎样以压力迫使对方单方面让步,而是计算每一让步行为的付出和收获,并确定哪一种选择对双方更有利。

(4)强化性原则。强化是定向控制活动的一种方法。强化有正强化与负强化之分。对人的某种行为给予肯定,使这种行为能够保持和巩固,叫作"正强化";反之,就是"负强化"。为了使谈判活动顺利进行,需要不断强化对手的动机。例如,在谈判开始阶段营造良好的谈判气氛,使对方愿意继续谈判;在谈判过程中专心地倾听对方讲话,尊重对方,使对方产生好感;在谈判结束阶段肯定谈判给双方带来的利益,使对方放心等。不断强化对方的动机,会使交易易于达成。

三、情绪与商务谈判

1. 情绪的含义

情绪,是对一系列主观认知经验的通称,是多种感觉、思想和行为综合产生的心理和生理状态。谈判人员的情绪是指谈判的行为主体对谈判关系、谈判对象和整个过程的情感心态的外在表现。商务谈判情况复杂多变,谈判双方的情绪也随之波动。任情绪在谈判场上像脱缰的野马一样肆意狂奔,是无益于谈判的。作为谈判的一方,为使商务谈判能按预期的方向发展,需要运用相应的措施,对双方的商务谈判情绪进行有效的调控。

2. 谈判者的情绪类型

谈判者情绪的类型可从不同的角度进行划分。从谈判者的情绪性质上分类,可以分为欢愉情绪、失望情绪、愤懑情绪。

(1)欢愉情绪。它是指谈判者对谈判的结果持乐观态度,相信自己的能力,并在实践中得到体现的一种谈判情绪。谈判者的这种情绪,一般是基于对谈判结果自信,需要已经得到满足或将要得到满足的一种积极情绪状态。这种情绪可以提高工作效率,对谈判有积极的推动作用。

(2)失望情绪。它是指谈判者对谈判的结果持悲观态度,对自己的能力缺乏信心,并在实践中体现的一种谈判情绪。谈判者的这种情绪,多是预感谈判结果对己不利,需求无法得到完全或部分满足的一种消极情绪状态。这种状态会降低工作效率,甚至会给谈判带来损害。

(3)愤懑情绪。它是指谈判者由于对谈判结果失望,对对方不满和需求无法得到满足的心情沉积在实践中而体现的一种沮丧情绪。这种情绪常常表现为迁怒对方,立场对抗,对谈判具有破坏性,往往会使谈判陷入僵局,甚至造成谈判破裂。

3. 情绪影响商务谈判的表现

情绪是情感的强烈表现形式。情感是人们对客观事物的一种态度。情绪对商务谈判活动

的影响,主要表现在以下三个方面:

(1)情绪影响谈判者的相互关系。谈判者的情绪状态会影响谈判中双方的关系。良好的情绪状态,常常以亲切、友善、温和、乐观的言行表现出来,给对方传送相互肯定、相互信赖的信息,有利于建立合作性的相互关系。反之,不佳的情绪状态,会令对方失望、沮丧,使彼此的关系变得冷漠、疏远、相互猜疑、缺乏信任感。

(2)情绪影响谈判气氛。情绪不仅影响谈判者的相互关系,而且会给谈判气氛带来直接的影响。良好的情绪状态会使谈判气氛轻松、愉快、和谐、活跃,提高双方的交谈兴趣,形成友好协商的氛围;不佳的情绪状态会给谈判带来阴影,形成压力,制造紧张氛围,妨碍谈判进行。

(3)情绪影响谈判者的行为选择。谈判者的情绪状态,会严重影响谈判者的行为选择。当谈判者情绪好的时候,兴趣提高,信心增强,积极的情绪力量可转化为积极的行为选择,行为的效果良好;当谈判者情绪不佳时,可能干扰理性决策,消极的情绪力量可转化为外在的消极行为,使谈判者难以做出正确决策,最终影响谈判的整体效益。

4.调节谈判情绪的策略

商务谈判情绪是参与商务谈判各方人员的情绪表现。在谈判活动中,谈判方的需要和期望满足的情况千变万化,谈判者的情绪心理也往往随之波澜起伏。在错综复杂的商务谈判中,免不了会出现各种情绪的变化和波动。当异常的情绪波动出现时,要善于采用适当的策略和方法对情绪进行调控,而不能让情绪对谈判产生负面影响。在谈判桌上,应尽量避免过激的情绪。当有损谈判气氛、谈判利益的情绪出现之后,应尽量缓和、平息或回避,防止僵局出现,导致谈判的破裂。

一般情况下,谈判人员不仅要对自己的情绪加以调整,对谈判对手的情绪也应做好相应的防范和引导。常用策略有:

(1)让对方的情绪公开表现出来。把自己和对方的情绪问题都坦诚地"拿"出来,"放"到桌面上加以考虑和讨论,使双方压抑的情绪得到舒解,将双方的注意力重新转移到实质问题上来。这时,双方在实质问题上的合作就有可能取得进展。

(2)允许对方发泄情绪。一般来说,人一旦把自己的不满说出来,就会有一种解脱感。因此,要想巧妙地应对对方的愤怒、沮丧和其他负面的情绪,最好的方法就是给对方一个发泄情绪的机会。否则,对方的负面情绪得不到释放,会积累下来,对谈判的顺利进行极其不利。

(3)不要反击对方爆发的情绪。当对方宣泄情绪时,一定要注意保持平静的心态,控制好自己的情绪,有时甚至得压抑自己。因为在这种情况下,只有压抑、控制好自己,才能有效地影响对方,使谈判朝着正确的方向前进。

(4)缓和对方情绪。商务谈判人员个人的情绪要服从商务谈判的利益,在保持冷静、头脑清醒的情况下灵活地调控自己,把握分寸,适当地表现出强硬、灵活、友好、妥协,以缓和对方情绪。如主动与对方握手,邀请对方聚餐,说一段略表歉意的话,带一份小礼物给对方的孩子等,都能有效地消除对方的敌意和对抗情绪。

第五节 谈判者的心理误区与挫折应对

一、商务谈判中的心理误区

商场如战场,情势变幻莫测,险象环生。如果不小心走入误区,就会身处困境,陷于失败的境地。商务谈判中的心理误区主要有:

1. 欺诈心理

做生意要诚信,不能欺诈顾客和谈判对手。在与谈判对手进行谈判时,要如实陈述自己企业的状况,不能给对方提供假材料、假信息,否则被对方发现后谈判就无法进行,更败坏了自己的声誉,对企业以后的经营造成恶劣影响。

2. 恶性竞争心理

怀有恶性竞争心理,在现代商务谈判中是注定要失败的,这不仅会伤害谈判对手,同时也会对自身利益造成损害。恶性竞争心理源于人的狭隘心胸、嫉妒心和争强好胜,是一种在商战中不成熟的心态。现代商务谈判讲求的是双赢,对双方都有利,切不可一味地与对手争出高低,步入恶性竞争的漩涡。

3. 急躁冒进心理

商务谈判很是忌讳急躁冒进心理。如果不顾客观情况,不了解对手实力,急功近利,盲目冒进,就会很容易使谈判对手发现己方的弱点,使己方处于被动地位,谈判进展艰难,甚至最终失败。

二、谈判者的心理挫折

1. 心理挫折概述

(1) 心理挫折的含义。人们的行为活动都不是一帆风顺的,总会遇到各种各样的困难。当人们的实际活动受挫时,会影响人的心理,从而产生挫折感。心理挫折是指个体在从事有目的的活动过程中遇到障碍和干扰,致使个人动机不能实现、需要不能满足时的情绪状态。

(2) 心理挫折的行为反应。当人们遭受心理上的挫折时,会产生一系列行为反应:

① 畏缩。人们在心理受挫后对自己失去信心,这就会造成人的敏感性、判断力下降,出现盲目顺从、消极悲观等一系列负面情绪,影响目标的实现。

② 攻击。人们在遭受挫折时会表现出生气、愤怒,言行举止可能超出正常范围,容易发脾气,出现过激言语,甚至做出挑衅的动作。需要指出的是,素质不同的个体,其表现出的攻击程度是不同的。

③ 固执。人们在遭受心理挫折时,往往不愿面对发生的事实,非常固执地坚持不合理甚至错误的意见或态度,盲目地重复无效的策略。

④ 倒退。人在遭受挫折时会产生与自己的年龄、身份等不相符的行为,如孩子般的无理取闹、哭泣,目的是博取别人的同情或威胁对方。

2. 商务谈判中的心理挫折

(1) 心理挫折产生的原因。商务谈判的过程注定不是一帆风顺的,谈判人员会遇到各种各样的困难,从而出现心理波动,以至于产生心理挫折。其原因主要有:

① 谈判人员自身的某些需要,如尊重需要、自我实现的需要等没有得到很好的满足或受到对方伤害,就会产生心理挫折。

② 由于在谈判前没能很好地了解谈判内容,缺乏有效的信息,制定了不合理的谈判目标,在谈判中又未能根据实际情况采取有效的应对措施,这些情况很容易使谈判人员产生心理挫折。

③ 谈判人员的思维固化僵硬,总是靠自己的经验应对,不能根据情形的变化灵活变通,坚持以旧有的经验、惯例去解决问题,在无法实现既定目标时,就会产生心理挫折。

(2) 解除心理挫折困扰的防卫机制。遭受心理挫折时产生的情绪会使每个人都感到不舒服,所以,人们会想方设法来消除心理挫折,摆脱困扰。常见的防卫机制有:

①转移目标。将注意力转移到受挫事件以外的其他事情,以消除心理挫折对自己的影响。当然,不能采取消极的转移策略,否则容易让人产生逃避问题的念头。

②替代作用。用"失之东隅,收之桑榆"来安慰自己,虽然在此次回合中处于下风,但在下一个回合中一定会扳回来。

③压抑情绪。在遭受挫折时,不表现出来,刻意地去压抑自己的受挫心理。通常说的临危不乱就是压抑情绪的结果。

三、心理挫折的预防

1. 消除引起客观挫折的原因

人的心理挫折是伴随着客观挫折的产生而产生的。如果能减少或消除引起客观挫折的因素,人的心理挫折就可以减少。

2. 提高心理素质

一个人遭受客观挫折时是否体验到挫折,与他对客观挫折的容忍力有关,容忍力较弱者比容忍力较强者更易感受到挫折。人对挫折的容忍力又与人的意志品质、承受挫折的经历及个人对挫折的主观判断有关。有着坚强意志品质的人能承受较大的挫折;有较多承受挫折经历的人对挫折有较高的承受力。为了预防心理挫折的产生,从主观方面来说,就要尽力增强谈判人员的意志品质,提高对挫折的容忍力。

四、心理挫折的应对

在商务谈判中,不管是己方人员还是谈判对方产生心理挫折感,都不利于谈判的顺利开展。为了使谈判能顺利进行,对心理挫折应积极应对。

1. 要勇于面对挫折

常言道:"人生不如意事十有八九"。商务谈判也是一样,往往要经过曲折的谈判过程,通过艰苦的努力才能到达成功的彼岸。商务谈判人员对于谈判所遇到的困难甚至失败,要有充分的心理准备,以提高对挫折、打击的承受力,并能在经受挫折、打击之后从容应对新的变化,做好下一步的工作。

2. 摆脱挫折情境

相对于勇敢地面对挫折而言,这是一种被动地应对挫折的办法。遭受挫折后,当商务谈判人员无法面对挫折情境时,通过脱离挫折的环境情境、人际情境或转移注意力等方式,可让情绪得到修补,使之能以新的精神状态迎接新的挑战。美国著名教育学家戴尔·卡内基就曾建议人们在遭受挫折时用忙碌来摆脱挫折情境,缓解焦虑。

3. 情绪宣泄

情绪宣泄是一种利用合适的途径、手段将挫折的消极情绪释放出去的办法。其目的是把因挫折引起的一系列生理、心理变化产生的能量发泄出去,消除紧张状态。情绪宣泄有助于维持人的身心健康,形成对挫折的积极适应。情绪宣泄有直接宣泄和间接宣泄两种。直接宣泄有流泪、痛哭、怨气发泄等形式;间接宣泄有运动、诉说等形式。

有专家认为,面对谈判对方的愤怒、沮丧和反感,一个好的办法是给对方一个机会,让对方把心中的郁闷和不满发泄出来,消除不良情绪,可借此了解对方的心理状况,有针对性地开展说服性的工作。

本章小结

　　谈判者的心理活动贯穿于谈判的全过程。人类的知觉、需要、动机、情绪、心理挫折等心理状态,都会对商务谈判产生直接的影响。谈判者必须研究商务谈判的心理影响因素,掌握心理活动规律。

　　需要是人对一定客观事物需求的反映,具有具体性、连续性、发展性和上升性。马斯洛的需要层次理论是把握谈判心理的切入点,需要按从低到高的顺序可划分为五个层次:生理需要、安全需要、社交需要、尊重需要、自我实现的需要。需要层次理论在商务谈判中的应用主要表现为:细致、周到地满足谈判者的生理需要;为谈判者营造一个安全的谈判环境;让谈判者有归属感;满足对方的尊重需要;使对方感受到自我实现的价值。

　　知觉是在感觉的基础上,人的大脑把感受到的信息加以综合整理后形成的事物整体印象,是人对感觉信息的组织和解释的过程。商务谈判动机是影响谈判的一个关键因素,是促使谈判人员产生满足需要的谈判行为的驱动力。动机与需要既相互联系,又有区别。需要是人的行为的基础和根源,动机是推动人们活动的直接原因。谈判人员的情绪是谈判的行为主体对谈判关系、谈判对象和整个过程的情感心态的外在表现。

　　商务谈判中的心理误区有:欺诈心理;恶性竞争心理;急躁冒进心理。心理挫折是指个体在从事目的的活动过程中遇到障碍和干扰,致使个人动机不能实现、需要不能满足时的情绪状态。其导致的行为反应有畏缩、攻击、固执、倒退。解除心理挫折困扰的防卫机制有转移目标、替代作用、压抑情绪。

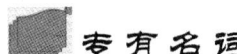 **专有名词**

马斯洛需要层次(Maslow's Hierarchy of Needs)
马基雅维利主义(Machiavellianism)
动机(Motivation)
知觉(Consciousness)
首因印象(Primacy Impression)
晕轮效应(Halo Effect)
刻板印象(Stereotyped Image)
自我意象(Self-image)
心理诱导(Psychological Induction)

 思考题

1. 怎样理解需要及需要的特点?
2. 马斯洛需要层次理论的内容是什么?它对商务谈判有什么作用?
3. 如何认识商务谈判的心理?
4. 谈判人员应具备哪些心理素质?
5. 简述商务谈判激发动机的原则。

6. 请举例说明知觉现象在商务谈判中的运用。
7. 简述商务谈判中心理挫折产生的原因及应对措施。
8. 对于不同性格的谈判者,如何采取不同的态度与处理技巧?
9. 国际著名谈判专家尼尔伯格把谈判中的需要情形分成以下六种:
(1)谈判者为对方的需要着想;
(2)谈判者让对方为自己的需要着想;
(3)谈判者兼顾对方和自己的需要;
(4)谈判者违背自己的需要;
(5)谈判者损害对方的需要;
(6)谈判者同时损害自己和对方的需要。
你最赞成的需要是哪一种?为什么?

一场完全占据主动的价格谈判

1984年,山东某市塑料编织袋厂厂长获悉某国的A商准备向我国出售先进的塑料编织袋生产线,立即出马与A商谈判。谈判桌上,A方代表开价240万美元,我方厂长立即答复:"据我们掌握的情报,贵国B商所提供的产品与你们的完全一样,开价只有你们的一半,我建议你们重新报价。"一夜之间,A商列出详细的价目清单,第二天报出总价180万美元。随后持续9天的谈判中,A商在130万美元价格上再不妥协。我方厂长有意同另一家西方公司进行联系洽谈,A商得悉,立即将总价降至120万美元。我方厂长仍不签字,A方代表大为恼火,我方厂长拍案而起:"先生,中国不再是几十年前任人摆布的中国了,你们的价格、你们的态度都是我们不能接受的!"说罢,把提包甩在桌上,里面那些西方某公司设备的照片散了满桌。A方代表大吃一惊,忙要求说:"先生,我的权限到此为止,请允许我同厂方联系请示后再商量。"第二天,A方宣布降价至110万美元。我方厂长在拍板成交的同时,提出安装所需费用一概由A方承担,又迫使A方让步。

问题:
(1)我方厂长在谈判中运用了怎样的技巧?
(2)我方厂长在谈判中稳操胜券的原因有哪些?
(3)请分析A方最后不得不成交的心理状态。
(4)一个优秀的商务谈判者应注重收集哪些信息?

商务谈判流程篇

第三章　商务谈判的准备

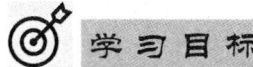 学习目标

1. 掌握商务谈判的准备流程。
2. 了解收集谈判信息的主要内容。
3. 熟悉谈判方案的制订流程。

案例导入

奥康集团与 GEOX 公司合作谈判

意大利 GEOX（健力士）公司是世界鞋业巨头之一，浙江奥康集团是国内知名鞋业生产企业。在中国加入世界贸易组织之初，GEOX 公司就把目光对准了中国，意图在中国建立一个亚洲最大的生产基地。2002 年初，GEOX 公司总裁波莱加托先生进入亚洲市场进行调研。经过一段时间的实地考察，他计划将中国奥康集团列为发展合作对象之一。但奥康集团能否接住 GEOX 公司抛过来的"红绣球"，实现企业发展的国际化战略？

GEOX 公司曾用两年时间对中国市场进行调研，先后考察了 8 家中国著名的鞋业公司，为最终坐到谈判桌前进行了周密的准备。谈判中，波莱加托能把几十页的谈判框架、协议条款熟练背出，令在场的人大吃一惊。波莱加托的中国之行排得满满当当，去奥康考察只有 20% 的可能性，谈判成功的预期概率很低，合作机会也很小，但波莱加托仍然做了如此周密的准备，此点十分值得国内企业家学习和借鉴。

尽管奥康集团对与 GEOX 公司合作成功的心理预期相对来说比较低，但他们的宗旨是：即使只有 0.1% 的成功机会也绝不放过。奥康集团为迎接波莱加托一行人，进行了周密的准备和策划。首先，他们通过一份翻译资料，全面了解了 GEOX 公司的情况，包括资信情况、经营状况、市场地位、此行目的以及谈判对手个人的一些情况。其次，为了使谈判对手有宾至如归的感觉，奥康集团专门成立了以总裁为首的接待班子，拟订了周密的接待方案。从礼仪小姐献给刚下飞机的波莱加托一行的鲜花，到谈判地点的选择、谈判时间的安排、客人入住酒店的预订，整个流程都是奥康集团精心策划与安排的，使得谈判对手"一直很满意"，为谈判最终获得成功奠定了基础。

第一节　收集商务谈判所需的各类信息

一、掌握谈判标的物信息

标的物是指合同当事人双方权利和义务所共同指向的对象。在商务谈判领域，标的物是指谈判双方预期签署的商业买卖合同中所指的具体的物品或商品，其形态可以是有形的，也可以是无形的。例如，某公司计划大量采购另一公司生产的机床，此次商务谈判的标的物是机床设备。

商务谈判的基础是充分认识谈判标的物的相关信息。在商务谈判过程中，需要结合标的物的实际情况，制订可行的执行计划和方案，最大限度地符合谈判合同中的条款。谈判标的物的有关信息主要包括：

1. 标的物的基本信息

标的物的基本信息包括产品价格、产品品质、型号外观、技术指标、流动产品数量、仓储物流情况、生产经营状况和售后服务水平等。如果卖方标的物具有其他企业所没有的满足买方需求的性能和特点，或是卖方标的物能够比其他企业更好地满足买方的某种需求，那么卖方就拥有了更多的与买方谈判的优势，买方也将获得更符合企业生存发展方向的产品。

2. 标的物的市场信息

（1）国内外市场分布。随着国际分工的不断深化，国际贸易中交换的商品品种不断增多、数量不断扩大，因此，调查产品在国内外市场的分布情况，有助于确立谈判目标。国内外市场分布情况主要包括与商务谈判相关产品市场的政治经济条件、分布的地理位置、运输条件、市场辐射的范围、市场潜力和容量以及各个市场的经济联系等。

（2）市场需求。市场需求情况主要包括本企业产品在市场上的实际与潜在的需求量、产品的市场覆盖率和占有率以及竞争对手的经营策略对本企业销售量的影响等。

（3）市场销售。如果本身为买方，就要调查清楚所购产品过去几年的销售量、销售总值及价格变动，该类产品的发展趋势及其在市场上所占的比例，消费者对此类产品的需求状况以及对该企业新老产品的评价等；如果本身为卖方，就要调查清楚本企业产品以及其他企业同类产品的市场需求情况以及销售情况等。

（4）相关产品信息。相关产品主要包括替代品、补充品、前续产品和后续产品等。

①替代品，主要包括功能相近的不同品牌的产品或者功能上升级换代的产品等类型。替代品的快速发展往往会导致主项产品的价格下降，甚至被市场淘汰。

②补充品，是人们在消费主项产品的时候必须附带消费的产品，如汽车与汽油、羽毛球拍与羽毛球等。补充品的快速发展可以为主项产品本身的发展创造一定的条件。

③前续产品，是生产主项产品时所必需的原材料或初级加工产品，如汽车与钢材、酒类与粮食等。充裕的前续产品有利于主项产品的供应量得到保证以及成本的下降。

④后续产品，是由主项产品所衍生出来的为主项产品提供直接服务的产品或行业，如电脑与电脑屏幕膜、汽车与汽车维修等。同样，后续产品的快速发展也能推动主项产品快速发展。

光学加工设备的购销谈判

我国光冷加工的水平曾经一度较低,为改变这种状况,国家决定为南京仪表机械厂引进德国劳尔(LOH)光学机床公司(简称劳尔公司)的光学加工设备。南京仪表机械厂科技情报室的人员马上对劳尔公司的生产技术进行了情报分析。在与劳尔公司谈判时,劳尔公司提出要对我方转让24种产品技术,我方先前就已对劳尔公司的产品技术进行研究,决定从24种产品中挑选出13种产品,因为这13种产品技术已经足以构成一条先进完整的生产线。同时,我方根据对国际市场情报的掌握提出了合理的价格。这样,我国既买到了先进的设备,又节约了大量的外汇。事后,劳尔公司的董事长R.柯鲁格赞叹道:"这次商务谈判,不仅使你们节省了钱,而且把我们公司的心脏都掏去了。"

平时注意对谈判标的物信息进行收集和处理,在谈判中就能够游刃有余,获得成功。

二、洞察谈判者信息

古语有云:"知己知彼,百战不殆。"只有充分了解双方谈判者的情况,才能有针对性地制定己方的谈判策略和计划,从而在谈判中占据主动地位。谈判者信息主要包括:

1. 己方谈判者情况

在了解对手前,要对己方谈判者自身的情况有清晰的认识。谈判者的素质是达成交易的关键因素。己方谈判者的信息主要包括谈判者的价值观、人生观、心理特征、性格特征、智力水平、情感类型、谈判经验、能力水平、敬业程度等。要对己方谈判者的相关信息进行深度考察,以便精确地利用谈判者的特点,取长补短,制定合适的谈判策略和计划,为商务谈判的良好开端奠定基础。

2. 对方企业调查

谈判之前要了解清楚对方企业的情况,避免错误判断对方的谈判战略布局,使自己陷于被动。对方企业的类型如下:

(1)在世界上享有一定声望和信誉的跨国公司。对待该类公司,己方提供的各类材料要准确、完整,而且谈判前要做好充分的准备,谈判中要有充足的自信心、较高超的谈判技巧。这类公司是很好的贸易伙伴,应积极发展与其的合作关系。

(2)享有一定知名度的企业。此类企业比较讲信誉,占领市场的愿望很迫切,在技术服务和培训工作等方面都做得比较好,对己方在技术方面的要求和合作生产的条件比较容易接受,是较好的合作伙伴。

(3)没有知名度的企业。此类企业因知名度较低,谈判条件一般不会太苛刻,只要深入了解其资产、技术、产品和服务等方面的情况,也是合作伙伴。

(4)知名母公司的下属子公司。不要被此类公司的母公司的光环所迷惑,母公司拥有的资产、信誉并不意味着其子公司也拥有,应要求此类公司出示其母公司准予其以母公司的名义洽谈业务,并承担子公司一切风险的授权书。

3. 对方资信情况

对谈判对手进行资信状况的调查研究,是谈判前准备工作中极其重要的一步。缺少必要的资信状况分析,如果谈判对手主体资格不合格或者不具备与合同要求基本相当的履约能力,那么所签订的协议就是无效协议或者是没有履行保障的协议,谈判者会前功尽弃,蒙受巨大损失。

对谈判对手资信情况的调查主要包括两方面:一是对方主体的合法资格;二是对方的资本、信用与履约能力。

(1)对对方合法资格的审查。商务谈判的结果应合法,参加商务谈判的企业组织必须具备法人资格。法人应具备三个条件:一是法人必须有自己的组织机构,这是决定和执行法人各项事务的主体。二是法人必须有自己的财产,这是法人参加经济活动的物质基础与保证。三是法人必须具有权利能力和行为能力。权利能力是指法人可以享受权利和承担义务,行为能力是指法人可以通过自己的行为享有权利和承担义务。满足了这三方面的条件后,在某个国家进行注册登记,即成为该国的法人。

审查对方的法人资格,可以要求对方提供有关的证明,如法人成立地注册登记证明、法人所属资格证明、营业执照等。还要弄清楚对方法人的组织性质,是有限责任公司还是股份有限公司,是母公司还是子公司或是分公司,因为公司组织性质不同,其承担的责任是不一样的。同时还要确定其法人的国籍,即应受哪一国家法律的管辖,因为国籍不同,适用的法律也不同。对于对方提供的证明文件,要通过一定的手段和途径进行验证。

对对方合法资格的审查还应包括对前来谈判的人员的代表资格或签约资格进行审查。当对方找到保证人时,还应对保证人进行审查,了解其是否具有担保资格和能力。在对方委托第三者谈判或签约时,应对被委托人进行审查,了解其是否有足够的权力和资格代表委托人参加谈判。

(2)对对方资本、信誉和履约能力的审查。对谈判对方资本进行审查的主要内容是审查对方的注册资本、资产负债表、收支状况等。对方具备了法律意义上的主体资格,并不一定具备很强的行为能力。因此,应该通过公共会计组织审计的年度报告,银行、资信征询机构出具的证明来核实。

对谈判对方商业信誉及履约能力的审查,主要调查对方的经营历史、经营作风、产品的市场声誉和财务状况,以及在以往的商务活动中是否具有良好的商业信誉。

4.对方谈判者情况

一方面,要弄清楚对方谈判者的权限有多大,这对谈判的实质性结果有重要影响,谈判的一个重要法则是不与没有决策权的人谈判。不了解谈判对手的权力范围,将没有足够决策权的人作为谈判对象,不仅浪费时间,而且可能错过更好的交易机会。一般来说,对方参加谈判的人员职位越高,权限越大;如果对方参加谈判的人员职位较低,就应该了解其是否得到了授权,能在多大程度上独立做出决定,有没有做出让步决定的权力等情况。

另一方面,还要了解对方谈判者的其他情况,从多方面搜集对方的信息,以便全面掌握谈判对方的情况。比如,对方谈判班子的组成情况,即主谈人背景(能力、权限、特长及弱点等)、谈判班子内部的相互关系、谈判班子成员的个人情况,包括谈判成员的资历、能力、信念、性格、心理类型、个人作风、爱好与禁忌等;对方的谈判目标,所追求的中心利益和特殊利益;对方对己方的信任程度,包括对己方经营与财务状况、付款能力、谈判能力等多种因素的评价和信任程度等。

知识链接

了解谈判对手常用的调查方法

1. 文案调查法

这是通过谈判对手提供或发行的资料,如谈判对手的商品目录、报价单、企业情况简介、产品说明书等进行调查的方法。有些企业为了招揽客户,会专门把印有企业所有产品信息的小册子赠送给可能成为交易对象的客户。所以,谈判人员应首先把这些资料收集、整理起来,进行分析研究。这种调查方法投资少、见效快、简便易行,是进行商务谈判调查工作首选的方法。

2. 实地调查法

实地调查法亦称直接调查法,是由谈判人员通过直接或间接的接触来收集、整理信息,研究分析谈判对手的方法。这种调查方法有很多具体形式,谈判人员可以向自己企业内部那些曾和对方有过交往的人员进行了解,也可以通过函电方式直接与对方联系,而对较重要的谈判,则可以安排非正式的初步洽谈。这种预备性洽谈不仅可以使己方有机会正面观察对方的意图以及原则、态度、风格,而且可以使对方对己方的诚意及观点有所了解,以此促进双方在平等互利、互谅互让的基础上进行通力合作。

3. 购买法

当交易规模、数量较大时,可先以小批量购买的方式直接了解对方产品的情况。在收集、掌握对方资料的基础上,对谈判对方进行认真的分析研究,以便进一步明确谈判对方的意图、目的,从而推测出双方在哪些方面能够取得一致意见,在哪些方面可能出现问题和分歧,据此制定、调整己方的谈判方针、策略,使目标制定得更加切合实际。

4. 专家顾问法

专家顾问法是指企业通过聘请大专院校、研究机构、学术协会的教授和专家进行调查的方法,实际上是一种借"外脑"的方法。这些教授、专家由于长期进行某方面的研究而积累了大量的信息资料,对于了解谈判对手较为积极有效。

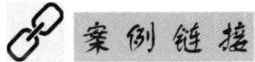

中方谈判者通过闲聊获取对方谈判者的信息

某次,中日两家公司进行谈判,双方人员在谈判正式开始之前彼此做了介绍。

中方谈判人员利用谈判休息时间,对日方谈判人员表示赞赏:"技术熟悉,表述清楚,水平不一般,我们就欢迎这样的专家。"该谈判人员很高兴,表示自己在公司的地位重要,知道的事也多。中方谈判人员顺势问道:"贵方主谈人是你的朋友吗?""那还用问,我们常在一起喝酒,这次与他一起来中国,就是为了帮助他。"他回答得很干脆。中方又追问了一句:"为什么要你来帮助他,没有你就不行吗?"日方谈判人员迟疑了一下:"那倒也不是,但这次他希望成功,这样他回去就可升为部长了。"中方立即跟上:"这么讲,我也得帮助他了,否则,我就不够朋友。"

在此番谈话后,中方认为对方主谈人为了晋升,一定会全力以赴达成交易。于是,中方谈判者在谈判中巧妙地加大压力,谨慎地向前推进,成功地实现了目标,也让对方得到了升职的机会。

三、了解谈判环境信息

谈判是在特定的政治、经济、社会文化环境中进行的,这些环境会对谈判产生直接或间接的影响。谈判的环境因素包括谈判对方所在国家或地区的所有客观因素,如政治法律、社会文化、经济建设、自然资源、基础设施、气候条件与地理位置等。谈判人员必须对上述环境因素进行全面系统的调研与分析评估,以制定出正确的谈判方针和策略。根据英国谈判专家P.D.V.马什所著的《合同谈判手册》,谈判环境主要包括:

1. 政治环境

(1)政局的稳定性。谈判对方所在的国家或地区的政局稳定,市场运行有序,经济快速发展,就会吸引众多的国外投资者前往投资;相反,如果政局动荡,市场混乱,就会使正在进行的项目被迫中止,或者已达成的协议无法实施,造成重大损失。

(2)经济的运行机制。经济的运行机制是市场体系中诸因素相互联系、相互制约、调节市场系统运行和企业经营活动的过程与方式的总称,主要包括价格机制、供求机制、信贷利率机制、竞争机制等。

在计划经济体制下,要看企业间的交易买卖有多少列入了国家计划,对进口商品是否实行严密控制,有没有争取到计划指标,有没有列入国家计划的项目。

在市场经济条件下,企业的自主权较大,企业可以自主决定交易内容。

(3)国家对企业管理的程度。这主要涉及企业自主权的大小问题。如果国家对企业管理的程度较高,政府就会干预谈判内容及进程,谈判中的关键性问题常常由政府部门解决,谈判的成败主要取决于政府。如果国家对企业管理的程度较低,企业有较充分的自主权,那么谈判的成败主要取决于企业自身。

(4)政府与买卖双方之间的政治关系。政府与买卖双方之间的政治关系会影响谈判的效果。如果政府与买卖双方之间的关系良好,谈判中受到的限制就少,谈判就会比较顺利,成交的可能性就大。如果关系紧张,谈判中的障碍就会增多,谈判达成协议的难度就大。例如,A国政府与B国政府之间有政治矛盾,而B国与C国是很好的贸易伙伴,那么A国就有可能不愿与C国进行商业交易。

2. 法律制度环境

(1)法律制度的状况。如果是国际商务谈判,谈判人员必须了解对方国家是依据何种法律体系制定的法律制度,是属于大陆法系还是英美法系等。

(2)法律执行的情况。在实际生活中,有的国家因为本身法律制度不健全,而出现无法可依的情况;有的国家法律制度较为健全,但是不能做到严格执行,从而影响谈判成果受保护的程度。

(3)司法部门的情况。谈判人员应确定司法部门是否独立,司法部门对业务洽谈的影响程度如何等问题。

(4)法院受理案件时间的长短。法院受理案件时间的长短直接影响业务洽谈双方的经济利益。如果法院受理案件的时间很长,其后果对双方来说都是难以承担的。

(5)执行其他国家法律的裁决时所需的程序。对于跨国商务活动而言,一旦发生纠纷并诉诸法律,就会涉及不同国家之间的法律适用问题。所以要考虑在某一国家的裁决,拿到对方国家是否有同等的法律效力这一情况,如果不具有同等法律效力,需要什么样的条件和程序才能生效,才能得到有效执行。

3. 文化环境

(1)宗教信仰。

①占主导地位的宗教信仰。宗教信仰对人们思想、行为的影响是客观存在的,谈判人员应首先弄清楚谈判对方所在国家占主导地位的宗教信仰,进而研究这种宗教信仰对谈判人员的思想行为的约束。

②宗教信仰带来的影响。在政治事务方面,谈判对方国家的大政方针、国内政治形势和民主权利等,都受到该国宗教信仰的影响。在法律制度方面,宗教影响很大的国家或地区必须根据宗教教义制定法律制度,人们的行为是否被认可,要看是否符合该国宗教信仰的精神。在国别政策方面,由于宗教信仰不同,一些国家在处理对外经济关系上制定带有歧视性或差别性的国别政策,对宗教信仰相同的国家给予优惠政策,对于宗教信仰不同的国家,尤其是有宗教歧视和冲突的国家施加种种限制。

(2)社会习俗。不同国家和地区有着不同的社会习俗,例如合乎标准的衣着和称呼、招待物和礼品的限制,这些习俗在一定程度上会影响商业谈判活动。

掌握了谈判对方所在国家和地区的社会文化信息,有利于进行沟通和交流,会对谈判产生推动作用。

4. 财政金融环境

(1)外汇储备水平。通过了解分析谈判对方所在国家或地区的外汇储备情况,可以很好地把握与他们所谈项目的大小,防止由于对方支付能力的局限性而造成项目不能顺利完成的经济损失。

(2)国际支付方面的信誉。要考虑支付是否有延期的情况,原因何在。要了解取得谈判对方国家或地区的外汇付款,需要经过哪些手续和环节。

(3)外债水平。如果谈判对方国家的外债水平过高,即使双方很快达成协议,在协议履行的过程中,也有可能因为对方的外债偿还问题而无力支付本次交易的款项。

(4)外汇管制措施或法令。有些国家或地区为了保证收汇和防止逃汇、套汇、黑市买卖外汇,通过进出口许可证等加强对外汇的管制。

(5)适用的税法。考虑谈判对方所在国家或地区征税的种类和方式如何,是否签订过避免双重征税的协议,该国的外汇汇出是否有限制等问题,这些问题会直接影响双方最终获利的大小。

(6)货币兑换。该国货币是否可以自由兑换?限制货币自由兑换的条件是什么?如果交易双方的货币不能自由兑换,该如何解决?是否寻求第三方货币支付?两国汇率变动情况及其变化趋势如何?这些问题都要充分考虑。

5. 商业习惯

世界各国都有各具特色的商业习惯,作为谈判人员,要充分了解和把握谈判对方国家或地区的商业习惯,这样才能在业务交往中采取有效的方法,保证业务活动的正常开展。

(1)企业决策的程序。有些国家的企业决策权集中于最高层,只要最高领导同意即可,而有些国家的企业决策权比较分散,需要各层级人员互相交流沟通协商。

(2)商务谈判的常用语言与翻译。如果谈判对方使用当地的语言,己方要准备可靠的翻译,弄清楚合同文件的准确含义。

(3)文本的重要性。有些国家要求必须以文字为准,而有些国家以个人的信誉与承诺为准。

(4)律师的影响力。要了解清楚在谈判和签订协议的过程中是否必须有律师在场,律师是否全面审核合同的合法性,律师是起决定性作用,还是只作为辅助人员。

(5)在商务交往中是否有贿赂现象。如果有,考虑该如何付诸行动。在有些国家行贿是正常的现象,不行贿就无法顺利达成协议。必须了解这方面的情况,以便采取相应的对策。

6.基础设施和后勤系统

一个国家或地区的基础设施与后勤系统也会影响业务洽谈活动。要考虑的情况主要包括:

(1)人力资源情况,包括劳动力的数量、质量等。

(2)有无建筑材料、建筑设备及维修设备等。

(3)邮电通信事业的现状及发展情况如何。

(4)交通运输状况,包括公路铁路的运载能力、航空运输能力等。

7.气候状况

一个国家或地区的气候状况也会间接地对商务活动产生影响。气候因素包括雨季的长短、雨量的多少、气温的高低等,对人们的消费习惯和商务谈判都会产生一定的影响。

气候变化对商务谈判的影响主要体现在商品货物的运输上,特殊的气候状况可能会使国际贸易所依赖的供给—运输—分配链变得脆弱。极端的气候现象(如飓风)会导致海上运输路线的暂时中断,损害对贸易至关重要的基础设施,在拟定商务谈判协议中的相关条款时要关注协议期内的气候状况。

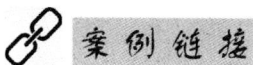

中方巧借环境信息达成交易

1987年6月,济南市第一机床厂厂长在美国洛杉矶同美国卡尔曼公司进行机床销售的谈判。双方在价格问题的协商上陷入了僵持的状态,这时中方获得情报:卡尔曼公司原与台商签订的合同不能履行,因为美国对台湾地区提高了关税,该政策使得台商迟迟不肯发货;而卡尔曼公司又与自己的客户签订了供货合同,对方要货甚急,卡尔曼公司陷入了被动的境地。中方根据这个情报,在接下来的谈判中沉着应对,卡尔曼公司终于沉不住气,签订了订货合同,按照中方的价格购买150台中国机床。

在谈判中,谈判者不仅要注重己方的相关情报,而且要重视对手的环境情报,只有知己知彼知势,才能获得胜利。

四、整理并分析谈判信息

对收集来的资料进行整理分析,其主要目的是:①鉴别资料的真实性与可靠性。在实践中由于各种因素的影响,所收集的资料有的可能比较片面,甚至是虚假的、伪造的,因而必须进行整理和分析。②在资料真实、可靠的基础上,结合谈判项目的具体内容,分析各种因素与该谈判项目的关系,并根据它们对谈判的重要性和影响程度进行排序,通过分析,制定出具体的谈判方案与对策。

信息资料的整理一般分为以下四个过程:

1. 资料评价

现实中,收集起来的各种资料,其重要程度各不相同,有些可以马上使用,有些到后来才派上用场,而有些资料可能自始至终都用不上。因此,必须首先对收集到的资料进行评价,只有如此,才能为资料的筛选打好基础。

2. 资料筛选

对于不需要的或用处极小的资料,应及时丢弃,如果保存,就会浪费大量的空间与费用。因此,应不断地对收集的资料进行清理。资料的筛选方法主要有:

(1) 时序法。逐一分析按时间顺序排列的资料,对同一时期内的资料,取较新的,舍弃旧的,这样可以使信息资料在时效上更有价值。

(2) 类比法。将信息资料按产品、业务、空间或地区分类进行对比,接近实质的保留,其余的舍弃。

(3) 查重法。对于重复出现、完全相同的资料,剔除重复部分;对于重复出现但不完全相同的资料,可以保留一部分。

(4) 评估法。由专业人员或资深人员对资料进行评估后,决定资料的取舍。

3. 资料分类

在资料整理阶段,对筛选后的资料认真地进行分类,是最耗费时间的一项工作,但也是极其重要的一项工作,可以说,不做好分类就不可能充分利用资料。分类的方法大致有两种:

(1) 项目分类法。以资料的使用目的、资料的内容、资料的性质等作为依据,对现有的资料进行分类,以备不同的谈判项目所需。

(2) 从大到小分类法。从设定大的分类项目开始,大项目数最好不超过十项,经过一段时间的使用后,若觉得有必要可以把大项目进行细分,不要分得太细,以免出现重复。

以上两种分类法,可以根据工作的需要结合起来使用,一般以前者作为基本分类法,再将后者渗透进去。

4. 资料保存

分好类的资料应妥善地保存起来,即使是经常使用的资料也不能随便放,要分门别类地放到专门的资料架或卡片箱中,以便随时查找或加放同类资料。

第二节　组织谈判人员

一、谈判人员的素质要求

人是谈判的行为主体,谈判人员的素质是筹备和策划谈判谋略的决定性主观因素,它直接影响整个谈判过程的发展,影响谈判的成败,最终影响谈判双方的利益分割。可以说,谈判人员的素质是谈判成功的关键。一个优秀的谈判人员应具备以下素质:

1. 健康的身体素质

谈判是一项费时费力的工作,不仅消耗谈判人员的脑力,而且消耗谈判人员大量的体力,只有具备健康的身体素质,才能具有谈判的本钱,才能保证谈判的成功。谈判人员需要具备健康的身体素质,具有良好的观察分析能力和逻辑判断能力。

2. 良好的心理素质

谈判人员应具有较好的自控能力,在激烈的谈判中能够调整情绪,控制自己的行为,克服心理障碍,维护组织利益。在谈判过程中,谈判人员应尽可能保持稳定的心理状态,沉着镇定地应对一切。不因顺利而喜形于色,不因挫折而心灰意冷。

谈判人员还应具有较强的应变能力,该能力指在谈判过程中出现突发状况,谈判条件、谈判环境发生巨大变化后适时克服心理障碍、处理意外事故、化解谈判僵局的能力。谈判人员必须具备准确分析、迅速决断的应变能力,灵活地处理各种矛盾,控制谈判局势和走向。

3. 较高的知识素质

商务谈判涉及的问题涵盖方方面面,丰富的知识、文雅的谈吐是谈判人员控制谈判局面、掌握主动权的坚实基础。不同类型谈判人员的知识结构不同,但从总体上看,合格的商务谈判人员应具备"T"形知识结构,即在横的方面有广博的知识面,在纵的方面精通某方面的专业知识。谈判人员要具备良好的公共关系知识体系,系统了解文化礼仪、政策性知识,同时要掌握商业贸易、金融、本行业产品、市场等方面的专业知识,还要熟悉经济学、心理学、管理学以及相关学科的知识等,尤其要熟悉与具体谈判有关的商务和技术知识,如合资、联营业务谈判知识,承揽加工业务谈判知识,技术贸易谈判知识,任务承包谈判知识,租赁业务谈判知识等。因为谈判是围绕双方有关的商务及技术条件展开的。同时,这类专业知识的掌握必须达到一定的深度。

4. 较强的谈判技能素质

知识广博是一个谈判人员素质构成中的基本因素,而技能则是知识的外在表现与具体应用。技能主要表现在以下几个方面:

(1)必要的运筹、计划能力。谈判的进程如何把握?谈判在什么时候、什么情况下可以由准备阶段进入接触阶段、实质阶段,进而达到协议阶段?谈判不同阶段的重点不同,何时采取何种技巧、策略?对这些问题,谈判人员都要进行精心设计与统筹安排。

(2)较强的驾驭语言的能力。语言表达能力是指以书面、口头、体态等方式将自己的观点、认知、意见清晰有效地传播给他人的能力。谈判人员要懂得,谈判就是靠"交谈"来消除双方观点的分歧,达成彼此一致的过程,这要求谈判人员善于表达自己的见解,叙述条理清晰,用词准确严谨。一个优秀的谈判人员,能够运用语言的感染力强化谈判的效果,能够准确无误地表达自己的意见。对于某些专业术语,也能以简明易懂的语言加以解释。同时,谈判人员还要善于说服对方接受自己的观点与条件,善于通过辩论来批驳对方,维护自己的利益。当然,强调提高语言驾驭能力并不是提倡在谈判中泛泛而谈,虚张声势,这种做法会影响谈判的气氛,使对方产生不满。

(3)灵活并创造性地制定策略。在具体的谈判中,既不能轻易退让,又要善于适当地妥协,这样才能取得满意的谈判成果。如果谈判人员在谈判中只是表现出单纯的原则性和不达目的的誓不罢休的精神,往往会使双方陷入争执,这时候如果一味地坚持强硬的立场,更会雪上加霜。在这种情况下,谈判人员要发挥其创造力、想象力,在制定与选择方案上表现出灵活性,这对于推动谈判的发展具有关键性的作用。

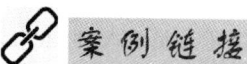

女强人柯伦泰的谈判艺术

世界第一位女大使柯伦泰被任命为苏联驻挪威全权贸易代表。当时,苏联国内急需大量食品,正与挪威进行一场购买鲱鱼的谈判。因为挪威知道苏联人要吃鲱鱼就得从挪威进口,一方面挪威是鲱鱼生产大国,另一方面挪威离苏联近,运输路程短,利于鲱鱼保鲜,所以挪威的开价奇高。虽然进行了多轮激烈的谈判,但价格始终降不下来,谈判双方僵持了相当长时间。苏方想打破僵局,挪方却无所谓。为了打破僵局,苏方更换了谈判代表,派出女强人柯伦泰出任谈判代表。

挪威谈判代表都是风度翩翩的男士,当他们得知苏联派了一位女代表,都相当惊讶。谈判重新开始,柯伦泰谈笑风生,不仅在谈判场内非常活跃,而且在谈判场外也瞅准每一个机会与人周旋。虽然谈判仍无进展,柯伦泰本人却博得挪威谈判代表的普遍好感。

经过一轮又一轮讨价还价,柯伦泰看到时机已经成熟,便显出无可奈何的样子,她说:"好吧,我同意先生们的报价。如果我的政府不同意这个高价,我愿意用自己的工资来支付。但是,请先生们允许我分期付款,这可能要我支付一辈子呢。"

柯伦泰用幽默"将"了对方一"军",把挪威代表全都逗笑了,他们纷纷表示要是真的这样做,就太伤女士感情了,且失去了男士应有的风度。同时,对方顿悟到苏联人并不富有,高价鲱鱼对他们是不合适的,于是一致同意把鲱鱼价格降下来,谈判顺利进行了下去。

二、谈判团队规模

组建一支谈判团队,首先遇到的问题是应该选择多少谈判人员最为合适。根据谈判团队的规模,可以将谈判分为一对一的单人谈判和多人参加的集体谈判。

单人谈判时,谈判人员既要陈述自己的条件,又要观察谈判各方的反馈,在谈判过程中既要记录对方表达的内容、回答对方的问题,又要衡量自身条件,采取相应的应对措施,这些对谈判人员自身能力提出了极高的要求。单人谈判中可能会出现行贿等违法行为,不利于商务谈判的顺利进行。

在通常情况下,谈判团队应具有一定的规模。多人组成的谈判团队,可以满足谈判多学科、多专业的知识需要,谈判人员之间在知识结构上的互补,有助于发挥综合的整体优势。另外,谈判人员分工合作、集思广益、群策群力,有利于形成集体的进取与抵抗的力量。成功的谈判有赖于谈判人员集体智慧的发挥。

谈判团队人数的多少没有统一的标准,谈判的具体内容、性质、规模以及谈判人员的知识、经验、能力不同,谈判团队的规模也不同。实践表明,直接上谈判桌的人不宜过多。如果谈判涉及的内容较广泛、复杂,需要由各方面的专家参加,可以把谈判人员分为两部分:一部分进行背景材料的准备,人数可适当多一些;另一部分直接上谈判桌,这部分人数以与对方相当为宜。在谈判中应注意避免对方出场人数很少,而己方人数很多的情况。

三、谈判人员配置

商务谈判是一项涉及商业、法律、金融、技术等多方面知识领域的活动,而任何一名谈判人员,其所了解和掌握的知识是有限的,且存在个体差异。在商务谈判中,良好的谈判人员配置包括首席代表、技术人员、商务人员、法律人员、翻译人员和记录人员。在一个谈判团队内部,每位成员都有自己明确的职责。

1. 首席代表

首席代表是谈判的领导人,有领导权和决策权,一般由熟悉标的的特征、能深刻解读谈判目标、善于交际、谈判经验丰富的人担任。首席代表的主要职责是监督谈判程序、掌握谈判进程、协调团队内部关系、实施重要决策、汇报谈判工作等。

2.技术人员

技术人员应是熟悉专业技术、产品性能和技术发展动态的技术员、工程师或总工程师。技术人员的主要职责是同对方进行专业细节方面的磋商,提出解决专业问题的建议,为最后决策提供专业方面的论证等。

3.商务人员

商务人员又称经纪人员,由熟悉贸易惯例和财务情况、了解交易行情的人员担任。商务人员的主要职责是计算和分析修改后的谈判方案所带来的收益变动,提供合同或协议方面的财务意见和建议等。

4.法律人员

法律人员应是掌握各种相关法规并有一定签约和辩护经验的专业人员,通常由企业法律顾问或特聘律师担任。法律人员的主要职责是确保谈判在法律允许的范围内进行,检查合同中有关法律文件的准确性和完整性等。

5.翻译人员

翻译人员在商务谈判中占据特殊地位,其往往是谈判双方沟通的桥梁。一名出色的翻译人员,不仅能进行语言沟通,改变谈判气氛,增进谈判各方的了解、合作和友谊,还能为己方在谈判中出现的失误寻找更正机会,提高容错率。

6.记录人员

记录人员应具有较强的文字记录能力和一定的专业基础知识,能准确、完整、及时地记录谈判内容,整理出正式谈判记录,为下一步的谈判工作提供依据。

四、谈判团队成员的分工与配合

每一个谈判人员都有明确的任务,都有自己适当的角色,各司其职。谈判人员在思路、语言、策略方面应互相协调,步调一致,各类人员之间的主从关系、呼应关系和配合关系应明确。

1.谈判人员的分工

(1)洽谈技术条款的分工。技术条款谈判应以技术人员为主谈人,其他人员处于辅谈的位置。技术主谈必须对合同技术条款的完整性、准确性负责。在把主要的注意力和精力放在有关技术方面的问题上的同时,技术主谈必须放眼全局,从全局的角度来考虑技术问题,并尽可能地为后面的商务条款和法律条款的谈判创造条件。商务和法律人员应尽可能为其提供技术以外的咨询意见,并在适当时候回答对方有关商务和法律方面的问题,从不同角度来支持技术主谈的观点和立场。另外,翻译人员也要当好"润滑剂"。

(2)洽谈商务条款的分工。在洽谈合同商务条款时,商务人员应处于主谈人地位,技术人员与法律人员则处于辅谈人的地位。

合同的商务条款在许多方面是以技术条款为基础的,或者是与之紧密联系的。因此在谈判时,需要技术人员给予密切的配合,从技术角度给予商务人员以有力支持。需要强调的是,在洽谈商务条款时,条款的提出和磋商都要以商务人员为主,即商务主谈的身份、地位不可替代。

(3)洽谈法律条款的分工。事实上,合同中的任何一项条款都是具有法律意义的,不过某些条款上法律的规定性更强一些。在进行合同中某些专业性的法律条款的谈判时,法律人员应以主谈人的身份出现,对合同条款的合法性和完整性负主要责任。由于合同条款法律意义的普遍性,法律人员应参加谈判的全过程,只有这样,才能对各个问题的谈判过程了解得比较清楚,从而为解决法律问题提供充分的依据。

2. 谈判人员的配合

一场谈判的成功与谈判人员所具有的良好个人素质息息相关,然而单凭个别谈判人员高超的谈判技巧并不能保证谈判获得预期的结果,还需要谈判团队成员的功能互补与合作。就好比一场高水准的交响音乐会,之所以最终能赢得观众雷鸣般的掌声,与每位演奏人员的精湛技艺与默契配合密不可分。谈判人员的配合包括谈判时主谈人与其他人员的配合、台上台下的配合。

在具体的谈判活动中,要确定不同情况下主谈人与辅谈人的位置与职责以及他们之间的配合关系,这样才能在谈判活动中灵活变通,按自己的预期进行谈判。

在谈判的某一阶段或针对某一个或几个方面的议题,以某一谈判人员为主进行发言,阐述己方的立场和观点,此人即为主谈人。这时其他人处于辅助的位置,称为辅谈人。一般来讲,谈判团队中应有一名技术主谈、一名商务主谈。

主谈人作为谈判团队的灵魂,应具有上下沟通的能力,有较强的判断、归纳和决断能力,能够把握谈判方向和进程,设计规避风险的方法,能领导下属齐心合作,群策群力,突破僵局,达到既定目标。

确定主谈人和辅谈人,以及他们之间的配合是很重要的。主谈人一旦确定,本方的意见、观点等都应由他来表达,一个口径对外,避免各吹各的调。在主谈人发言时,本方其他人员自始至终都应支持。

汽油添加剂出口谈判

山东A公司向日本B公司出口自产汽油添加剂3000吨。这是试订单,也是A公司第一次出口产品。日方认为中方产品的价格有竞争力,品质也不错。只是汽油添加剂是易燃易爆的液体,储存与运输较危险,按运输危险等级系一级危险品。为了考察青岛港的储运情况,日方一行5人到A公司来谈判。A公司领导、商务主谈人及储运人员共6人参加了谈判。

中方产品价格、质量问题不大,双方很快就达成了共识,但就运输问题讨论了很长时间。从工厂到码头的运输,再到码头储罐,从运输船的船型到输油管的材料、输油工具,讨论得很细,甚至连环境污染等细节都讨论到了。最后,日方认为从安全出发,由其派船为宜,不过要求中方为其装船创造好岸上条件。此外,还要求价格再优惠。对此,中方主谈人为了省事,又急于做成第一笔出口生意,不假思索即表示:"可以考虑。"中方领导在一旁听后,马上纠正道:"不行。"日方主谈人随即问道:"贵方反悔啦?"中方领导迅速作答:"不是反悔,而是讨论。"于是,日方主谈人反过来与中方领导讨论运输条件,讨论延续了一个小时。中方主谈人在旁静静听着,神情略显尴尬。

山东A公司的谈判团队成员在正式谈判前并未达成一致意见,分工模糊,导致本应旁听谈判的"幕后人员"公司领导越俎代庖,擅自行使了主谈人的决定权,扰乱了谈判场上的秩序。

第三节 准备谈判所需的物质条件

一、选择谈判地点

谈判地点的选择不是一件无关紧要的事情,合适的地点往往有利于谈判者在谈判中占据主动地位,帮助谈判者运用事先安排好的战术。一般而言,商务谈判中可供选择的谈判地点包括主场、客场和中立场。这三种选择各有利弊,谈判时应注意趋利避害。三类谈判地点的优缺点如下:

1. 主场谈判的优缺点

(1)优点:①谈判时可以自由使用各种场所,地点熟悉,具有安全感;②以逸待劳,无须分心去熟悉或适应环境,将精力集中于谈判;③可以充分利用资料和便利环境,控制谈判气氛,如果需要深入研究某个问题时,还可随时搜集和查询相关资料;④在谈判中,"台上人员"与"台下人员"的沟通方便,谈判遇到意外时,可以直接向上级请示;⑤可节省客场谈判的差旅费用和谈判时间,降低谈判成本,提高经济效益。

(2)缺点:①谈判可能会受到其他事务的干扰;②要承担烦琐的接待工作;③谈判对方容易找借口逃避责任和义务。

2. 客场谈判的优缺点

(1)优点:①己方可以全身心投入谈判,不受或少受干扰;②能越级同对方的上级直接谈判,避免对方节外生枝;③可现场考察对方的经营情况,易于取得第一手资料;④必要时可以推说资料不全而拒绝提供情报;⑤在对方的场地进行谈判,给予了对方舒适感,有利于引导对方采取更为合作的态度,形成共赢的心态。

(2)缺点:①在谈判中遇到意外时和自己的上级沟通比较困难;②信息传递和资料获取不如主场方便;③不容易做好保密工作。

3. 中立场的优缺点

中立场谈判分为在双方所在地交叉轮流谈判和在第三地谈判两类。

(1)在双方所在地交叉轮流谈判:多轮大型商务谈判可以在双方(各方)所在地交叉进行,既可以考察对方的实际情况,又可以增进互相了解,融洽感情。但谈判时间长、费用高,不适合一般的小型商务谈判。

(2)在第三地谈判:谈判双方(各方)均无东道主优势,不存在偏向问题,可以缓解双方的竞争关系,促进寻找共同利益均衡点。但寻找满意的第三方地点需要花费不少的时间和精力。

在中立场谈判可使双方在心理上感觉更为公平,有利于缓和双方的关系。但由于双方都远离自己的根据地,会给谈判的物质准备、资料收集、与上级的信息沟通等带来诸多不便,因而在商务谈判中较少使用,不过在军事、政治谈判中用得较多。

二、布置谈判场所

较为正规的谈判场所通常有三类房间:一是主谈室,二是密谈室,三是休息室。

1. 布置主谈室

主谈室应当宽大舒适,光线充足,色调柔和,空气流通,温度适宜,使双方谈判者能心情愉快、精神饱满地参加谈判。谈判桌居于房间中。主谈室不宜装设电话,以免干扰谈判进程,泄露有关的秘密。主谈室也不宜安装录音设备,它会使谈判双方产生心理压力,难以畅所欲言,影响谈判的正常进行。如果需要录音,双方协商后也可配备。

2. 布置密谈室

密谈室是供谈判双方内部协商机密问题时单独使用的房间。它最好靠近主谈室,有较好的隔音性能,室内配备黑板、桌子、笔记本等物品,安装窗帘,光线不宜太亮。作为东道主,绝不允许在密谈室安装微型录音设备。作为客人,在外使用密谈室时一定要提高警惕。

3. 布置休息室

休息室是供谈判双方在谈判间隙休息用的,应该布置得轻松舒适,能使双方放松一下紧张的神经。室内最好布置一些鲜花,播放轻柔的音乐,准备一些茶点,以便于调节心情,舒缓气氛。

三、安排食宿

由于谈判是一种艰苦复杂、高度紧张的交际活动,对谈判人员的精力和体力有较高的要求,用餐、住宿安排也是会务人员应注意的工作内容。东道主一方对来访人员的食宿安排应周到细致,不需要豪华阔气,按照国内或当地的标准条件招待即可。要根据谈判人员的饮食习惯,尽量安排可口的饭菜。需充分了解对方的风俗、文化,对一些有特殊禁忌的人员给予尊重。许多外国商人,特别是发达国家的客商,十分讲究时间、效率,不喜欢烦琐冗长的招待仪式,但适当组织客人参观游览、参加文体娱乐活动也是十分有益的。它能很好地调节客人的旅行生活,是增进双方的私人情感、融洽双方关系的良好形式,有助于谈判的进行。

第四节 制订谈判方案

谈判方案是指在谈判开始前对谈判目标、议程、对策预先所做的安排。谈判方案是指导谈判人员行动的纲领,在整个谈判过程中起着重要的作用。

一、谈判方案概述

谈判方案是谈判人员在谈判前预先对谈判目标等具体内容和步骤所做的安排,是谈判者行动的指南和方向。有了谈判方案,参加谈判的人员就会心中有数,努力方向明确。谈判方案应对各个阶段的谈判人员、议程和进度做出较周密的设想,对谈判工作进行有效的组织和控制,使其既有方向,又能灵活地适应错综复杂的谈判局势,使谈判沿着预定的方向前进。

一般来说,一个成功的谈判方案应该注意以下几个方面的基本要求:

1. 谈判方案要简明扼要

谈判方案应简明扼要,使谈判人员能容易地记住其主要内容与基本原则,在谈判中能随时根据方案要求与对方周旋。谈判的方案越是简单明了,谈判人员照此执行的可能性就越大。

谈判是一项十分复杂的业务工作,谈判人员必须清晰地记住谈判的主题方向和方案的主要内容,只有这样,在与对方交锋时才能按照既定目标,自如地应付错综复杂的谈判局面,控制谈判局势。因此,制订谈判方案时要用简单明了、高度概括的文字加以表述,以便在每一个谈判人员的头脑中留下深刻印象。

2. 谈判方案要具体

谈判方案要与谈判的具体内容相结合,如果没有具体内容,就很难对它进行进一步的概括,将它简明扼要地予以表达。谈判方案的内容虽具体,但不等于把有关谈判的细节都包括在内。如果事无巨细、样样俱全,执行起来就会非常困难。

3.谈判方案要灵活

因为谈判过程千变万化，方案只是谈判前某一方的主观设想或各方简单磋商的产物，不可能把影响谈判过程的各种随机因素都估计在内，所以，谈判方案还必须具有灵活性，要考虑到一些意外事件的影响，使谈判人员能在谈判过程中根据具体情况灵活运用。

二、确定谈判主题和目标

整个谈判活动都是围绕谈判的主题和目标来进行的，所以任何谈判方案的制订都必须首先确定谈判的主题和目标，即要明确通过这次谈判想获得什么。

谈判主题就是参加谈判的目的，指对谈判的期望值和期望水平。不同内容和类型的谈判，有不同的主题。但在实践中，一次谈判一般只为一个主题服务。另外，谈判方案中的主题，应是己方可以公开的观点，不必显得过于神秘。

谈判的主题确定以后，接下来的工作就是将这一主题具体化，即制定出具体的谈判目标。谈判的具体目标，就是谈判当事人希望通过商务谈判所获得的结果，是谈判计划中必须明确的首要内容。谈判的具体目标体现参加谈判的基本目的，整个谈判活动都必须紧紧围绕这个具体目标来进行，都要为实现这个目标服务。因此谈判具体目标的确定必须认真而慎重。

由于谈判是一个持续发展的过程，谈判目标也分为阶段性目标或分目标。从战略角度来讲，目标可以分为以下三个层次。

1.最高期望目标

最高期望目标是谈判者希望通过商务谈判达成的上限目标，是己方想要获得的最高利益。最高期望目标在满足己方的实际需求外，还可能带来额外收益。在谈判实践中，谈判各方都会争取己方利益的最大化，最高期望目标几乎不可能被实现，是一种极度理想的状态。但是，最高期望目标往往可以作为谈判过程开始时的话题，使谈判各方迅速衡量己方的优劣势，实施相应的谈判策略。最高期望目标还可以作为谈判的潜在筹码，尝试去换取对己方有利的条件，促使交易的达成。多位谈判专家的经验告诉我们，优秀的谈判者往往将己方的最高期望目标作为首轮报价，经过数轮讨价还价，最终达成一致的结果。

2.最低期望目标

最低期望目标是谈判必须实现的目标，是谈判的最低要求，没有任何讨价还价的余地。若谈判某一方的最低期望目标不能实现，其宁愿谈判破裂，放弃合作项目，也没有妥协让步的可能。确定最低期望目标需要考虑以下几点因素。

（1）价格水平。价格水平的高低是谈判双方最关注的一个问题，是双方磋商的焦点。影响价格水平的客观因素主要有：

①成本因素。在商务谈判中，成本一般指的是市场成本，包括产品从生产到交货过程中的所有费用，即生产该产品所需的原材料、劳务和管理费用以及为购销该产品所耗费的调研、运输、广告费和关税、保险费、中间商的佣金等费用。

②需求因素。需求因素主要通过需求价格弹性影响价格水平。需求价格弹性与产品属性、市场供求状况、竞争品的价格等因素紧密联系，因此制定科学、合理的价格策略是十分必要的。

③产品因素。商务谈判中针对不同性质和特征的产品，买方的购买习惯大相径庭。一般而言，消费品价格的灵活性较大，工业品价格的灵活性较小。

④环境因素。商务谈判会受到政治、经济、文化、法律等环境因素的影响。当谈判中的一方占有有利环境因素时，其谈判目标的期望值会相应增加，买方可能会要求降价，而卖方可能

会要求提价,使谈判向有利于己方的方向发展,获得更多收益。

(2)支付方式。支付方式是国际贸易中非常重要的条款,是指进出口双方议定的货款结算方式。不同的支付方式会对谈判的预期利润造成较大影响。支付方式一般分为现汇结算方式和记账结算方式两类。现汇结算方式风险性较低,卖方可以在价格上给予适当的优惠折扣,而记账结算方式涉及时间等因素给资金带来的成本损失,卖方一般在价格上不愿退让。

(3)交货期限及罚金。在货物买卖中,交货的期限对于双方来说都有利害关系。在商务合同中,交货期限和罚金作为重要条款,需要在谈判中有明确的规定,卖方如果未能按时交货,就要赔偿买方的经济损失。按照国际惯例,对于生产周期短的产品,卖方报价中的交货期一般为签约后的两个月,而对于生产周期长的产品,卖方交货期需要在谈判中由双方共同协商确定。

(4)保证期的长短。保证期是卖方将货物卖出后的担保期限。担保的范围主要包括产品的品质、适用性等。卖方通常会尽力缩短保证期,因为保证期越长,其承担的风险越大,预计花费的成本越高;对买方来说,保证期一般越长越好,因为保证期越长,买方所获得的保障程度越高。保证期的长短与卖方的信誉和竞争力有关,且关系到交易能否按期望值达成,因此卖方一般需要慎重考虑保证期问题。

3. 可接受目标

可接受目标是谈判人员根据各种主要因素,通过考察种种情况,经过科学论证、预测和核算之后所确定的谈判目标。可接受目标是介于最高期望目标和最低期望目标之间的目标。在谈判桌上,一开始往往要价很高,提出自己的最高期望目标。实际上,这是一种谈判策略,这样做的实际效果往往超出谈判者的最低限度要求,通过双方讨价还价,最终选择一个最低与最高之间的中间值,即可接受目标。

实际的商务谈判中,双方最后的成交值往往是某一方的可接受目标。可接受目标能够满足谈判一方的部分需求,实现部分利益。它往往是谈判者秘而不宣的内部机密,一般只在谈判过程的某个微妙阶段挑明,因而是谈判者死守的最后防线,如果达不到这一可接受目标,谈判就可能陷入僵局或暂时休会,以便重新酝酿对策。可接受目标的实现,往往意味着谈判的胜利。

三、规定谈判期限

谈判期限是指一场谈判从正式开始到签订合同所花费的时间。产品价格、供需情况无时无刻不在随着市场的变化而起伏不定,谈判的时间越长,所耗费的人力、财力、物力的成本也就越高,所以谈判者必须在正式谈判前对谈判期限做出规定。

1. 开局时间

选择在什么时候开始谈判,可能会对谈判结果产生一定的影响。在确定开局时间前,应做好充足的准备。"凡事预则立,不预则废",在谈判正式开始前,要留出充分的时间给谈判者进行准备工作,以免仓促上阵,给谈判带来不利影响。此外,需要考虑谈判双方(多方)的情况,既要避免在己方谈判者身体抱恙、情绪不稳定的时候进行谈判,又要尊重其他谈判者的需求,以防招致反对和反感。

2. 间隔时间

一场商务谈判往往需要经历数次磋商才能达成一致。在这种情况下,谈判双方(多方)一般会安排一段间隔时间以供谈判者休息,调整体力和精神状态。当谈判双方(多方)互相对峙、僵持不下的时候,可以安排几天的间隔时间,参加由东道主组织的旅游和娱乐活动,在一定程度上舒缓紧张气氛,打破谈判僵局。有时候,谈判中的某一方审时度势,利用对方想要达成协议的迫切愿望,刻意拖延间隔时间,迫使对方做出让步。可以看出,间隔时间是谈判中的一个重要变数。

3. 截止时间

截止时间,即一场谈判的最后期限。任何一场谈判总会有一个结束谈判的具体时间,而谈判的结果往往在结束谈判前才能确定。所以,把握截止时间、获取谈判的胜利成果,是谈判中的一种绝妙的艺术。由于谈判者必须在一个规定的期限内做出决定,截止时间本身就会构成对谈判者的心理压力,迫使谈判者事先选择采取克制型策略还是速决型策略。一般而言,为了达成协议,谈判者会在截止时间前做出让步。

 案例链接

美日汽车谈判节奏控制

1995年5月16日,美国公布了制裁日本汽车的清单。美方的声明指出,如果日本到1995年6月28日仍未向美国开放其汽车及零部件市场,美国将对日本的13种豪华型汽车征收100%的惩罚性关税,总金额为50.9亿美元(按照1994年的进出口值)。这50.9亿美元创下了美国政府实施惩罚性关税的最高纪录。

在美国公布制裁清单后,1995年5月17日,日本通产省省长桥本龙太郎宣称日本决定向世界贸易组织争端解决机构提出解决问题的要求。日方敦促世界贸易组织就美国提出的对日本汽车征收惩罚性关税的合法性问题召开紧急会议。桥本龙太郎还指出,日方准备在6月末对美国采取报复性措施,并声称日本政府将在审查美国针对日本出口汽车的最后制裁清单后再作决定。

按照世界贸易组织争端解决机构的规定,争端的双方首先应进行双边磋商,这是复杂的争端处理程序中的第一步。如果美日双方在最长不超过60天的时间内达不成协议,那么就要成立一个三人专家小组来评定美国的制裁是否合法。

桥本龙太郎要求在世界贸易组织的监督下最迟应于6月15日在日内瓦开始汽车贸易的双边谈判,因为按照世界贸易组织的指导规则,6月15日是非紧急程序的最后期限。但是,美国贸易谈判代表坎特要求汽车贸易谈判于6月20日和21日在华盛顿举行。尽管存在这些分歧,各方还是设法达成了协议,决定由两国的中层代表于6月12日和13日在世界贸易组织总部所在地日内瓦展开双边谈判。然而正像人们所预期的那样,谈判无果而终。于是,桥本龙太郎于6月14日在一次匆忙安排的新闻发布会上宣布将于6月22日和23日在华盛顿举行新一轮谈判,以便再做最后一次努力,来避免这场贸易战。

新一轮谈判的第一天并未取得任何进展,各方的分歧依然存在。克林顿总统与坎特在不同的场合都一再重复他们要对日方实行制裁的威胁。日本几家较大的汽车制造厂商终于相信白宫所提出的要求是严肃、认真的,因而准备朝着满足美方要求的方向尽量缩小部分差距。于是,在6月23日的一次"非官方"会议上,日方告诉美方的贸易谈判人员,日本打算要求日本汽车制造商增加海外生产,并提高其在海外生产汽车的当地保有量。在日本提出了妥协性建议后,虽然美日双方从6月22日起就在准内阁级别和专家级别的会议上进行了马拉松式的谈判,但直至6月26日仍未能解决全部细节问题。

就在克林顿政府所宣布的实施制裁措施期限的前一天,即6月27日,谈判有了实质性的

突破,坎特声明放弃克林顿政府的数额要求。这是美方先前坚决拒绝做出的让步。在全部谈判最终结束后,白宫的贸易战略家们总结说,美国人最终在数额问题上表现出的灵活性以及日方提出的自愿增产计划,为美国汽车销售商准入和取消售后服务规定问题达成政府间的协议提供了唯一的机会。由于美国最终做出了放弃数额要求的艰难抉择,而使用自己提供的数据,协议的最后条文很快得以落实。美方同日方就汽车及汽车零部件的争吵终于结束了。

灵活地规定谈判期限对于争取己方的商业利益至关重要。在此案例中,美日双方都通过设定谈判期限,向对方施加压力,加快谈判的节奏,争取谈判主动权。同时,在谈判时间的选择上,也体现了双方对时间的主观因素的把握,这是一种策略性的安排。

四、确定谈判议程

谈判议程主要包括通则议程和细则议程。通则议程是指双方共同遵守的日程安排,一般需要双方共同协商后确定。细则议程是己方参与谈判的具体安排,仅供己方使用,具有保密性。在确定谈判议程时要考虑谈判各方的准备情况、谈判标的的紧急程度、谈判人员的身体状况。

将主要议题和焦点问题安排在总谈判时间的中间,这样做保证了各方谈判人员能够以最好的状态进行意见交换,同时留出足够的时间进行商讨。一般将容易达成一致的议题放在谈判开始阶段或收尾阶段,预留时间给关键性问题的磋商。

五、制定具体的谈判策略

谈判策略是指谈判人员为达到预期的谈判目标而采取的措施、手段以及途径的总和,是商务谈判的行动方针和行为方式,它对谈判成败有直接影响,关系到双方当事人的利益和企业的经济效益。恰当地运用谈判策略是商务谈判成功的重要前提。

谈判策略主要包括开局策略、折中策略、报价策略、磋商策略、成交策略、让步策略、进攻策略等。制定谈判策略时应考虑双方实力的差距、对方主谈人员的性格特征、双方历史上的关系、交易本身的重要性和对方与己方的优势。

影响谈判策略选择的基本因素有:

1. 谈判双方的状况

谈判双方的状况主要包括谈判双方的实力对比、谈判双方的关系及谈判对象的态度。

谈判双方的实力对比对选择谈判策略有指导作用。在谈判双方势均力敌时,可以进行策略组合,强调稳健、务实的选择。在己方处于优势地位的时候可以采取较为强硬的策略,发挥个人优势,在达到己方目的后适当让步,防止谈判对手反扑。在己方处于劣势时,要努力协商,聚焦保护核心利益。

谈判双方的关系可以分为良好、一般和对立三种类型。在良好关系下,除了要达到谈判目标外,还要注重维持双方的友好关系。在一般关系下,可采取稳健的谈判策略,在获取自身利益的前提下尽量缩短双方距离。在对立关系下,要采取谨慎强硬的策略,坚定争取自身利益,保持高度警惕。

对手的态度对谈判是否能顺利进行有着直接影响。合作型谈判对手具有强烈的合作意识,注重谈判双方的共同利益。对于这类谈判对手,要因势利导,在互利互惠的基础上尽快达成协议。

2. 商务谈判的焦点问题

谈判的焦点问题决定了谈判的难易、需要投入的精力和最终要达到的目标。这些因素对谈判策略的选择以及有效组合都会产生相应的影响。

3. 商务谈判所处的阶段

谈判所处的阶段不同,对商务谈判策略的运用也不同。商务谈判过程中会运用多种谈判策略,不同的议题和不同的谈判阶段需要采用不同的谈判策略。

4. 商务谈判的组织方式

商务谈判的组织方式主要是指谈判的对象进入谈判的形式、规模和范围。

制定谈判策略时,第一步是确定各方的谈判目标,包括最高、最低、中间目标;在合同的各项条款中,确定哪些条款是对方重视的,哪些是对方可能做出让步的,让步的幅度有多大等。第二步是确定在己方争取最重要的条款时,将会遇到对方哪些方面的阻碍,对方会提出什么样的交换条件等。第三步是针对以上情况,确定己方应采取怎样的策略。

由于影响商务谈判的因素是多种多样的,商务谈判策略选择的标准也是多种多样的。不同的谈判策略选择标准有不同的重要程度,这便为进行商务谈判策略的选择提供了多元化方案。在进行商务谈判策略选择时,要综合考察多种因素,选择最适当的谈判策略。

第五节 模 拟 谈 判

一、模拟谈判概述

模拟谈判,亦即正式谈判前的"彩排",是指在正式谈判开始之前,通过设定特定的商务情景模式,从己方组织人员中以一定的方法选出某些人进行角色扮演,提出各种假设和观点,从对手的谈判立场和风格出发,检查已制订的谈判方案在实施过程中可能遇到的问题,及时更正和完善。模拟谈判中,通常将谈判小组的成员随机一分为二,一部分成员扮演谈判对手,模拟对方的谈判立场、观点和风格来与另一部分扮演己方谈判者的成员抗衡。模拟谈判是商务谈判准备阶段的最后环节。

在谈判方案实施前,企业有必要为即将开始的正式谈判举办一次模拟谈判,以便检验谈判方案的正确性与完整性,同时能使谈判人员提前做好实战准备,保证谈判过程顺利进行。模拟谈判的主要作用如下:

1. 增强谈判方案的可行性

谈判方案受己方谈判者知识、经验、思维方式等因素的影响,存在一定的主观性和局限性,其制定过程和最终结果难免会有不足之处。通过模拟谈判,让已经熟悉己方谈判方案的成员扮演对方的角色,以对方的视角来展开论述,更容易暴露出己方的弱点和一些可能被忽视的问题,以便及时针对失误环节寻找原因,并对谈判方案进行修改和完善。同时,模拟谈判对手的立场和风格,能较准确地预测出对方可能提出的问题,有助于己方采取相应的策略,提前做好准备,进一步提升谈判方案的可行性和实用性。

2. 训练和提高谈判能力

模拟谈判与正式谈判相似,是一次需要充分准备的临场实践活动。在模拟谈判中,谈判者通过相互扮演角色,可以找到身临其境的感觉。角色扮演给谈判者提供了客观分析自身情况的机会,不但能使谈判者了解对方,而且能使谈判者了解自己。通过反复的模拟谈判,谈判者既可以熟悉谈判的各个环节,提高应变能力和业务水平,为临场发挥做好心理准备,又可以与队伍充分磨合,提升团队的合作精神,增强己方协同作战的能力,从而训练谈判队伍的整体谈判能力。

案例链接

中国代表团多次进行模拟谈判

1954年,我国派出代表团参加日内瓦会议。因为这是新中国自成立以来第一次参加国际会议,没有任何经验,为确保万无一失,中国代表团在出发前进行了反复的模拟谈判练习。以代表团的成员为一方,其他人分别扮演西方各国的新闻记者和谈判人员,提出各种问题"刁难"代表团的成员。代表团在对抗中及时发现问题,及时解决。经过充分的准备,我国代表团在会议期间的表现获得了国际社会的一致好评。

二、模拟谈判的过程

以课堂教学中教师和学生的模拟谈判为例,主要过程如下:

1. 给出谈判案例

谈判案例是模拟谈判的基础,它起着重要的导向作用。一个好的案例必须包括谈判双方的基本情况、谈判的议题及内容、谈判目标、谈判双方的立场及分歧、环境与组织背景等信息。

2. 组建谈判小组

以教师指定分配和学生自由组合相结合为原则,4~5名学生组成一支谈判队伍。结合队伍中每个学生的能力水平和性格特点,根据谈判案例的具体要求进行分工,明确各自的职责。最后,每个谈判小组选择一个谈判对象,围绕同一个案例进行谈判。

3. 开展谈判准备工作

学生需要根据教师制定的谈判规则,分工合作,查阅文献资料和专业书籍,拟订一份科学合理的谈判方案,明确谈判的目标体系、议程、内容、策略和风险防范措施等。教师需要进行物质条件的准备,组织正式谈判前的模拟谈判并点评。

4. 正式谈判

依据商务谈判程序,谈判双方进行开局、报价、磋商,按照各阶段要求,不断调整各自的需求和目标,减少分歧,最终达成一致。

5. 点评与总结

点评包括自评、互评、教师点评等。通过复盘谈判过程,学生可以发现自己的不足,改进谈判方案,提高自身的业务能力和心理素质。

三、模拟谈判应注意的问题

模拟谈判的效果直接关系到谈判者在谈判中的实际表现,为了使模拟谈判更接近正式谈判,真正发挥作用,需要注意以下几点:

1. 科学地做出假设

模拟谈判的关键是拟定假设条件。谈判者需要在已有的谈判方案和各类资料的基础上,根据某些既定的事实,预测实际谈判过程中可能发生的问题,提出各种假设情况,然后针对这些假设制定相应的策略,完善谈判方案。假设可以分为以下三类:

(1)对客观环境的假设。对客观环境的假设所包含的内容最多,范围最广,涉及人们日常生活中的环境、空间和时间,主要目的是估计客观环境与本次谈判的联系和影响程度。

(2)对自身的假设。对自身的假设包括对自身心理素质准备状况的评估、对自身谈判能力的预测、对企业经济实力的考评和对谈判策略的评价等多项内容。

(3)对对方的假设。对对方的假设包括预测对方谈判水平、谈判策略、心理状况和应对己方策略如何反应等问题。

为了确保假设的科学性和准确性,应该让具有丰富谈判经验的人以多项事实为基础提出假设,避免凭想象主观臆测。需要充分认识并理解假设带有一定的偶然性,在实际谈判中不一定都能出现。

2. 合理地选择模拟谈判人员

参加模拟谈判的人员,应该是具有专业知识、谈判经验和独到看法的人,而不是只有职务、地位或只会随声附和、举手赞成的"好好先生"。一般而言,模拟谈判需要下列三种人员:

(1)知识型人员。知识型人员能够运用所掌握的知识触类旁通、举一反三,把握模拟谈判的方方面面,使其具有理论依据和现实基础。同时,他们能从科学性的角度去研究谈判中的问题。

(2)预见型人员。预见型人员能够根据事物的变化发展规律,结合自己的业务经验,准确地推断出事物发展的方向,对谈判中出现的问题较敏感,往往能对谈判的进程提出独到的见解。

(3)求实型人员。求实型人员有着脚踏实地的工作作风,考虑问题客观、周密,不以主观印象代替客观事实,一切以事实为出发点,对模拟谈判中的各种假设条件都小心求证,力求准确。

3. 认真地总结模拟谈判过程

模拟谈判的目的是发现问题,弥补不足,总结经验,提出对策,完善方案。在模拟谈判结束后,必须及时回顾在谈判中己方谈判者的表现,修改谈判方案,为真正的谈判奠定良好的基础。模拟谈判的总结应包括以下内容:

(1)己方谈判者的优缺点及改进策略。

(2)己方的有利条件及运用状况。

(3)对方的立场、风格、观点。

(4)对方的反对意见及解决对策。

(5)谈判所需的补充资料。

(6)谈判目标的可实现性及不可能性原因分析等。

本章小结

在进行商务谈判的前期准备时,首先要搜集信息,包括谈判标的物信息、谈判者信息和谈判环境信息。要了解谈判内容所涉及的标的物的价格、品质、市场分布、市场需求、产品销售等信息,了解各方谈判者的情况以及谈判的政治、法律、文化、财政金融、商业习惯、基础设施和后勤系统、气候等环境信息。

谈判团队应精简全面,谈判人员要具备良好的身体和心理素质,具有较高的专业知识素质和谈判技能,在谈判中进行分工合作。确定谈判团队后,选择合适的谈判地点,布置大方得体的谈判场所,合理安排谈判者的食宿。谈判地点的选择有三种形式:主场谈判、客场谈判、中立场谈判,不同的谈判地点选择给谈判各方带来不同的影响。较为正规的谈判场所有三类房间:一是主谈室,二是密谈室,三是休息室。谈判场所布置应以方便谈判人员交流磋商、保密性良好为准则。商务谈判中,东道主对来访人员的食宿安排应周到细致、方便舒适。在准备好谈判所需的物质条件后,确定谈判主题和目标,包括最高期望目标、可接受目标和最低期望目标。和谈判各方协商后确定谈判期限和议程,制定己方具体的谈判策略。

在开展正式谈判之前,谈判者应组织数场模拟谈判,以便检验谈判方案的正确性与完整性,同时使谈判人员提前做好实战准备,保证谈判过程顺利进行。模拟谈判,亦即正式谈判前的"彩排",是指在正式谈判开始之前,通过设定特定的商务情景模式,从己方组织人员中以一定的方法选出某些人进行角色扮演,提出各种假设和观点,从对手的谈判立场和风格出发,检查已制订的谈判方案在实施过程中可能遇到的问题,及时更正和完善。

专有名词

谈判时限(Time Frame for Negotiation)
最低期望目标(Minimum Expected Target)
可接受目标(Acceptable Target)
最高期望目标(Optimal Expected Target)
模拟谈判(Simulation Negotiation)

思考题

1. 谈判环境分析具体包括哪些方面?
2. 如何对搜集的谈判信息进行整理分析?
3. 选拔谈判人员有什么具体要求?谈判团队如何分工与合作?
4. 如何制订商务谈判方案?
5. 模拟谈判应注意的问题有哪些?

案例讨论

中韩双方关于丁苯橡胶的报价之争

中方某公司向韩方某公司出口丁苯橡胶已一年,第二年中方又向韩方报价,以继续供货。中方根据国际市场行情,将报价在前一年的成交价基础上每吨下调了120美元(前一年的成交价为1200美元/吨)。韩方感觉可以接受,建议中方到韩国签约。中方人员一行二人到了该公司总部,双方谈了不到20分钟,韩方说:"贵方价格仍太高,请贵方看看韩国市场的价格,三天以后再谈。"中方人员感到被戏弄,很生气,但人已来,谈判必须进行。

中方人员通过有关协会收集到韩国海关对丁苯橡胶的进口统计数据,发现从哥伦比亚、比利时、南非等国的进口量较大。中国的进口量也不少,中方公司是占份额较大的一家。价格水平方面,南非最低,但高于中国。哥伦比亚、比利时的价格均高于南非的价格。在韩国市场的调查中,中方人员发现批发和零售价均高出中方公司现报价的30%~40%,市场价虽呈降势,但中方的给价是目前世界市场上最低的价格。为什么韩国人员还认为价格高?

中方人员分析,对手以为中方人员既然来了,肯定急于签合同回国,可以借此机会再压中方一手。那么韩方会不会因不急于订货而找理由呢？若不急于订货，为什么邀请中方人员来？再说韩方人员过去与中方人员打过交道，签过合同，且执行顺利，对中方工作很满意，这些人会突然变得不信任中方人员了吗？从态度看不像，他们来机场接中方人员，晚上一起喝酒，保持了良好的气氛。

经过上述分析，中方人员一致认为：韩方意在利用中方人员出国的心理再压价。根据这个分析，经过商量，中方人员决定在价格条件上做文章。总的讲，态度应强硬，因为来前对方已表示同意中方报价，不怕空手而归。另外，价格还要涨回市场水平。仅一天半的时间，中方就将新的价格条件通知了韩方。

在一天半后的中午前，中方人员电话告诉韩方人员："调查已结束，得到的结论是：我方来前的报价低了，应涨回去年成交的价位。但为了老朋友的交情，可以下调20美元，而不再是120美元。请贵方研究，有结果请通知我们。若我们不在饭店则请留言。"韩方人员接到电话后一个小时，即回电话约中方人员到其公司会谈。韩方认为：中方不应把过去的价再往上调。中方认为：这是韩方给的权利，我们按韩方要求进行了市场调查，结果是应该涨价。韩方希望中方多少降些价，中方认为该报价已降到底。经过几回合的讨论，双方同意按中方来前的报价成交。这样，中方成功地使韩方放弃了压价的要求，按计划拿回合同。

问题：

1. 简述谈判前双方进行了哪些准备。
2. 简述中方在谈判时所采用的步骤和策略。
3. 在本案例中，中方谈判人员恰当地运用了抬价压价战术，你认为在此战术的运用中，中方谈判人员表现了哪些谈判人员应该具备的心理素质？

第四章　商务谈判的过程

学习目标

1. 掌握营造谈判开局阶段气氛的方法。
2. 熟悉开局行为的禁忌。
3. 理解磋商阶段报价的时机选择原因。
4. 掌握让步的原则和方式。
5. 了解交易阶段的工作流程。

案例导入

谈判过程像谈了一场恋爱

2003年10月某日的上午，可口可乐公司驻温州办事处的一名工作人员致电温州经济技术开发区招商局，表示可口可乐公司有意在温州经济技术开发区投资建立生产基地，本次电话会谈的目的是了解一下开发区的总体环境和投资政策。

当时，温州经济技术开发区是浙江南部唯一的国家级开发区，已初步形成了以服装、皮鞋、眼镜、制笔为主导的温州传统产业和机电一体化、生物医药等高新技术产业配套的格局，而且招商成绩在国家级开发区中名列前茅。但遗憾的是，没有一家世界500强制造业企业在经济技术开发区落户。

第二天，局长一行带着相关资料登门拜访可口可乐温州办事处的有关负责人，向他们介绍了温州经济技术开发区的有关情况。

一个月以后，可口可乐方技术部的人员来了，目的是了解开发区的投资环境。对招商局来说，这是他们碰到过的一次前所未有的来访。来访的技术部人员先是对招商局工作人员提出了一个要求——"你们所说的每句话都必须提供相应的书面材料"。不仅如此，这些技术部人员所问之处事无巨细，有的问题还让人瞠目结舌。比如，"你们说温州经济技术开发区在全国国家级技术开发区中综合排名第16位，有证书吗？""滨海园区属于经济技术开发区吗？要有文件证明！""经济技术开发区管委会是否享有对滨海园区的管辖权？"招商局的有关人员称，这十年来招商局从没有遇到过这么苛刻的客商，竟然对管委会的管辖权提出了质疑，真是匪夷所思！不过对于提出的每个问题，招商局人员都尽量在当场就给出答案，一下子没办法解决的则在事后通过传真、电子邮件等方式处理。就在大家刚刚松了一口气的时候，可口可乐方工程部的人员来了，之后，又来了财务人员、法务人员、律师、财务总监……应接不暇的专业人士要从投资环境、配套设施、政策法规、成本测算等各个方面对滨海园区进行综合评估，而且每位来访者都是这么"苛刻"和面面俱到。虽然烦琐，但是负责招商的人员一点都不敢马虎，每个问题都回答得十分仔细，同时提供了详细的书面资料。

不过,这些苛刻的交涉只不过是前奏而已。对于这场长达一年多的招商谈判而言,真正的较量还在后头。

由于当时美国可口可乐公司直接在国内投资的生产基地仅在上海有一家,可口可乐公司在中国其他区域的市场由与其签约、被授权享有其商标使用权的太古、嘉利和三粮三大公司"三分天下",协议规定三家公司的生产原料都向上海可口可乐购进。其中太古可口可乐饮料有限公司在中国设有11个生产基地,杭州中萃食品有限公司是由太古控股、在浙江地区负责可口可乐各项业务的一家企业。最后与温州经济技术开发区谈判的便是可口可乐在浙江投资方的总经理。

从2004年5月这位可口可乐谈判代表来温州到最后在香港达成协议,他与开发区管委会及招商局之间的谈判大大小小足有二十余场。谈判大多围绕地价、税收、过路费等敏感问题展开。因为问题敏感,所以每次谈判都十分激烈,谈到接近双方底线的时候就变成了将声音提高八度,语速加快一倍的大声"争吵"。有关人员回忆说,整个谈判过程双方就像恋爱中的男女一样,吵吵闹闹,分分合合。有时谈到"痛"处,管委会和招商局方就大喊:"这么苛刻的条件,我们不干了!"有时可口可乐方也会因为管委会不降低门槛而"翻脸"。但一旦有一方强硬起来,另一方就会"软"下来,好言相劝,降低价码,以维系双方之间的关系。某谈判当事人称:"整个过程既像谈了一场恋爱,又像孕育了一个孩子,既痛苦又快乐!"

就像恋爱中的人,不是走向婚姻,就是走向分手,温州经济技术开发区招商局与可口可乐投资方的谈判也是如此,在彼此的妥协和谅解中走向了"联姻"的殿堂。

商务谈判的磋商,是一场真正的较量,是谈判双方为了各自的利益而努力争取的过程。整个过程有争有吵、有惊有险、有真有假、有拉有推、有分有合,是对谈判者谈判实力的切实考验。在磋商过程中,一定要认真应对种种挑战,用自身的谈判价值最终说服对方。

经过谈判前的充分准备,谈判便进入了正式阶段。正式商务谈判的过程一般包括:开局阶段、报价阶段、讨价还价阶段、成交阶段。谈判者只有掌握每个阶段的不同内容和要求,灵活地运用谈判技巧,才能达到谈判的预期目的。

第一节 开局阶段

一、开局阶段的主要工作

商务谈判开局阶段,一般是指双方在讨论具体、实质性交易内容之前彼此熟悉及就本次谈判的内容双方分别发表陈述和倡议的阶段。它是在双方已做好了充分准备的基础上进行的。本阶段的商谈可为以后具体议题的商谈奠定基础。谈判开局阶段中的谈判各方对谈判尚无实质性感性认识,心理都比较紧张,态度比较谨慎,都在调动一切感觉功能去探测对方的虚实及心理态度。所以,在这个阶段一般不进行实质性谈判,只是见面、介绍、寒暄,以及谈一些不太关键的问题。因此,该阶段也称为非实质谈判阶段,或前期事务性磋商阶段。

俗话说"万事开头难""良好的开端,是成功的一半"。所以,一个良好的开局是取得谈判成功的基础,它往往关系到双方谈判的诚意和积极性,关系到谈判的格调和发展趋势。这一阶段的主要目标是谈判双方人员互相交流,创造友好合作的谈判氛围,对谈判议程和相关问题达成共识,分别表明己方的意愿和交易条件,摸清对方的情况和态度,从而为进入实质性谈判阶段打下基础。为达到这些目标,开局阶段的主要任务是营造开局气氛、开场陈述、交换意见和破题。

二、开局气氛的营造

1. 影响开局气氛的主要因素

(1)环境的烘托作用。谈判环境的布置是营造良好气氛的一个重要环节。由己方布置环境时,对方可以从环境的布置中看出己方的诚意,这会给对方留下第一印象。谈判的成功与否往往取决于第一印象。因此,谈判者应注意把谈判场所布置得宽敞、整洁、优雅、舒适,同时还可以适当考虑对方的文化背景、爱好、风俗习惯等。这样,就能让对方在轻松舒适的氛围中谈判,为谈判的成功打下基础。

(2)寒暄的方式。心理学家认为,商务谈判人员大脑的运动在商务谈判的初始阶段比较活跃,首先体现在对外部刺激信号的接收上,即对方走进会议室的眼神、面部表情、姿态、一言一行、一举一动等对谈判者大脑产生的影响,然后是对这些信号做出的反应。如果在寒暄时,谈判一方态度傲慢,那么对方会认为这场谈判不会成功,相应的,谈判的开局气氛就会变得糟糕。

(3)谈判双方的实力对比。谈判双方的实力对比是影响开局气氛营造的重要因素。无论哪一方在实力上占优势,该方肯定会不遗余力地营造对己方有利的谈判气氛,试图掌握谈判的主动权,让己方的利益得以实现。

(4)语言的表达技巧。素昧平生的谈判双方在谈判的开局阶段往往容易出现停顿或冷场,如果一开始就进入正题会使气氛显得尴尬、紧张。因此,在谈判进入正题之前,为了缓和气氛,缩短双方心理上的距离,谈判人员应就一些轻松的、感性的、非业务性的话题进行交流。

在开局阶段就应探析对方需要什么,意图是什么,利益是什么,以便根据这些来调整自己的策略。除了前期的准备工作外,在谈判中要借助语言这一工具委婉巧妙地"问",幽默机智地"答",以温和的态度来进行谈判,那么开局气氛就会十分融洽。

案例链接

用幽默的语言化解谈判僵局

美国前总统里根到加拿大访问时,双方的会谈受到谈判场所外反美抗议示威的干扰。当时的加拿大总理皮埃尔·特鲁多感到十分尴尬和不安。此时,里根却幽默地说:"这种情况在美国时有发生,我想这些人一定是特意从美国来到贵国的,他们想使我有一种宾至如归的感觉。"几句话使得在场的人都轻松了下来。

在卡普尔任美国电话电报公司负责人的初期,一次董事会议上,众人对他的领导方式提出许多批评和责问,会议充满了紧张的气氛,人们似乎都无法控制自己的激动情绪。一位女董事质问:"在过去的一年中,公司用于福利方面的钱有多少?"她认为应该多花些。当她听说只有几百万美元时,说:"我真要晕倒了。"卡普尔诙谐地回答道:"我看那样倒好。"会场上爆发出一阵难得的笑声,气氛也随之缓和了下来。

幽默对化解谈判双方的僵局是十分有效的。谈判者可以在开局阶段巧妙地说出一些幽默的话语,营造轻松、愉快的气氛,推动谈判顺利进行。

(5)衣着及行为举止。谈判人员一定要仔细选择谈判时的衣着,正式着装,干净整齐,得体大方,不可妖艳,也不可过于朴素。谈判人员要通过得体的行为、姿势、手势等,让对方感觉到自己是坦诚、精力充沛、满怀信心的人,是值得共谋合作与发展的人。

2. 谈判气氛的类型

谈判气氛的营造有利于完成谈判各阶段的任务,有助于实现谈判的目标。一般情况下,谈判气氛可分为三类:

(1)积极友好、和谐融洽的谈判气氛。

(2)平静、严肃、谨慎、认真的谈判气氛。

(3)松弛、缓慢、旷日持久的谈判气氛。

商务谈判一般都是互惠式谈判,追求的是互利互惠的最佳结果。所以大多选择在谈判之初营造一种积极友好、和谐融洽的谈判气氛。如果商务谈判一开始就形成了良好的气氛,双方就会很容易进行沟通,便于协商。

3. 开局气氛应具备的特点

(1)尊重、礼貌的气氛。谈判双方在开局阶段要营造出一种尊重对方、彬彬有礼的气氛。开局阶段的谈判可以请高层领导参加,以示对对方的尊重。谈判人员的服饰、仪表要整洁大方,无论是表情、动作还是说话语气都应该表现出尊重、礼貌。不能流露出轻视对方、以势压人的态度,不能以武断、蔑视、指责的语气讲话,使双方能够在相互尊重、文明礼貌的气氛中开始谈判。

(2)自然、轻松的气氛。开局初期常被称为"破冰"期。谈判双方抱着各自的立场和目标坐到一起谈判,极易出现冲突和僵持。如果一开局气氛就非常紧张、僵硬,可能会过早地造成情绪激动和对立,使谈判陷入僵局。过分的紧张和僵硬还会使谈判者的思维偏激、固化和僵化,不利于细心分析对方的观点,不利于灵活地运用谈判策略。所以,谈判人员在开局阶段首先要营造一种平和、自然、轻松的气氛。例如,随意谈一些题外的轻松话题(尽量谈论中性话题),松弛紧绷的神经,语气要自然、平和,表情要轻松、亲切,不要过早与对方发生争执。

(3)友好合作的气氛。开局阶段要使双方有一种"有缘相知"的感觉,双方都愿意友好合作,都愿意在合作中共同受益。因此,谈判双方实质上不是"对手",而是"伙伴"。基于这一点,营造友好合作的气氛并不仅仅是出于谈判策略的需要,更重要的是双方长期合作的需要。尽管随着谈判的进行,会出现激烈的争辩或者矛盾冲突,但是双方如果在友好合作的气氛中争辩,不会越辩越远,而会越辩越近。因此,要求谈判者真诚地表达对对方的友好和对合作成功的期望。此外,热情的握手、热烈的掌声、信任的目光、自然的微笑也是营造友好合作气氛的方式。

(4)积极进取的气氛。谈判毕竟不是社交沙龙,谈判者都肩负着重要的使命,要付出艰苦的努力去完成各项重要任务,双方都应该在积极进取的气氛中认真工作。谈判者要准时到达谈判场所,仪表要端庄,精力要充沛,充满自信,坐姿要端正,发言要响亮、有力,要表现出追求进取、追求效率、追求成功的决心,不论有多大分歧,有多少困难,相信一定会获得双方都满意的结果。谈判应在这样一种积极进取、紧张有序、追求效率的气氛中开始。

要想获得谈判的成功,必须营造出一种有利于谈判的和谐气氛。任何一次谈判都是在一定的气氛下进行的,谈判气氛的形成与变化直接关系谈判的成败得失,影响整个谈判的根本利益和前途。有经验的谈判者无一不重视在谈判的开局阶段营造良好的谈判气氛。谈判者的言行,谈判的空间、时间和地点等,都是形成谈判气氛的因素。谈判者应把一些消极因素转化为积极因素,使谈判气氛向友好、和谐的方向发展。形成谈判气氛的关键时刻往往是短暂的,可能只有几秒钟,最多不超过十分钟。实际上,当参与谈判的各方走到一起准备谈判时,谈判气氛就已经形成了,并且会延续下去,以后很难改变。因为热烈或冷漠、合作或猜疑、友好或防范等情绪此时都已显现,谈判的形式也已确定,如谁主谈、谈多少等。当然,谈判气氛不仅受到最初阶段开局的影响,还受到各方见面之前的预接触及交流情况的影响,其中谈判开始瞬间的影响最大。

4. 开局谈判气氛的营造

为了营造良好的谈判气氛,开局阶段的话题最好是轻松的、非业务的,如谈一些社会趣闻、风土人情、叙旧等,但时间不宜太长,以便能很快进入实质性洽谈阶段。为了营造良好的谈判气氛,谈判人员应当做好以下工作:

(1)谈判前预想一下见面的情况,做充分的准备。若是从未见过面的人,可根据己方掌握的情况设想对方的工作类型、性格特点、生活习惯等,将这些问题在脑中过一遍,有助于调整自己的心理状态。

(2)谈判者要在谈判气氛形成过程中起主导作用。形成谈判气氛的关键因素是谈判者的主观态度,谈判者应积极主动地与对方进行沟通,而不能持消极的态度。例如,当对方表情严肃时,应该率先露出微笑,主动与其握手,表达关切,并积极与其交谈,这将有益于营造良好的气氛。如果谈判者都能充分发挥主观能动性,一定会营造出良好的谈判气氛。

(3)心平气和,坦诚相见。谈判之前,无论谈判各方之间是否有成见,无论身份、地位、观点、要求有何不同,一旦坐到谈判桌前,就意味着谈判各方共同选择了磋商与合作的方式解决问题。因此,谈判者在谈判之初就应心平气和,坦诚相见,使谈判在良好的气氛中开场。这要求谈判者抛弃偏见,全心全意地致力于谈判,切勿在谈判之初就持对抗的心理,这不利于谈判的顺利进行。

(4)服饰符合身份。谈判人员的服饰要美观、大方、整洁,适应商务谈判场合。服饰的颜色不宜太鲜艳,式样不宜太奇异。由于各国的经济发展程度、风俗习惯不同,对谈判人员服饰的要求不能一概而论,但一定要做到干净、整洁。

(5)见面后做好握手、相互介绍和寒暄等礼仪性工作。参与谈判各方见面时,谈判人员应毫不迟疑地伸出右手与对方相握。握手虽是一个相当简单的动作,却可以反映出对方是强硬的、温和的,还是理智的。在西方,一个人如果在以右手与对方相握的同时,又把左手搭在对方的肩上,说明此人精力过分充沛或权力欲很强,对方会认为"这个人太精明了,我得小心一点"。另外,此时最忌讳拉下领带、解开衬衫纽扣、卷起衣袖等动作,因为这会使人产生你已精疲力竭、厌烦等印象。

(6)掌握好开局时间。开局阶段时间的长短要把握好,一般控制在谈判时长的5%以内比较妥当。时间太短,达不到融洽气氛的目的;过分闲聊,不仅浪费时间,而且容易偏离主题,不利于提高谈判效率。

总之,谈判气氛对谈判进程是极为重要的,谈判人员要善于运用灵活的技巧影响谈判气氛的形成。

三、开场陈述

开场陈述,也称开局陈述,是谈判双方在开局阶段就谈判内容分别阐明各自的观点、立场、原则和建议。由于开场陈述是在报价和实质性的磋商之前,应重点强调己方利益,简明扼要地谈出所涉及的议题即可。

1. 开场陈述的主要内容

开场陈述的内容一般包括以下几个方面:

(1)己方的原则,即己方为实现双方共同的利益可向对方做出的最大让步,是己方在谈判过程中始终要坚持的底线。

(2)己方的立场,即己方在未来合作中出现机会或阻挠时对待问题的态度和方式。

(3)己方的利益,即己方希望通过本次谈判获得的利益,对于至关重要的利益,要重点阐明其不可更改性。

(4)己方对问题的理解,即己方认为本次谈判可能涉及的所有问题。

(5)己方对对方陈述的建议,即在对方陈述完其原则、立场和利益等之后,对其中涉及原则的问题,己方提出的疑问和看法。

2. 开场陈述的作用

开场陈述有两个作用:一是将己方的原则、立场进行清晰的陈述,明确己方的利益,列出本次谈判可能涉及的全部问题;二是倾听对方观点,分析研究对方的谈判目的,就对方的陈述,尤其是涉及己方原则的问题提出一些疑问、看法和建议。

3. 开场陈述应注意的问题

开场陈述应注意以下几点:

(1)态度友好礼貌,表达严谨,给对方以信任感和尊重感,营造良好的氛围,避免以势压人,更不能故意挑衅。

(2)专心倾听对方陈述,以便清楚无误地了解对方观点。遇到不明白的地方,要及时提问,并且随时纠正对方的概念性错误,尤其要注意对方的陈述中是否有触及己方底线的问题。若有,要及时提出,要求合理的解释和答案。

(3)表达观点要重点突出、简明扼要、紧扣主题,明确无误地向对方阐述己方的立场和观点,避免没有重点的长篇大论。

(4)合理安排陈述时间,避免出现独霸会场的局面。尽量使谈判双方的陈述时间相当,维持双方平衡。

开场陈述示例

一个经济实力较弱的小厂与一个经济实力较强的大厂在谈判时,小厂的主谈人为了消除对方的疑虑,向对方表示道:"我们厂子小,实力不够强,但人实在,信誉好,产品质量符合贵方的要求,而且成本较其他厂家低。我们愿意真诚平等地与贵方合作。谈得成也好,谈不成也罢,我们这个'小弟弟'起码可以与你们这个'大兄长'交个朋友,向贵方学习生产、经营及谈判的经验。"

"肺腑之言"式的开场陈述,不仅可以明确地表明己方的目的,而且可以消除对方的戒心,赢得对方的好感和信赖,这无疑有助于谈判的深入进行。

四、交换意见

良好的谈判气氛,有助于谈判人员交换意见,以增加相互之间的了解和信任,对问题达成初步共识。在进入实质性谈判前交换意见,一方面可以提高谈判效率,另一方面可以防止谈判在开局阶段陷入僵局。相互交换意见主要包含以下四个方面的内容:

1. 人员

谈判双方之间相互介绍,不仅可以增加谈判人员之间的了解,增进双方的友谊,而且可以使双方更清楚对方的人员构成和安排,有利于后期更精准地运用相关策略。

2. 目标

谈判双方对谈判总体目标的规划往往比较明确。在开局阶段,需要将谈判目标分阶段实施的过程具体化,形成相应的议题,按时间、主次等分清顺序,明确谈判的方向。

3. 计划

谈判计划主要是指谈判日程和时间的安排,谈判双方应该遵守的原则、需要解决的问题等都应包含在内。

4. 进度

进度是指对谈判进展的预计,可以通过具体地介绍每个阶段的进度,使谈判双方更准确地把握谈判的速度。

五、破题

破题是指双方由寒暄转入议题的过程,其时间一般根据谈判的性质和谈判时间的长短来确定。通常情况下,破题期控制在全部谈判时间的 2%～5% 为宜。长时间或多轮谈判,破题期可以相对延长。例如,谈判双方在异地的大型会谈,可以用一整天的时间组织观光活动,以便沟通感情,增进了解,为正式谈判营造良好的气氛。

破题期是走向正式谈判的桥梁。如何掌握好破题期的"火候",是谈判的一种内在艺术,成功的谈判者总是能合理把握破题期。破题期延续得过长,会降低谈判效率,增加成本投入,产生一系列不良后果;破题期短了,又会使对方感到生硬、仓促,谈判起来没有水到渠成的感觉,达不到创造良好开端的目的。至于破题期究竟进行到何种状态才算适宜,不仅要考虑时间的长短,更重要的是要靠谈判双方用直觉来感应。

在破题期间应注意以下问题:

1. 不要紧张

许多性格内向或初涉谈判工作的谈判者,由于情绪紧张,在面对谈判对手时,可能会显得手足无措,不知说什么好,结果使对方也很不自然。谈判者必须努力克服心情过度紧张的不足,只有这样才有可能在谈判过程中显得游刃有余。

2. 说话不要唠叨

有些谈判者虽然快言快语,但唠唠叨叨,一句话重复很多遍,在惜时如金的谈判桌前,这是最令人反感的,特别是在谈判的一开始,唠叨会给人留下不好的印象。谈判者在破题期内的用语必须简洁、精炼。

3. 行为和言语不要太生硬

谈判破题期应是感情自然流露的时候,双方的言行举止都应当是随和而流畅的,切不可语言生硬、举止失度。

4. 不要急于进入正题

俗话说"欲速则不达",办任何事都要循序渐进,不可心急。谈判者在初次见面时不宜急于切入正题,而应首先沟通感情、增进了解,这样才能为以后的谈判做好铺垫,有利于后续谈判的进行。

六、开局行为的禁忌

谈判开始阶段,甚至是在最初极短的时间内,彼此给对方留下的礼仪态度、性格特征、行为方式等综合印象,都会影响以后谈判过程的行为和心理,并难以轻易改变,所以在谈判开局要给对方留下良好的印象。必须注意以下几方面的禁忌:

1. 在营造恰当的洽谈气氛之前就迅速进入实质性洽谈

双方一见面马上就进入实质性洽谈,这对谈判是相当不利的。为了使谈判成功,一开始需先营造一种友好的气氛。营造相互合作的洽谈气氛,需要一定的时间。因此,不能在洽谈刚开始就进入实质性商谈,而应该留有一定的协调时间。开始时选择的话题最好是轻松的、非业务性的,为良好的心理沟通做好准备。

2. 开局陈述不当

开局陈述切忌猜测对方的立场和目标,这将会激怒对方,是一种极危险的行为;发言不要过于冗长、烦琐,令对方头昏脑涨,失去倾听的兴趣;不认真倾听对方的陈述,而把精力花在寻找对策上,这很容易让对方产生反感,并失去信任。

3. 刚一见面就提出要求

如果一见面就提出要求,很容易使对方的态度即刻变得比较强硬,谈判的气氛随之恶化,容易引发舌战,双方皆寸步不让,从而使谈判陷入僵局。所以,不可在谈判刚开始就提出要求,这不仅不利于营造良好的谈判气氛,反而会使谈判骤然"降温"。

4. 报价过高或过低

报价不能过低,要报得高些,但同时必须合乎情理,要能够讲得通。如果报价过高,但讲不出道理,肯定会影响谈判,对方会认为这是一种冒犯,而且如果在以后阶段的谈判中对方提出疑问,将无言可答,丧失信誉,只能被迫让步。报价也不能过低,因为报价一经确定,一般来说就很难提出更高的要求了,对方难以接受更高的价格。

5. 个人形象差

个人形象差会给对方造成不良的印象,令其产生一定的排斥心理,影响洽谈气氛。应当避免出现下列现象:

(1) 装束上不整洁,搭配失调,不整齐。

(2) 握手时无力,手多汗或冰凉。

(3) 神态显得紧张、优柔寡断、疲惫不堪。

(4) 与对方接触时,目光闪躲、游移、猜疑。

6. 对双方的权力分配处置失当

人们往往对权力问题很敏感,处理不好,可能导致整个谈判的失败,至少也会破坏会谈的气氛,因此必须特别重视。这个阶段的关键问题是:哪方准备第一个发言?谁在洽谈中起主导作用?如何在双方之间分配谈话时间?

通常应使双方享有均等的发言机会。至少在双方尚未就由某一方主导谈判这一议程达成协议之前,努力做到谈话时间与倾听时间基本相等。提问与陈述要尽量简洁。在开谈阶段,双方要轮流做简短的陈述,切忌滔滔不绝;只要是合理、可行的,就应尽量接受对方的意见和建议。要有合作精神,给对方足够的机会发表不同意见,提出不同设想。开谈时,如果大家都已坐定,并等待对方先开口,此时需要有人出来带头讲话。除非客人很快主动站出来,一般情况下,都是作为东道主的洽谈人员首先开场。

第二节 报价阶段

一、报价依据

价格谈判是商务谈判中最重要的一个环节,它直接关系到双方利益的多少,所以双方对此问题都很敏感。影响谈判价格的因素很多,主要有商品的内在价值、市场供求状况、支付方式等。在市场经济条件下,价格是复杂、动态的因素,如何运用价格指标,把握价格导向,对谈判结局有重大影响,谈判双方一定要重视。

影响价格的主要因素有:

1. 商品自身的价值

商品自身的价值主要取决于自身的技术结构、性能等,这些越复杂、越精细,其价格就会越高,核算该类商品的成本和估算价值就越困难。

2. 市场价格

市场价格是市场供需状况的反映,是进行价格谈判的主要依据。如果谈判价格远远偏离市场价格,谈判成功的可能性就很小(垄断性产品除外)。所以,谈判者一定要及时掌握市场信息,了解产品的供求状况及趋势,这样才能在价格谈判中占据主动地位,从而把握整个谈判的走向。

3. 谈判者的需求状况

谈判双方的需求状况是不同的,这就导致双方对价格的接受度不同。一方追求的是盈利最大化,而另一方追求的是市场占有率,此时的价格就可能是高价;双方追求的都是盈利最大化,价格就可能是协商后的中间价;双方追求的都是市场占有率,价格可能就是低价。

4. 交易的规模

如果是大宗交易或者一揽子交易,价格谈判可能更容易进行;如果是小笔生意,而且盈利的空间比较小,那么开展价格谈判可能就会遇见阻力。

5. 支付方式

现代商品交易中,货款的支付方式越来越多,现金结算、支票、信用卡、分期付款等都是常用的方式,但它们对价格的影响程度各不相同。如果在实际谈判中能提出易于被对方接受的支付方式,将会使己方占据主动地位。

6. 附带条件和售后服务

三包、免费安装维修、供应零部件等都属于谈判标的物的附带条件和售后服务,这些能为顾客带来安全感,免去后顾之忧,往往具有很强的吸引力。所以,如果能很好地将这些项目加进谈判中去,将会对价格谈判产生重要的影响。

二、报价原则

报价意味着双方价格谈判的正式开始,报价决策不是由报价一方随心所欲制定的,它是根据所收集、掌握的来自各种渠道的商业情报和市场信息等,对其进行分析、判断,在预测的基础上制定的。报价只有在对方接受的情况下才能产生预期的效果。在报价时要遵循以下原则:

1. 开盘价必须是最高价或最低价

对买方来说,开盘价应该是最低价;对卖方来说,开盘价应该是最高价。这是报价最主要的原则。

（1）开盘价高，意味着让步的余地大。报价越高，就越能为后面的让步留下余地，在对方提出新要求或面对意外情况时，能更好地做出有效的决策。

（2）开盘价越高，最终的成交价（谈判最终成功）也相对越高。要价高，就可能与对方在较高的价格水平上谈判。

（3）开盘价会影响对方对己方的评价，进而影响对方的期望水平。产品价格直接反映产品的质量水平、市场地位及销售前景，所以买方会根据这些指标对卖方形成一个整体印象及期望值。一般的，开盘价越高，对方对己方的评价就越高，期望值就会相对越低。

小贩的圈套

一次，荷伯与妻子到墨西哥旅游，妻子想到商业区观光，荷伯却说："那是一个坑骗旅游者的地方，我们来游玩的目的是领略不同的文化风俗，参观未见过的东西，接触尚未被污染的人性，亲身体会一下真实，遛遛这些人如潮涌的街道。如果想进商业区的话，你自己去吧，我在旅馆等你。"

荷伯说着，就独自向旅馆走去。当他穿越人潮起伏的马路时，看到在相距很远的地方站着一个当地的土著居民。荷伯走近他，看见这人在大热天里身披几条当地的披肩毛毯独自叫卖："1200比索！"

"他在和谁说话呢？"荷伯问自己，"绝对不是对我说！首先，他怎么知道我是一个旅游者呢？其次，他不知道我在暗中注意他。"

于是荷伯加快了脚步，装出一副没有看见的样子，甚至对小贩说："朋友，我确实佩服你的主动、勤奋以及坚持不懈的精神，但是，我不想买披肩毛毯，请你到别处卖吧！你听懂了我说的话吗？"

"是的。"小贩答道，这说明他听懂了。

荷伯继续往前走，却听到身后仍然有脚步声。原来，小贩一直跟着他，就像两人系上了链条一样，他一次又一次地叫道："800比索！"

荷伯有点生气了，开始小跑，但是小贩紧跟着一步不落。这时，他已经降到600比索了。到了十字路口，因车辆停在马路，荷伯不得不停住脚步，小贩却仍然在唱他的独角戏："600比索，500比索，好吧，400比索！"

这时候，荷伯又热又累，身上直冒汗。小贩紧跟着他使他很生气，荷伯气呼呼地说："我告诉你我不买！别跟着我了！"

小贩从荷伯的神态和声调中听懂了他的话。"好吧，你胜利了。"他回答说，"只对你，200比索！"

"你说什么？"荷伯叫道。此时，他对自己说的话也吃了一惊，因为他压根没有打算买披肩毛毯。

"200比索！"小贩又重复了一遍。

"给我一条，让我看看。"

又是一番讨价还价，小贩的最终要价是170比索。荷伯从小贩口中得知，在墨西哥的历史上以最低价格买到一条披肩毛毯的是一个来自加拿大温尼培格的人，他花了175比索，但他的父母出生在墨西哥的瓜达拉贾拉。而荷伯买的这条只花了170比索,他在墨西哥历史上创造了买披肩毛毯的新纪录。

那天的天气很热,荷伯一直在冒汗。尽管如此,他还是把披肩毛毯披在了肩上,感觉十分不错。在回到旅馆的途中,他一直欣赏着从商店橱窗中映出来的身影。当荷伯回到旅馆的时候,妻子正躺在床上翻阅杂志。

"嗨!看我买的什么?"荷伯得意地对妻子说。

"一条漂亮的披肩毛毯!"

"你花了多少钱?"妻子漫不经心地问道。

"是这么一回事,"荷伯充满信心地解释说,"一个土著谈判家要价1200比索,而一个国际谈判家,就是周末有时间同你住在一屋的这个人,花170比索就买到了。"

妻子听了讪笑道:"真有趣,我也买了同样一条,在壁橱里,花了150比索。"

一个墨西哥小贩当然称不上谈判家,却说服了一个国际谈判家,他成功的秘诀就在于高起点、低定势。

有句名言说:"如果你的目标定得高,你的成就也就会更大。"将这句话应用到谈判中去,我们发现那个机智的墨西哥小贩就是这样做的,因为他的起价定得高,所以成功地说服了荷伯这位国际谈判家,让他心甘情愿地掏了腰包,还喜滋滋地以为自己捡了大便宜。反之,起价定得低,那么,成交价也就相应地降低了。

于是,在谈判进行报价的时候,就有了这种高起点、低定势的技巧。其要点是:减价要狠,让步要慢。借着这种做法,谈判者一开始就可削弱对方的自信心,同时,还可以趁机探试对方的实力并确定对方的立场。

2. 开盘价必须合情合理

开盘价必须是最高价,不代表可以漫天要价。报价要合乎情理,并且有足够的理由支持自己的观点。

如果己方报价过高,有可能使对方认为己方缺乏谈判的诚意,从而导致谈判的破裂;对方也可能做出一个让己方无法接受的还价或者对己方报价中不合理的地方提出质疑,迫使己方做出让步,但这时即使己方把价格降到合理的程度,对方也可能会认为不合理,使己方处于被动地位。

因此,提出的开盘价,既要考虑己方的利益最大化,又要照顾到对方接受报价的心理承受度。

3. 报价坚决果断、清楚明确

报价要坚决果断地提出,这样会给对方严肃认真的印象,不要吞吞吐吐,欲言又止,否则会导致对方的不信任。报价还要清楚明确,所运用的词语要恰如其分、不含糊,涉及数字的,为避免出错,可以在明确表述后,向对方提供书面报价单,或者一边讲一边写出来,让对方了解清楚,准确把握他们对己方的期望。

4. 对报价不做主动的解释、评论

开盘时不需对报价做出解释和说明,因为没必要对那些合乎情理的事情进行细致的解释说明,而对方会主动对某些问题提出质询。再者,如果在对方提出问题之前,己方主动就某些方面进行解释,会使对方意识到己方最关注的问题所在,这无异于主动泄密。如果对方提出问题,只需进行简明扼要的答复,不需过多的辩解,否则容易使对方发现己方的弱点和破绽,陷自己于不利地位。

三、报价形式

报价有书面报价和口头报价两种形式。

1. 书面报价

书面报价是指谈判中的一方以详尽的文字材料、数据、图表等正规书面形式将己方愿意承担的义务、要求的条件等一一罗列清楚。这种报价形式的特点是在形式上比较正规严肃,白纸黑字写明了己方的责任义务,表达详尽清晰。但是,这种客观上存在凭据的形式,基本上否定了双方磋商的可能,比较死板,缺乏灵活性。

2. 口头报价

口头报价是指没有任何形式的书面凭证,仅以口头方式提出交易条件。相对于书面报价,这种报价方式的优点在于减少了责任义务的强烈约束,灵活性极高,双方谈判人员可以根据谈判形势的变化随时调整谈判策略,可以充分利用个人的谈判技巧和经验来促成交易。其缺点则是存在因表述不够清晰而产生歧义、偏离主题等问题。

相比较而言,书面报价形式更适合于实力强大的谈判者和实力相当的谈判双方,实力较弱的谈判者应多考虑口头报价。在实际操作过程中,考虑到两种报价各自的特点,谈判人员往往选择以书面报价为主、口头报价为辅的报价形式。

四、报价时机

价格谈判中,首先应让对方详细了解商品的使用价值以及能为他们带来的实际利益,待他们对此商品产生兴趣时,再来谈价格。一般当对方主动询问价格时,就表明他们已经有了购买的欲望,这时提出报价,就水到渠成了。

谈判双方往往在经过摸底之后就开始报价。报价的方式有两种:一种是己方先开价;另一种是对方先开价。报价的先后对实现双方既定目标具有重要影响,谁先提出报价是一个非常微妙的问题。具体谁先提出,要根据己方的条件和每种报价的利弊关系来决定。先报价有利也有弊,从某种意义上来说,先报价的利和弊就是后报价的弊和利。

1. 先报价的利弊

(1) 利处

①对谈判的影响较大。谈判双方一般都希望谈判尽可能按己方设定的轨道进行,先报价实际上等于为谈判确定了一个框架或基准线,最终谈判协议将在这个范围内达成。

②打乱对方的计划。先报的价格如果超出对方的预料和期望值,容易使其失去信心,往往可以打破对方原有的部署,甚至动摇对方原来的期望值。

(2) 弊处

①提前暴露。对方了解己方的报价后,可以对他们原有的想法作出调整。由于己方先报价,对方对己方的交易起点有所了解,他们可以就此修改预先准备的报价,获得本来得不到的好处。

②陷于被动局面。如果对方是买方,会逼迫己方降价,如果对方是卖方,则要求己方提价,而并不透露他们自己究竟愿意出多高的价格。

案例链接

爱迪生的专利价格

美国著名发明家爱迪生在某公司当电气技师时,他的一项发明获得了专利。一天,公司经理派人把爱迪生叫到办公室,表示愿意购买他的专利,并让他开个价。爱迪生想了想,回答道:"我的发明对公司有怎样的价值,我不知道,请您先开个价吧!""那好吧,我出40万美元,怎么样?"经理爽快地先报了价。谈判顺利结束了。

事后爱迪生这样说:"我原来只想把专利卖500美元,因为以后的实验还要用很多钱,所以再便宜些我也肯卖的。"

在商务谈判中,报价的先后顺序会对谈判结果造成较大影响,谈判者需结合多种因素来决定是否先报价。

2.选择报价时机应考虑的因素

报价先后各有利弊,如何选择报价时机,要根据具体情况而定。一般来说,在选择报价时机时要考虑以下因素:

(1)谈判的冲突程度。在冲突程度较高的商务谈判中,把握谈判的主动权往往是至关重要的,因而先报价比后报价更为合适。在冲突程度不高的谈判场合,先报价与后报价没有多少差别,因为谈判双方都将致力于寻找共同解决问题的途径,而不是试图施加压力去击垮对方。

(2)谈判双方的实力对比。如果己方的谈判实力强于对方,或己方在谈判中处于相对有利的地位,先行报价是比较有利的。如果己方实力较弱,缺乏必要的谈判经验,应让对方先报价。因为这样就可以通过对方的报价来了解对方的真实动机和利益所在,以便对己方的报价作出必要的调整。

(3)谈判人员的经验。如果双方谈判人员都拥有丰富的谈判经验,那么彼此驾驭谈判活动的机会是较为均等的,谁先报价一般都无碍大局。如果对方是谈判专家,而己方人员缺乏必要的谈判经验,则让对方先报价可能更为有利。因为在这种情况下,应避免过早暴露己方的弱点,不至于让对方在一开始就向己方施加压力。如果对方是外行,那么不论己方人员是否拥有必要的经验,先行报价都可能更有利,因为这样做往往能在一定程度上支配和引导对方的谈判行为。

(4)商业习惯。就一般的商业习惯而言,通常发起谈判的一方先行报价。在有些商务谈判中,报价的先后次序有一定惯例,例如货物买卖谈判,多半是由卖方先报价,买方还价。卖方先报价的目的是投石问路,用报价的方法直接刺探对方的反应。

3.选择报价时机应遵循的基本原则

(1)一般来说,己方准备充分、对对方了解透彻的,可以率先报价,以抢先机。

(2)如果己方实力强于对方或相对有利,则可以先报价,为谈判画定一条基准线。

(3)无论己方是否为内行,对方如果是"外行",则应该先报价,以诱导对方。

(4)双方实力相当,谈判一定很激烈,己方可争取先报价,以取得更大的主动权。

(5)如果己方实力较弱,又缺乏必要的谈判经验时,应让对方先报价,以了解对方的真实动机,扩大自己的思路和视野,并及时调整己方的报价。

(6)如果对方是老客户,且与己方有长期的业务往来,那么任何一方都可以先报价。如果双方合作一向较愉快,在这种情况下,谁先报价对双方来说都无足轻重。

五、对方报价的应对策略

1.认真倾听

在一方报价的过程中,另一方要认真倾听并尽力完整、准确、清楚地把握对方的报价内容,切莫干扰对方的报价。干扰是有百害而无一利的事,是一种令人气愤的行为,这显然有碍于和谐的谈判气氛的营造。更重要的是,干扰将迫使对方在报价的中途突然停顿,这样己方将听不到报价的后部分内容。在通常情况下,人们报价时都喜欢把让步或优惠条件留到最后再说,干扰会令对方省略这部分关键的内容。

2.当场复述

听完对方的报价后,最好能马上复述其主要内容,以确认自己理解无误。

3.巧妙回绝不合理报价

不论理由多么充分,立即全面回绝对方的报价将被视为轻率,是缺乏诚意与尊重的表现。在这种情况下,较为可行的做法是:不要急于还价,要求对方对其价格的构成、报价依据、计算的方法等做出详细的解释。通过价格解释,了解对方报价的实质、态势、意图及其诚意,从中寻找破绽,可以动摇对方报价的基础。在完成了这个工作之后,在可能的情况下,可以说明自己需要时间考虑,请求暂时休会。如果己方对谈判中的事项已胸有成竹,在对方解释了喊高价的理由后,可以有两种选择:一种是要求对方降低其要价;另一种是提出自己的报价。一般来说,第一种选择比较有利。因为这是对报价一方的反击,如果成功,可以争取到对方的让步,而己方既没有暴露自己的报价内容,又没有做出任何相应的让步。

第三节 讨价还价阶段

一、讨价还价前的准备及禁忌

讨价还价需建立在充分准备的基础之上,即将对方报价的依据进行总结、推敲,计算出对方虚价的大小,了解其意图,分析彼此报价的差距,明确主攻方向,进而设计对策。在正常情况下,一方报价以后,另一方不要立即予以回复,而要根据对方的报价内容,检查、调整或修改自己原来确定的还价总设想。讨价还价前的准备包括计算、看阵和列表三项工作。

1.计算

计算是指己方根据对方报价的内容和自己所掌握的商品比价的资料,推算出对方虚价的大小,并尽力揣摩对方的真实意图。如有可能,应把对方报价中虚头最大、己方反驳论据最充分的内容作为说服对方的主要攻击点;或者以对方报价内容计算的结果为基础,进而考虑己方应采取怎样的策略,提供哪些有利于对方的条件,以促使双方尽快达成一致。

2.看阵

我国古代交战中,双方在摆好阵势以后,并不急于向对方出击,而是举目眺望,分辨敌人的阵法。谈判中的"看阵",是指当一方报价之后,另一方运用口问、耳闻、目察等手段,了解报价一方谈判动向的活动。听价方应在向报价方逐项核对各条款的基础上,以自然、巧妙的询问,弄清对方报价的依据。

3.列表

讨价还价前进行准备的主要目的是,通过对面临的问题进行分类,分清问题的轻重缓急,

设计出相应的对策。为达到此目的,谈判人员通常的做法是列出三张表,并以表为依据同对方交涉。这三张表分别是:

(1)评论表。评论表是对对方报价所做的总体和阶段性评价。

(2)提问表。这是一种依据谈判议程,按谈判时间的先后,将所提问题排列成序以备使用的做法。其优点在于能使谈判者心中有数,知道在什么时候应该谈什么问题。

(3)实施要点表。此表应明确己方将针对哪些交易条件进行讨价还价,以及讨价还价的实施步骤。实施要点表的内容包括不能做出让步的交易条件、可给予对方优惠的具体项目和让步的幅度等。

在进行相应的准备工作的同时,也要注意一些禁忌:让步速度太快;相互攻击,激烈争吵;轻易放弃原来的立场,做出原则性让步;缺乏耐心,焦躁不安;将己方的时间表透露给对方等。

二、讨价

1. 讨价的定义

讨价,是指在商务谈判中一方报价之后,评价方认为其报价离己方的期望目标太远,而要求报价方改善报价或重新报价的行为。讨价前评价方要仔细倾听报价方的价格解释,捕捉有用信息,掌握报价方的真实预期。评价方一般将利益最大化的点作为讨价起点。报价方一般不会在开始时就暴露其底线价格,因此,评价方要经过多次讨价,迫使报价方改善报价,直到价格没有修改的依据为止。实际讨价过程中,讨价的次数没有统一标准,而是要根据价格程度是否改善和交易内容是否符合要求来具体确定。

2. 讨价的方式

(1)全面讨价。全面讨价是指评价方对交易的总体价格和条款的各个方面要求报价方重新报价。它常用于分析报价后的第一次讨价,或者较复杂的交易的第一次讨价。这时,双方都是从整体的角度去压价,笼统地提出要求,不轻易暴露己方掌握的准确资料。

(2)具体讨价。具体讨价是指评价方对分项价格和具体的报价内容要求报价方重新报价。它常用于报价方第一次改善报价之后,或不宜采用全面讨价方式的讨价。在对报价方的报价分析完毕后,评价方就可进入有针对性的、要求明确的具体讨价阶段,但不可把己方掌握的详细资料暴露出来。

3. 讨价的态度

谈判双方在报价时,往往是卖方喊价高,买方出价低,这是因为谈判心理或策略要求留有讨价还价的余地。对于对方的重新报价或改善报价,应保持平和信赖的态度,需要仔细倾听,诱导发言,试探虚实,发现纰漏,认真分析,正确理解。这些都取决于评价方的素质和经验。

(1)仔细倾听。仔细认真地倾听对方的报价,是尊重对方的一种表现。这样,能从健谈的报价方那里获取有用的信息,捕捉还价的机会;也能从内向的报价方那里引出其内心的秘密,掌握对方的期望值。对于谈判对手的副手或经验不足的新人,可以通过倾听的方式使其自我感觉良好,进一步促使这部分人员畅所欲言,从中提取更重要的资料。

(2)试探虚实。试探虚实是指不打断对方说话,顺着对方话题发问,提出种种假设条件,要求对方回答,并捕捉对方回答中对己方有利的信息,以便抓住机会,收集还价的资料。试探虚实,既能表达合作的诚意,进一步鼓励、诱导对方打开话匣子,保持平和信赖的气氛,又有利于掌握对方意图,更好地伺机还价。

三、还价

1. 还价的定义

还价,是指报价方在评价方讨价做出重新报价后,向评价方要求给出回价的行为。还价以讨价作为基础,是一种反应性报价。一般而言,谈判者均认为进入还价阶段时,评价方的第一次还价是最重要的。这是因为无论是买方还是卖方,在激战了一段时间后,尤其是报价方被讨价后,会十分关注这个环节得出的结果,其直接决定了此次谈判的命运。还价阶段是报价方反击的阶段,也是评价方迎战的阶段。报价方的报价划定了讨价还价范围的一个边界,而评价方的还价将规定与其对立的另一个边界。

2. 还价的方式

在商务谈判中,还价的方式有两种分类依据:一是按价格评论还价;二是按项目数量还价。

(1)按价格评论还价。根据价格评论的依据不同,还价的方式可以分为按分析比价还价和按分析成本还价。

①按分析比价还价。按分析比价还价是指己方以谈判标的物的同类产品的价格或竞争者产品的价格作为参考进行还价。此种还价方式的关键在于己方选作对比的产品是否具有可比性,只有价格合理才能使对方信服。

②按分析成本还价。按分析成本还价是指己方根据自己计算出的谈判标的物的成本,再加上一定比例的利润作为依据进行还价。此种还价方式的关键在于对方所计算的成本是否准确,成本越接近于实际,还价的说服力越强。

(2)按项目数量还价。根据还价项目的数量,还价的方式可以分为逐项还价、分类还价和总体还价。

①逐项还价。逐项还价是指己方对谈判标的物的每一个具体项目进行还价。例如,对于独立商品,按计量单位进行还价;对于成套设备,按主机、辅机、备件等不同部件进行还价;对于服务费用,按不同的服务项目进行还价。

②分类还价。分类还价是指己方根据价格分析的结果,划分出价格差距档次,分别进行还价。如对价格水分较大的项目,还价时就要压得多一点;对价格水分较少的项目,还价时就要压得少一点,区别对待。

③总体还价。总体还价是指对谈判标的物进行全面还价,仅还一个总价。

3. 还价的起点

由卖方讨价时,还价的起点是指买方第一次报出的希望成交的条件,其直接关系到卖方的利益,也能反映出谈判者的谈判水平。从原则上讲,还价的起点要低,但不能太低,要接近谈判的成交目标。因为还价起点低能对对方造成压力并影响和改变对方的判断及盈余要求,而还价过低可能会引起对方的不满,认为己方没有谈判诚意,对谈判结果造成不良影响。

确定还价的起点主要需要考虑以下因素:

(1)报价的含水量。对于含水量较高的报价,还价的起点应该较低,这样可以使己方的还价与成交价格间的差距同对方报价所含水分相对应,尽量避免己方在后续的讨价中吃亏;对于含水量较低的报价,还价的起点应该较高,这样可以使对方感受到己方的合作诚意,促进谈判的顺利进行。

(2)对方报价与己方目标价格的差距。如果差距较大,还价的起点应该低一点;如果差距较小,还价的起点应该高一点。

(3)准备还价的次数。在每次还价幅度基本确定的情况下,如果己方准备还价的次数较多,还价的起点应该低一点;如果己方准备还价的次数较少,还价的起点应该高一点。

还价中的陷阱

某食品加工厂为了购买某种山野菜与某县土产公司进行谈判。在谈判过程中,食品加工厂代表的报价是每千克山野菜15元。为了试探对方的价格"底牌",土产公司代表立马还价,报价每千克山野菜22元,并摆出一副非此价不谈的架势。急需山野菜的食品加工厂代表急了,说道:"市场的情况你们都清楚,怎么能指望将山野菜卖到每千克18元以上呢?"这一句话将食品加工厂代表的价格"底牌"彻底暴露了,正中土产公司代表下怀,于是土产公司代表把握机会,迅速追问道:"那么,你是希望以每千克18元的价格与我们成交啦?"这时,食品加工厂代表才恍然大悟,只得无奈地应道:"可以考虑。"最后,双方真的以每千克18元的价格成交,这个结果比土产公司原定的成交价格要高出3元。

在此案例中,土产公司谈判代表利用虚假报价的方法,在不暴露己方价格底线的同时,巧妙且轻松地揭出了对方的"底牌"。优先报价的谈判者在应对对方的回价时,切忌操之过急,一定要谨言慎行,避免泄露重要信息。

四、让步

谈判是双方不断地让步进而最终达到价值交换的一个过程。让步,体现了谈判者用主动满足对方需要的方式来换取己方需要的精神实质,是谈判过程中很重要的谈判技巧。

1. 让步的原则

(1)目标价值最大化。谈判的过程事实上是寻求双方既定目标价值最大化的过程,但不是所有目标价值最大化,否则就违背了商务谈判中的平等公正原则。商务谈判中的目标不是单一的,这些多重目标在谈判过程中不可避免地会出现冲突。所以在处理这些矛盾时,要依照重要性和紧迫性排序,优先实现重要及紧迫目标,在条件允许的前提下适当争取其他目标,其中首要的让步策略就是保护重要目标价值的最大化。

(2)刚性原则。谈判中可以使用的让步资源是有限的,也就是说让步策略的使用是具有刚性的,其运用的刚度只能是先小后大,一旦让步力度下降则以往的让步价值就失去了意义。谈判对手对于让步的体会具有"抗药性",一种方式的让步使用几次就失去效果,同时也应该注意到谈判对手的某些需求是无止境的。必须认识到,让步策略的运用是有限的,即使所拥有的让步资源比较丰富。在谈判中对手对于你的让步的体会也是不同的,并不能保证取得预先期望的价值回报。

(3)清晰原则。在商务谈判中让步的对象、让步的标准、让步的理由、让步的具体内容以及实施的细节都要清楚明了,避免因为让步导致新问题的产生。常见的问题有:让步的标准不明确,方式、内容不清晰,使对方感觉自己的期望与你的让步意图错位,甚至感觉你没有在问题上让步而是含糊其辞。在谈判中的每一次让步必须是对方所能明确感受到的,必须准确、有力度,从而激发对方的反应。

(4)时机原则。时机原则是指在适当的时机和场合做出适当的让步,使让步的作用发挥到最大限度。在谈判的过程中,让步时机是难以把握的,常常存在种种问题:①时机难以判定,例如认为谈判的对方提出要求时让步的时机到了,或者认为让步有一系列的方法,谈判完成是最佳的时机。②由于让步的随意性导致时机把握不准确。在商务谈判中,谈判者仅仅根据自己的喜好、兴趣、成见、性情等因素使用让步策略,而不顾及所处的场合、谈判的进展情况及发展方向等,不遵从让步策略的原则、方式和方法。这种随意性导致让步价值缺失、让步原则消失,进而促使对方的胃口越来越大,在谈判中丧失主动权,导致谈判失败,所以在使用让步策略时千万不得随意而为之。

(5)弥补原则。如果己方在迫不得已的情况下在某一问题上做出了让步,则在其他问题上应至少均等地获取回报,必须把握住"此失彼补"这一原则。这一方面(或此问题)虽然己方给了对方优惠,在另一方面(或其他问题)必须加倍地、至少均等地获取回报。当然,在谈判时,如果发觉此处己方若是让步,可以换取彼处更大的好处,也应毫不犹豫地给其让步,以保持全盘的优势。

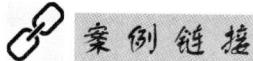

中国加入世界贸易组织的谈判

2001年12月11日,中国经过长达15年的艰苦谈判,终于正式加入世界贸易组织。在谈判中,我国始终坚持各方平等互利、任何一方不能强行让对方接受不可能接受的内容这一原则。在平等的基础上,我国始终坚定地维护国家核心利益,不能同意的坚决不同意,应该得到的必须得到,否则宁可不加入世界贸易组织。与此同时,在确保中国核心利益的前提下,中方谈判者也尽可能照顾对方谈判者利益。因为世界上的任何谈判没有相互妥协和让步,是不可能达成协议的。

谈判中,中方谈判者对发展中国家尽量照顾和满足需求,对发达国家则严格区分谈判内容。对那些不损害我国核心利益的"吃亏"内容,中方谈判者适度地做出了让步,并且要求各方谈判者相互让步。例如,在纺织品条款、反倾销条款、特保条款中,中方谈判者就做了让步,但坚持了"日落条款"(即到期自动作废,纺织品条款2008年到期已作废,反倾销条款于加入之日后15年、特保条款于加入之日后12年失效),拒绝了对方谈判者使其永久化的无理要求。经过磋商,中方谈判者容忍了这三项条款中的一些不合理的内容,对方谈判者放弃了永久化。

在此次极具历史意义的谈判中,中方谈判者始终秉持让步的原则,对可以接受的条款内容进行了让步,并且毫不犹豫地拒绝了损害国家根本利益的无理内容,最终取得了多赢的结果。

2.让步的分类

(1)按照让步的姿态分类,可以把让步分为积极让步和消极让步。积极让步是指以某些条款上的妥协换取主要方面的更大利益,主要适用于有谈判优势的一方,该方一般事先的准备工作充分,对商品信息了解得比较清楚,让步是经过科学的研究以后确定的。消极让步是指以单纯地牺牲己方利益来打破僵局,达成协议,主要适用于处于谈判劣势的谈判方,比如谈判一方急于达成交易,报价水分过高,虚头被揭开而又没有合理解释,谈判陷入僵局的情况下。

(2)按照让步的实质分类,可以把让步分为虚置让步和实质让步。虚置让步只是形式上的让步,即己方并未做出利益的牺牲。这是应对让步压力的一种有效方式,常常可以扰乱对手的视线,为扭转不利局面争取时间。实质让步即利益的真正让步,目的是以己方的让步换取对方的合作与让步。

3.让步的方式

(1)有限式让步。这是一种由大到小、逐渐下降、表示一方有强烈妥协意愿的让步方式。其特点是自然、坦率,符合谈判活动中讨价还价的一般规律。

这种让步的优点是顺乎自然,无须格外用意,且易为人接受;由于让利先大后小,有利于促成谈判和局;采取了一次比一次更为审慎的让步,一般不会产生大的失误,同时也可防止对方猎取超限的利益。这种让步的缺点是往往给人以虎头蛇尾之感,对谈判的终局情绪不高。

此种让步方式比较适合谈判的提议方。一般来说,谈判的提议方对谈判的和局更为关注,理应以较大的让步做出姿态,以诱发对方从谈判中获利的期望。

(2)递增式让步。这是一种逐步拔高的让步方式,其特点是机智、灵活,富有变化,让步幅度逐步增大。

这种让步的优点是让步的起点恰当、适中,给对方传递可以合作并有利可图的信息;谈判有活力,如果谈判不能在递增让利中完成,则大举让利,极易成功;由于让利一次比一次增加,可以给对方差不多了、接近尾声之感,促使对方尽快拍板,以保住自己的较大利益。这种让步的缺点是由于让步表现出不稳定和由少到多的特点,将对方的胃口越吊越高,对方的期望值会随着时间的推移而越来越大,会使对方感觉己方软弱可欺,从而助长对方的谈判气势,使己方遭受意想不到的损失。

此种让步方式使用起来技术性较强,又富有变化性,且需要时间观察谈判对手的反应,以随时调整自己的让步速度和数量,故实施起来有一定的难度。所以它适于谈判老手用在竞争性较强的谈判中。

(3)均衡式让步。这是一种以相等或近似相等的幅度逐步让步的方式,其特点是态度谨慎,步子稳健,富有商人气魄。在国际上称其为"色拉米"香肠式谈判让步法。

这种让步的优点是平稳、持久、步步为营,不易让人轻易占了便宜;有益于双方充分讨价还价,在利益均沾的情况下达成协议;遇到性情急躁或无时间久谈的对手,会占上风,削弱对方的讨价能力。这种让步的缺点是由于每次让利的数量有限、速度又慢,极易使人产生疲劳感、厌倦感,同时让对方期待进一步的让步。若对方的每次要求和努力都能得到满意的结果,就会诱发对方无休止的要求让步的欲望,一旦要求达不到,就有可能致使谈判中止甚至破裂。

此种让步方式在商务谈判中应用得十分普遍,更适用于缺乏谈判知识或经验以及在陌生领域进行谈判的谈判人员,因为他们不熟悉情况,故不宜轻举妄动,以防因急于求成而在谈判中失利。

(4)递减式让步。这是一种由高峰走向低谷、让步幅度逐渐减小的让步方式。其特点是合作为先,竞争为辅,实中见虚,柔中有刚。

这种让步的优点是起点较高,极有吸引力,因而成功率也较高;显示出己方的立场越来越坚定,虽然愿意妥协,但是防卫森严,不会轻易让步。让步幅度的逐渐减小,会使对方感到己方是怀着诚意在竭尽所能满足其要求,显示出己方的态度会越来越强硬,不会再轻易做出更大让步;另外,让对方感到谈判留有余地,使其怀着希望把谈判继续进行下去。这种让步的缺点是谈判一开始就让利较大,极易给较强硬的对方造成己方软弱可欺的印象,从而加强进攻性。

运用此种让步方式,一开始就做出较大让步,有利于营造良好的合作气氛和建立友好的伙伴关系,因此它适于以合作为主的谈判。

(5)最后一步到位式让步。这是一种在让步的最后阶段一步让出全部可让利益的坚定的让步方式。其特点是态度果断。在谈判的刚开始阶段,不论对方如何表示,己方都始终坚持最初的报价,不愿做出丝毫让步,但到了谈判迫不得已的时候,做出大步的退让。在具体操作上,开始时是寸步不让,态度强硬,然而到了关键时刻一次让步到位,以获得成功。

这种让步的优点是起初阶段寸利不让,足以向对方传递己方的坚定信念。如果对手软弱,缺乏毅力和耐心,就有可能被征服。而对对方来说,己方一次让出全部可让利益会有险胜感,因此会十分珍惜这种让步,不失时机地促成和局。这种让步的缺点是由于谈判的开始阶段一再坚持寸步不让的策略,具有形成僵局的风险,易给对方造成己方缺乏诚意的感觉而影响谈判的进行,进而失去谈判伙伴。

此种让步方式一般适用于对谈判的投资少、依赖性差,在谈判中占有优势的一方。

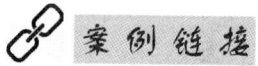
案例链接

最后一步到位式让步实例

2019年5月,中国南方某市工艺品公司作为供货方同某外商就工艺品买卖进行谈判。谈判开始后,工艺品公司谈判人员坚持800元一件的价格,态度十分强硬,而外商只出500元的价格,也是毫不示弱。谈判进行了两日,未取得任何进展。外商提出休会后再谈一次,若再不能取得共识,谈判只能作罢。中方坚决不退让,眼看谈判即将破裂。

第三天,谈判继续,双方商定最后阶段谈判的时间为3个小时,因为没有办法破解僵局,再拖延下去只能是浪费时间。谈判进行了两个多小时,仍是毫无进展。在谈判还剩下最后10分钟时,双方代表已做好退场准备,这时工艺品公司首席代表突然响亮地宣布:"这样吧,先生们,我们初次合作,谁都不愿出现不欢而散的结局,为表达我方诚意,我们愿把价格降至660元,但这绝对是最后的让步。"外商代表先是一惊,而后沉默了好几分钟,就在谈判结束的钟声即将敲响之时,他们伸出了手说:"成交了!"

在这次谈判中,工艺品公司在做了最大限度的坚持后,一步到位地让步,既使谈判取得成功,又博得了对方的信任,双方不失时机地握手言和了。

第四节 成交阶段

谈判在经历了开局阶段、讨价还价阶段后,就步入了交易阶段,这也意味着谈判的结束。经过一番激烈的讨价还价,谈判双方达到了各自的基本目标,从而取得一致,但或多或少还存在一些问题。在谈判的最后阶段,要做到善始善终,不能放松警惕,急于求成,否则可能前功尽弃。此阶段,谈判人员要做好以下几方面的工作:

一、判定成交时机

1. 时间标准

以时间标准判定成交时机,是指通过时间进度来分析谈判进展,及时确定是否应该进行谈判的收尾工作。通常在开局阶段交换意见时,谈判双方就会说明谈判议题的时间安排,并对议程安排达成一致。后续的谈判工作基本上应按照约定好的议程规定进行,当谈判内容进入到议程最后一项,即预示着谈判进入终结阶段。这时谈判人员应当提高工作效率,尽快就交易条件达成一致,避免过度纠缠于无谓的争辩。

2. 交易条件标准

以交易条件标准判定成交时机,是量化交易条件的完成情况,即通过分析谈判所涉及的交易条件的达成数与分歧数来衡量谈判是否可以收尾。

(1)分歧数。分歧数即交易双方尚未达成一致,还存在一定分歧点的交易条件的数量。如果分歧数在所有的交易条件数量中的比例很小,而双方已达成交易的数量占绝大多数时,一般可以判定谈判进入终结阶段。

(2)成交线。成交线即己方可以接受的最低成交条件。当对方提出的条件达到成交线时,谈判的最低目标就已经实现了,可以判定谈判已进入终结阶段。当然,在条件允许的情况下,为了争取更大的利益,谈判人员应该继续寻求更有利的成交条件。但是,不能片面追求己方利益最大化,否则很容易陷入谈判僵局,甚至使原来的努力付之东流。

二、表达成交意愿

在磋商阶段的讨价还价之后,往往需要一方或双方表达出自己的成交意愿。为了顺利实现己方的谈判目的,在表达成交意愿时要讲究方式方法,要言简意赅,阐述立场要语气坚定、不卑不亢。回答对方问题要尽可能简单,通常只做肯定答复或否定答复,不主动解释理由。提出意见要清晰完整,不能有遗漏或不明确的地方。在表达意愿时,可以在互惠互利的基础上示意谈判的成功对未来的积极影响;有时为了照顾对方的面子,也可以做出一些非实质性的让步。

三、签订商务合同

商务合同是谈判各方在经济合作和贸易交往中,为实现各自的经济目标、明确相互之间的权利义务关系,通过协商一致而共同订立的协议。

1. 商务合同的特点

(1)遵循法律依据。签订商务合同不但是一种经济行为,而且是一种法律行为。合同中规定了当事人应承担的法律责任和应履行的义务,任何一方违反了合同的规定,都要承担相应的法律责任。

商务谈判中,谈判人员首先要准确掌握我国合同法中关于商务合同的各方面的法律规定。在涉外商务合同中,要清楚地了解我国有关外汇、国家安全、涉外税收等方面的法律法规,同时也要了解对方国家有关上述方面的法律规定。

(2)合同条文必须明确规范。合同作为一种法律文件,一定要具备规范性、严肃性和可保存性。首先,合同条款的各项内容用词都要明确,法律和相关专业的术语要规范、标准,避免发生歧义。其次,合同行文要力求精练,把握好合同条款的内在逻辑性,使前后文保持一致。

案例链接

合同标注不明的"哑巴亏"

我国东部某市某公司曾和澳大利亚的一个商人合营一个采石场,合同中只提及每运走一车石头,澳方支付12澳元,但未注明使用何种载重量的车。澳方于是钻此空子,一开始用载重量为5吨的车装运,后来派7吨的车装运,最后派12吨的车装运,价格都是每车12澳元。如果事先考虑周到,在合同上注明用载重量为5吨的车装运,就不至于吃此"哑巴亏"了。

(3)合同签字人应具有合法行为能力。签订合同的签字人必须具有法人的资格,即有一定的组织机构和正常的业务范围;有独立支配的财产或依法经营管理的财产;能以自己的名义进行民事活动,享有民事权利,承担民事义务;能在仲裁机构和法院起诉、应诉;其组织机构依据法定程序成立等。

2. 商务合同的条款

商务合同的条款规定了双方当事人的权利和义务,是确认合同合法、有效的主要条件,也是当事人双方全面履行合同的主要依据。合同应具备以下条款:

(1)标的(实物、劳务等)。标的是指商务合同中当事人双方的权利和义务共同指向的对象。

标的有各种各样的种类,如实物、劳务等,它是订立商务合同的基础和前提。若没有标的,合同就不可能成立,更不可能履行合同。所以合同中一定要有非常明确的标的。

(2)数量和质量。数量和质量是具体化了的标的,是区分标的的具体特征。

数量是标的的计量,是衡量标的大小、多少、轻重的尺度。必须使用国家法定的计量单位和统一的计算方法来衡量标的数量。

质量是标的的内在性能和外观的综合状况的评价。签订合同时必须详细地注明标的的名称、规格、品种、型号、质地等具体内容。

(3)价款或酬金。它们是指商务合同当事人其中一方向交付标的的另一方所支付的以货币为表现形式的代价。在以实物为标的的商务合同中,这种代价称为价款;在以劳务、技术为标的的商务合同中,这种代价称为酬金。

(4)履行的期限、地点和方式。履行期限是指商务合同当事人双方完成合同规定的各自义务的时间界限,它可以由双方当事人协商确定,但要尽可能规定得具体、明确,因为这是确定双方当事人是否按期履行合同义务的客观标准。

履行地点是指当事人交付或提取标的物的地方。

履行方式是指当事人采用何种方式履行合同义务,包括标的物的交付方式和价款或酬金的结算方式。

(5)违约责任。违约责任是指合同当事人一方不履行合同义务或履行合同义务不符合合同约定所应承担的民事责任。违约方应当承担继续履行、采取补救措施或者赔偿损失等违约责任。

四、整理和总结谈判记录

1. 整理谈判记录

在商务谈判中,每谈妥一个问题都要通篇检查双方的记录,查对一致,在双方共同确认记录无误后,所记载的内容就可以作为起草合同的主要依据。在激烈的谈判中,更有必要认真仔细整理好谈判记录,力求使随后达成的协议不存在任何含糊不清的地方。谈判结束后,要把所有的谈判资料整理归档,包括谈判记录、技术资料、附件和协议文本。这些谈判资料对于谈判双方来说依然十分重要,如谈判记录是起草书面协议的主要依据,可以规范协议的拟定。适时整理谈判资料也能帮助谈判人员更充分地理解协议的各项条款。

2. 总结谈判记录

在总结的阶段,如果双方还有悬而未决的问题,就要针对其做出处理。另外,如果谈判成果没有达到己方的既定目标,就要考虑如何在最后一次报价中进行挽回。在协议签订前进行经验教训总结是非常必要的,对当下协议的落实和履行能起到推动作用,对今后的谈判策略和方向的选择也有指导作用。反思谈判过程中的得失和经验教训,有助于提高自身的谈判能力。概括性地说,总结的内容应该包括以下几方面:

(1)总体谈判情况,包括谈判前的准备工作、谈判议程的推进等。

(2)己方战略选择,包括谈判目标的确定、谈判任务的完成、各阶段谈判策略的应用等。

(3)己方谈判人员的情况,包括谈判小组的构成、组内权责具体划分、团队的协调合作、各个成员的表现、表现突出和需要改进的地方。

(4)对方谈判人员的情况,包括对方谈判人员的整体风格、协作情况、应对策略、个人特点等。

本章小结

谈判是一种复杂、困难甚至艰苦的活动,需要经历一定的时间。谈判双方的共同目的是追求利益,谋求合作,寻求共识,互利互惠。谈判双方首先要树立双赢的观念。把握商务谈判的原则要领对谈判各方都有利,这是商务谈判的实质追求。

破题是指双方由寒暄转入议题的过程,其时间一般根据谈判的性质和谈判时间的长短来确定。通常情况下,破题期控制在全部谈判时间的2%~5%为宜。对于长时间或多轮谈判,破题期可以相对延长。

谈判的开局对整个谈判过程起着至关重要的作用,它往往关系到双方谈判的诚意和积极性,关系到谈判的格调和发展趋势。一个良好的开局将为谈判的成功奠定良好基础。这一阶段的目标主要是对谈判程序和相关问题达成共识,双方人员互相交流,营造友好合作的谈判气氛;分别表明己方的意愿和交易条件,摸清对方的情况和态度,为实质性磋商阶段打下基础。

讨价还价阶段又称实质性谈判阶段或谈判磋商阶段,是指双方就各自交易条件进行反复磋商和争辩,最后经过一定的妥协,确定一个双方都能接受的交易条件的阶段。它是关系到谈判成败和效益盈亏的最重要阶段。

交易阶段作为谈判的最后收尾阶段,直接影响着谈判目标的实现,对尽快促成谈判成功、实现双方利益有着重要意义。如何正确把握交易时机,清晰表达交易意愿,准确拟定书面协议等是这一阶段要重点关注的问题。

专有名词

开局阶段(Opening Stage)

开场陈述(Opening Statement)

磋商阶段(Consultation Stage)

互惠式谈判(Reciprocal Negotiation)

报价(Quote Price)

开盘价(Opening Price)

讨价还价(Bargaining)

刚性原则(Rigid Principle)

标的(Target)

违约责任(Liability for Breach of Contract)

思考题

1. 商务谈判的基本程序是什么?
2. 开局阶段有哪些禁忌?
3. 开局阶段应如何营造良好的谈判气氛?
4. 先报价有哪些利与弊?
5. 在商务谈判中,有哪两种典型的报价方式?试述两者的区别。
6. 进行报价解释时应遵循哪些原则?
7. 让步时应遵循哪些原则?
8. 如何理解让步和磋商的相互关系?

 案例讨论

史蒂夫的报价策略

史蒂夫是爱姆垂旅店董事会成员,但是旅店的地理位置不理想。董事会曾派遣一个小组委员会,调查了将爱姆垂旅店从萨默维尔市迁到一个安静的、半居住性的社区的可能性。但从财务上看,搬迁是不可行的,因而搬迁的想法就被打消了。

几个月以后,一位名叫威尔逊的先生来找爱姆垂旅店的经理彼得斯夫人,威尔逊表示他的公司愿意买下爱姆垂旅店。董事会当即委派史蒂夫去处理这项有希望的交易。史蒂夫根据对威尔逊的商业往来所做的一些调查,认为他是一位有信誉的合法商人。史蒂夫意识到,威尔逊想买爱姆垂旅店,可能是想在这里建造公寓。威尔逊希望马上讨论价格问题,而史蒂夫则需要两个星期来做这些谈判准备工作。

在接下来的12天里,史蒂夫做了几件事。首先,他想要确定爱姆垂旅店的保留价格和期望价格。史蒂夫得知,位于梅德福市和奥尔斯顿市的两处房地产是可以用合适的价格买到的,前者为17.5万美元,后者为23.5万美元,且后者优于前者,前者优于萨默维尔市。爱姆垂旅店搬迁到梅德福市至少需要22万美元,搬迁到奥尔斯顿市至少需要27.5万美元。所以,史蒂夫决定保留价格为22万美元,期望价格为35万美元。其次,史蒂夫经过进一步调查,了解到如果爱姆垂旅店在市场上公开销售,其大约仅值12.5万美元。然后,史蒂夫根据搜集到的资料,推测开发商的意图,断定威尔逊的保留价格在27.5万美元到47.5万美元之间。最后,史蒂夫拟定开局策略,决定试着让威尔逊首先报价,如果不成功,他的首轮报价将为75万美元。史蒂夫曾想过一开始只报40万美元,并在一段时间里坚持不变。但经商量后,董事会认为这个价格只有40%的概率会低于威尔逊的保留价,于是该设想被推翻了。如果威尔逊首先报价,史蒂夫将不让他有时间仔细考虑,而迅速做出反应,立即给出一个还价,即75万美元,让对方在心理上觉得他的报价太低了。

谈判一开始,双方说了几句幽默的笑话和客套话。接着威尔逊就说:"请告诉我,你们能接受的最低条件是什么,好让我看看是否能再做点什么。"史蒂夫已料到了这样的开场白,没有直接回答,他问道:"为什么不告诉我们你愿出的最高价格,好让我们来看看是否能再削减点价格?"威尔逊被逗笑了,并报出了他的开盘价格12.5万美元,而且讲了在萨默维尔市许多房地产买卖的实例,作为支撑他的证据。史蒂夫立即回答说:"爱姆垂旅店完全可以卖得比这个价格高,而且我们一点儿也不想搬迁。只有当我们能够搬到更安静的地方去时,我们才能考虑搬迁。但是在环境安静的地方,房地产价格是很高的。"史蒂夫最后提出:"只有售价60万美元,才可能抵消这次麻烦的搬迁。"史蒂夫之所以选择这个价格,是因为他心里盘算着15万美元和60万美元的中间值,高于所期盼的35万美元。威尔逊反驳道:"这个价格根本不可能被接受。"双方进行了几轮让步,但意见始终无法统一,最后决定休会。

在随后的两天中,双方再次各做了一些让步。威尔逊逐渐地将报价提高到29万美元,最后确定在30万美元。史蒂夫则从47.5万美元降到42.5万美元,又降到40万美元。然后,当威尔逊强硬地停在30万美元时,他又"费力地"降到了35万美元。史蒂夫最后停止了谈判,并告诉威尔逊,他必须与董事会的主要成员取得联系,看看是否可以突破35万美元的界限。

第二天,史蒂夫给威尔逊打了一个电话,向他解释说:"董事会对是否接受30万美元的报价有不同意见,您的公司能不能再多出一点儿?如果咱们的买卖做成了,您的公司能否免费为爱姆垂旅店新买的房子做3万美元或4万美元的维修工作?要是这样的话,我可以接受30万美元的报价。"威尔逊回答说:"非常高兴董事会能明智地接受30万美元的慷慨报价,但是很遗憾,我不会提供维修工作。"史蒂夫回答道:"如果您的公司能为爱姆垂旅店提供一笔免税的赞助,比如说4万美元的援款,专供应急时使用,这也确实是一种帮助。"

"噢,这倒是个主意。但是4万美元太多了,捐赠2万美元比较合理。"

"2.5万美元怎样?"

"好吧,就2.5万美元。"

结果,根据法律规定,威尔逊的公司要直接付给爱姆垂旅店32.5万美元。这样威尔逊既保全了面子又巧妙地突破了他自己的最终报价,而爱姆垂旅店则通过曲折道路充分满足了自己的需要。

问题:

1. 史蒂夫的报价依据是什么?请评价史蒂夫制定的报价策略。
2. 在商务谈判中,维护对方的面子对于争取己方的谈判利益有什么作用?
3. 结合本案例,谈谈商务谈判过程中的注意事项。

商务谈判策略篇

第五章 商务谈判的语言技巧

学习目标

1. 熟练掌握商务谈判中沟通的本质和技巧。
2. 理解语言在商务谈判中的重要性。
3. 熟悉商务谈判中语言沟通的类型及特点。

案例导入

少了一颗纽扣

两个外国商人像约定好似的一同前来某公司挑选毛绒玩具,其中一位商人在挑选的过程中发现有一款毛绒玩具狗少缝了一颗纽扣,于是一惊一乍地说:"老板,你们家生产的毛绒玩具虽然好看,款式也多,但这款毛绒狗少个扣子,这怎么卖啊,你们还是赶紧重新加工吧。"这位外国商人一边说一边做着搞笑的动作,把旁边另一位外国商人也逗乐了。老板并没有表现出应有的尴尬及不知所措,而是一边面带微笑,一边拿起一个玩具狗,不慌不忙地说道:"您好,先生,这款玩具狗按道理来说是应该有三颗纽扣的,但是由于工人的疏忽,只有两颗纽扣,原本我是打算全部重新加工的,可是后来我发现,此款毛绒玩具狗搭配两颗纽扣也异常好看,您觉得呢?现在市面上卖的都是三颗纽扣的,会让人有视觉上的厌烦感,而我们这款由于错误造成的两颗纽扣不但没有美观问题,反而能给顾客带去不一样的感觉。"这位商人双眉微皱,若有所思。老板接着补充道:"别人家卖得比我们贵的毛绒玩具质量就一定有我们的好吗?虽然少了颗纽扣,但它的面料、做工都是极好的,一定不会比别人的差,只会比别人的好,这一点我们还是很有信心的呢!"接着,老板又转向另一位外国商人说:"说实话,质量这么好的毛绒玩具狗我还真舍不得以这么低的价格卖掉呢。"老板说的这一席话不但告诉外国商人毛绒玩具的质量好,而且表明此款毛绒玩具售价低的特点。一旁的外国商人听后频频点头,当场就下订单买走了所有两颗纽扣的毛绒玩具狗。

在与人交谈的时候,难免碰到一些矛盾,这时就需要发挥语言的艺术性。只有在谈判过程中机敏地运用各种语言艺术,才能使谈判双方最大限度地达成一致。在上述案例中,老板并没有因为外国商人的故意刁难而惊慌失措、乱了方寸,而是及时运用巧妙的说话方式扭转了尴尬的局面,成功售出了所有看似有问题、实际上完美的毛绒玩具。由此看来,语言沟通无处不在,为了使谈判有一个完美的结局,谈判双方需掌握多种沟通技巧并恰如其分地运用到谈判中。

第一节　商务谈判语言概述

谈判的成功首先表现在谈判语言上的成功。在商务谈判过程中,语言是最直接、最常用的交流方式,灵活的语言技巧不仅可以使谈判策略顺利实施,而且可以很好地调节谈判过程,使得谈判整体上取得良好的效果。

一、商务谈判语言沟通的本质

商务谈判语言沟通的本质特征体现在以下几方面:

1. 商务谈判是以获得经济利益为目的的

不同的谈判者参加谈判的目的是不同的,外交谈判涉及的是国家利益,政治谈判关心的是政党、团体的根本利益,军事谈判主要关注敌对双方的安全利益。虽然这些谈判都不可避免地涉及经济利益,但常常是围绕着某一种基本利益进行的,其重点不一定是经济利益。商务谈判的目的则十分明确,谈判者以获取经济利益为基本目的,在满足经济利益的前提下才涉及其他非经济利益。在商务谈判中,谈判者可以调动和运用各种因素,虽然各种非经济利益的因素也会影响谈判的结果,但其最终目标仍是经济利益。

2. 商务谈判是以价值谈判为核心、以语言沟通为载体的

商务谈判涉及的因素很多,谈判者的需求和利益表现在众多方面,但价值几乎是所有商务谈判的核心内容。这是因为在商务谈判中价值的表现形式——价格最直接地反映了谈判双方的利益。谈判双方在其他利益上的得与失,很多情况下或多或少都可以折算为一定的价格,并通过价格的升降而得到体现。需要指出的是,在商务谈判中,一方面要以价格为中心,坚持自己的利益,另一方面又不能仅仅局限于价格,应该拓宽思路,设法从其他利益因素上争取应得的利益。因为与其在价格上与对手争执不休,还不如在其他利益因素上使对方在不知不觉中让步。谈判人员通过语言沟通的形式不断为己方或者双方创造价值,所以在使用语言沟通技巧时不要忘记了根本目的,切忌为了使用而使用。

案例链接

一个橙子如何分给两个人

有一位妈妈把一个橙子送给了邻居的两个孩子。这两个孩子便开始讨论如何分这个橙子,吵来吵去,最终达成了一致意见:由一个孩子负责切橙子,而另一个孩子先选择切好的橙子。于是,这两个孩子按照商定的办法各自取得了一半橙子,高高兴兴地拿回家去了。

第一个孩子把半个橙子拿回家,剥掉皮,并把皮扔进了垃圾桶,把果肉放到果汁机里,准备打果汁喝。另一个孩子回到家,把果肉挖掉并扔进了垃圾桶,把橙子皮留了下来,磨碎后混在面粉里烤蛋糕吃。

从上面的情形可以看出,虽然两个孩子各自拿到了看似公平的一半,然而他们得到的东西未物尽其用。这说明他们在事先并未做好沟通,没有申明各自的利益所在。没有事先申明价

值导致双方盲目追求形式上和立场上的公平,结果双方各自的利益并未在谈判中达到最大化。

试想,如果两个孩子充分交流各自所需,或许会有多个方案和情况出现。可能的一种情况是,两个孩子想办法将皮和果肉分开,一个拿果肉去打果汁喝,另一个拿皮去烤蛋糕。然而,经过沟通后也可能出现另外的情况:恰恰有一个孩子既想要皮做蛋糕,又想喝橙汁。这时,创造价值就非常重要了。

可以设想这样的场景:想要整个橙子的孩子提议将其他的问题拿出来一块谈。他说:"如果把这个橙子全给我,你上次欠我的棒棒糖就不用还了。"其实,他的牙齿被蛀得一塌糊涂,父母上个星期就不让他吃糖了。

另一个孩子想了想,很快就答应了,因为他刚刚从父母那里要了五元钱,准备买糖还债。如果这样,他就可以用这五元钱去玩游戏了,这酸溜溜的橙汁才不在乎呢。

两个孩子的谈判过程实际上就是不断沟通、创造价值的过程。双方都在寻求使自己的利益最大化的方案,同时最大化地满足对方的利益需要。

所以只有掌握了商务谈判语言沟通的本质——创造价值,才能正确掌握和运用各种语言的技巧。谈判双方是为了创造最大价值,才使用语言技巧来达成这个目的,而不是仅仅为了使用语言技巧。

二、商务谈判语言的类型

相互之间的交流是双方在谈判中传达信息的主要方式。谈判语言从一开始应遵循"约定俗成"的运用规律,然后逐渐演变成使用生活中一些较为规范的用语。当谈判一方说"希望能进一步考虑你的想法"时,说明谈判双方针对某一个观点存在不同的看法。当谈判一方提出"好吧,就这样,我会告知我的同伴并和他讨论"的时候,表明谈判已经接近尾声,到了非常重要的一步,或者因为在谈判中遇到了一些难以解决的问题,对方不想继续谈下去了。这是谈判一方智慧的表现,通过委婉的用语,给自己下一步的打算留够时间。其实,在商务谈判中,上述习惯性用语和表达方式很容易理解。谈判者合理运用语言更准确地表达自己的态度和观点,能在很大程度上避免因表达不当带来的不必要麻烦。

按语言表达方式的不同,可将商务谈判语言分为有声语言和无声语言两种类型。在商务谈判中,各种信息都可以通过这两种类型的语言进行传达。

1. 有声语言

有声语言一般可理解为口头语言,是指通过人的发音器官来表达的语言。

有声语言的表达方式灵活多变,不拘于特定形式,就商务谈判实践而言,它又包括外交语言、商务法律语言、文学语言和军事语言。成功的谈判者会在谈判过程中灵活运用这四种语言,使得枯燥乏味的谈判过程跌宕起伏,取得好的谈判效果。

(1)外交语言。外交语言是指在商务谈判中表达方式委婉、礼貌的语言,它具有缓冲性、模糊性和圆滑性等特点。

外交语言讲究含蓄、委婉,字里行间要留意对方的弦外之音。富有外交色彩的谈判语言,可以很好地满足对方尊重的需要,也能避免己方的失礼,还有利于阐明问题,缓解冲突,为谈判决策留有余地,避免谈判陷入僵局。

(2)商务法律语言。商务法律语言泛指与交易有关的技术标准、价格条件、运输、保险、税收、产权、企业法人与自然人、商检、经济和法律制裁等行业习惯用语及条例法规用语。此类语言是商务谈判中最基础的语言,也是商务谈判中最常用的语言。

商务语言是指有关商务谈判内容的一些术语,其特征是简练、明确、专一。在国际商务谈判中,因为谈判者文化背景不同,难免出现理解上的差异,所以一定要强调语言表达上的通用性和专一性,避免出现分歧,产生纠纷。

法律语言是指商务谈判业务涉及的有关法律法规的用语,其特点是强制性、严谨性。法律语言的运用因谈判业务内容的不同而不同,每种法律语言及其术语都有其特定的内涵,不能随意使用。通过法律语言的运用可以明确谈判双方各自的权利与义务、权限与责任等。

(3) 文学语言。文学语言是指在商务谈判中与对方进行沟通所使用的优美的语言,其特点是优雅、生动、诙谐。文学语言在商务谈判中的运用可以起到营造良好气氛、打破僵局、增进双方感情、增强感染力的作用。虽然文学语言的适用面很广,但是谈判者在使用它的时候一定要分清楚场合,不可贸然使用,否则会适得其反。

(4) 军事语言。军事语言是指在商务谈判中运用的军事术语,其特点是简明、坚定、干脆利落、铿锵有力。军事语言在复杂的谈判过程中可以起到明确表达谈判者坚定的立场、稳定紧张情绪、加速谈判进程等作用。

2. 无声语言

无声语言是指商务谈判人员凭借有声语言之外的诸如身体动作、面部表情等信息符号与谈判对方进行沟通的语言表达工具。在商务谈判中,无声语言和有声语言是结合使用的,有声语言是主角,但少了无声语言的配合,有声语言就会显得枯燥乏味。无声语言好比是润滑剂,它能让有声语言更生动有趣,有时无声语言以其丰富的内涵和多变的形式比有声语言更能表达谈判者的意思。

三、正确运用语言技巧的原则

成功的商务谈判是谈判双方运用出色的语言艺术取得的结果,如果在谈判过程中出现双方都不愿听到的不恰当的语言表达,就会引起误会,造成不良后果。所以,正确运用商务谈判语言是处理谈判双方关系的关键,其要遵循的原则如下:

1. 客观性

谈判过程中,谈判双方语言的表达要客观真实,尊重事实。双方要实事求是地陈述自己的实际情况,不能信口雌黄,一切要遵循客观实际。谈判语言具有客观性,就能使双方自然而然地产生"以诚相待"的印象,从而缩短双方的立场、观点上的距离,为下一步取得谈判成功奠定基础。谈判各方的诚信度是由语言的客观性决定的,想在彼此之间建立信任,就必须尊重客观事实。就卖方来讲,必须实事求是,主要体现在这几个方面:要如实介绍商品的性能以及质量;将样品进行展示或者现场演示,如实反馈用户的评价;商品报价一定要切合实际,不可怀着谋取暴利的心思。就买方而言,不要夸大自己的购买能力,评价商品的性能与质量要中肯,不能随意地进行褒贬,要有诚意地进行还价,并且有依据地进行压价。

2. 准确性

在商务谈判中使用语言是为了能准确地向对方传递己方要表达的信息,所以谈判者在陈述时不能使用模棱两可或者概念模糊的语言,要使用标准化的语言,口齿清楚、发音准确,要使自己的语言或动作让对方明白。例如,在谈判中提及时间、地点以及商品数量等时,都不可使用也许或大概等模糊词语。切忌使用己方的方言与对方进行交流,因为对方很可能不理解所要表达的意思,由此导致出现沟通障碍。禁止使用粗鲁的以及具有意识形态分歧的语言。此外,谈判语言的语音与语调也是非常重要的,它会对倾听者的态度与情绪产生作用,从而直接影响谈判的效果。

3. 针对性

商务谈判涵盖的内容很广,这就要求谈判语言要有针对性。谈判语言的针对性是指语言要围绕主题,对准目标,有的放矢。针对不同的谈判对手、谈判内容、谈判场合,要有选择地、有针对性地使用谈判语言,以利于谈判活动的顺利进行。不同谈判对象的年龄、性格、性别以及身份、观念等存在差异,不同的谈判主题和谈判不同阶段所使用的语言表达也不一样。在谈判时,要针对这些差异灵活地使用相应的语言,进而形成谈判的优势。在谈判开始时,为了营造出一种轻松愉快的谈判氛围,可适当地使用外交与文学方面的语言来增进情感的交流。在磋商阶段,应将专业与商务法律语言作为主要的语言,文学与军事方面的语言作为辅助的语言。如果谈判语言没有针对性,很可能会对谈判造成严重影响,产生不良的后果。

4. 规范性

谈判语言的规范性是指商务谈判中的语言表述要清晰、准确、严谨、文明。商务谈判会涉及谈判双方的利益,特别是涉外谈判,由于双方的国情不同,一定要明确谈判双方各自的权利义务、权限责任,以严密的措辞、规范统一的语言来拟定各种契约,避免分歧的产生,使谈判顺利进行下去。

5. 逻辑性

谈判语言的逻辑性是指谈判者的语言要符合逻辑规律,表达概念要明晰,判断要准确,推理要严密,要充分体现其客观性、具体性、连贯性和思辨性。论述要有说服力,这要求谈判者有缜密的逻辑思维能力。在谈判过程中,无论是陈述问题,撰写备忘录,还是提出各种意见、设想或要求,都要注意语言的逻辑性,这是紧紧抓住对方的漏洞,进而说服对方的基础。

6. 应变性

谈判形势有时是风云变幻、难以预料的,把握谈判语言的灵活性,提高谈判的应变能力,才能在谈判过程中出现一些突发情况时,做到从容应对、科学决策。这种灵活的语言应变能力,一般与应急手段相联系,它能够帮助谈判者巧妙地摆脱困境,将谈判中遇到的危机转化成机遇。比如,当对手逼迫己方立即作出抉择时,如果说"让我们再想想"或"暂时很难定下来"之类的话,会让对方认为己方缺乏主见。此时,己方谈判人员可以看看表,然后有礼貌地告诉对方:"实在对不起,十点钟我约定与一个朋友通电话,请稍等五分钟。"运用这个方法,己方便很得体地赢得了五分钟的思考时间。

四、语言技巧在商务谈判中的重要性

商务谈判的过程是谈判双方运用各种语言进行洽谈的过程,成功的谈判是双方出色地运用语言进行沟通的结果。谈判者可以将语言技巧视为谈判策略实施的工具,例如,谈判一方想在谈判开局时采用一致性开局策略,营造和谐的气氛,那么就可以运用幽默的语言技巧来实施这一策略。语言技巧在商务谈判沟通中起着十分重要的作用。

1. 语言技巧是商务谈判成功的必要条件

成功的商务谈判有赖成功的语言技巧。在商务谈判中,恰当地运用语言技巧可以使对方饶有兴趣地听下去;否则可能让对方觉得是陈词滥调,产生反感,进而出现抵触情绪,使得谈判无法顺利进行。

2. 语言技巧是商务谈判中阐述己方观点的有效工具

在商务谈判过程中,谈判双方要把己方的判断、推理、论证的思维成果准确无误地表达出来,就必须出色地运用语言技巧这个工具。同样,若想有效地实施自己的谈判策略,也要出色地运用语言技巧。

3. 语言技巧是处理谈判双方人际关系的关键

在商务谈判中,除了要争取实现己方的预定目标外,还要重视建立和维护双方长期的友好合作关系,这样有利于己方企业今后的发展。在商务谈判中,双方的语言都表现了各自的愿望、要求,当这些愿望和要求趋向一致时,就可以维持并发展双方良好的人际关系,进而使谈判成功;反之,可能出现矛盾和对立,严重时导致双方关系的破裂,从而使谈判失败。

第二节　有声语言技巧

商务谈判可以表述为一场顽强的性格之战,再强的对手也是有软肋的。其实商务谈判就是不间断地说服,而通过语言的表达来打动、说服对方,则是与谈判对手博弈过程中取得满意效果的一种十分行之有效的手段。

一、听与辩的技巧

1. 倾听

在谈判过程中,听起着非常重要的作用,可以说听是谈判成功的一半,因为听不仅是了解对方意图、洞察对方心理活动最基本的手段,还可以在听的过程中通过对听的反馈向对方传达己方的信息。

谈判中的听不仅要靠耳朵去听,还要通过眼睛去观察,用心去体会,这样才能全面了解对方的真实意图,才能在谈判中做到有的放矢,掌握谈判的主动。

听是一种技巧,当灵活掌握、熟练应用该技巧时,它将成为谈判的有力助手。

谈判中进行沟通的目的在于理解对方和被对方理解。如果不能很好地扮演倾听者的角色,将会阻碍谈判的顺利进行。在商务谈判中,有时候耐心的倾听比滔滔不绝的讲演更能打动对方。听的要旨在于探析对方的心理,了解对方传递的信息,推断对方的真实意图,从而不断调整己方的既定谈判策略,在谈判中占据主动。

史密斯曾是一名推销员,经常参加各种谈判,他有一个习惯,就是早到谈判地点,然后与所见之人聊天。一次,他与厂里的领导聊天,这位领导非常健谈,而史密斯又非常擅长倾听,因此在聊天过程中他获得了很多有价值的信息。这位领导说:"我用过各个公司的产品,可是只有你们的产品能通过我们的试验,符合我们的规格和标准。"又说:"这次谈判什么时候才能有结果呢?我们厂里的存货快用完了。"正是与这位领导不经意的谈话,为史密斯提供了大量有价值的情报,因此后续谈判非常顺利并取得了成功。由此可见,倾听在谈判过程中是非常重要的。

人们往往喜欢善听者而非善言者,注意倾听会给人留下良好的印象。倾听的技巧在于注意以下方面:

(1)集中精力地听。谈判双方在对方发言时都要做到专心致志、精力集中,不可心不在焉,出现"开小差"的现象。谈判双方在谈判中彼此频繁地进行信息的交流,这些信息多通过谈话直接或间接地获得,如果在谈判中谈判者不能集中精力地倾听,一时疏忽,将会失去许多有用的信息。

(2)耐心地听。谈判中,谈判双方交谈的议题内容并非都是等信息量的,有些议题的信息量较少,如果己方已获知这些信息,而对方还在兴致勃勃地介绍,这时,不能流露厌烦的情绪,一定要保持耐心,满足对方被尊重的需要。否则,对方的情绪会受到很大的影响,使谈判气氛变得比较尴尬,影响谈判的进程。

(3)有选择地听。在谈判中,并不是对方介绍的所有信息都是有用的或者是正确的、真实的,所以听的时候要辨别信息的真伪,有选择地听,同时要专心致志地去听,这样才能保证在辨别信息时去伪存真,去粗取精,抓住对方的重点信息。

(4)对对方的发言做出积极回应。谈判者在听取对方的发言时,要善于理解信息的含义,不能被动地、僵硬地听。在听的过程中,要注意通过适当的表情或动作对对方的发言做出回应,使对方感到被重视,这样有利于营造融洽的谈判气氛。

(5)注意察言观色。谈判中,谈判者在发言时通常会用自己的表情、动作来表达一些口头无法准确传递的信息,这往往包含着特定的含义,需要倾听者认真仔细地听,注意察言观色,揣摩对方的真实意图。

(6)做必要的记录。谈判过程中,谈判现场往往充满紧张的气氛,谈判者的大脑在高速运转,要接收和处理大量的信息,很有必要做相关的记录。这不仅可以帮助谈判者分析、理解对方谈话的真实用意,还可以在随后的谈判中就某些不明白的问题向对方进行询问。

2. 辩论

在谈判过程中,即使己方认为对方提供的报盘、条件以及观点等存在争议,在双方激烈的辩论中,也必须注意自己的措辞与态度。辩论时应当理性思考,反驳对方的观点有理有据。为使己方的观点更加清晰地被表述出来,在选择材料、整理材料以及对材料进行加工时必须做好每一步工作。证据充足,理由充分,才能使自身的辩论力度与效果都得到极大的增强,进而驳倒对方,获取谈判过程中的优势。有经验的谈判人员在辩论时基本上都有大家风范,能够运筹帷幄,分清主次,同时能够出色地运用谈判的相关策略,击中对方的要害,最终在辩论中驳倒对方。

辩论具有很强的技巧性,谈判者只有熟练掌握并应用辩论技巧,才能很好地在谈判中发挥作用,从而占据谈判的主动。辩论时要注意以下方面:

(1)尊重事实。辩论不是不讲道理地与对方争辩孰是孰非,而是要讲事实,摆证据,尽最大努力争取己方的利益。任何议题的辩论,都要尊重事实,在准备阶段要注意选择、整理、加工所取得的材料,辨别材料的真实性,以免在使用材料时被对方发现破绽,陷自己于不利地位。

(2)掌握大的原则,不纠缠小的枝节。辩论者要从整体出发把握好谈判的进程,集中精力关注主要的问题,不在小的枝节方面过多地与对方纠缠。论证己方观点时,要突出重点,层次分明;反驳对方观点时,要做到有的放矢,一语中的。

(3)适可而止,切忌喋喋不休。商务谈判中进行辩论的目的在于论证己方观点的正确性,反驳对方的观点,最终寻求双方利益的平衡点,争取合作,所以要掌握好辩论中进攻的尺度,适可而止,不宜口若悬河、喋喋不休、穷追不舍。

(4)注意个人的举止和气度。商务谈判中,良好的个人形象会对谈判的进程产生很大的影响,不仅可以给对方留下很好的印象,而且可以缓和谈判的紧张气氛。在辩论中,一定要注意自己的举止和气度,不能因为一时理亏,就用侮辱性的语言或动作对对方进行人身攻击,这样做只会损害自己的形象,丢失面子,甚至可能导致谈判破裂。

二、问与答的技巧

商务谈判中,谈判者常常为了摸清对方的需要、掌握对方的心理状态、表述己方的意见而向对方进行提问。巧妙的提问不仅可以帮助己方获取需要的信息,而且可以使沟通变得融洽。

针对对方提出的问题,要本着实事求是的态度回答。由于谈判涉及双方的具体利益,在回答对方的问题之前应预想需要回答哪些问题,该如何回答,这实际上是一门艺术。

1. 提问

(1) 提问的方式。提问是谈判中获取大量有效信息的重要手段。然而,在谈判中谈判双方对对方都会有一定的戒备心理,所以对于提出的问题,对方不一定会有效地回答,只有根据不同的谈判现场气氛,选择合适的方式进行提问,才会达到事半功倍的效果。例如,有一个教徒问神父:"我可以在祈祷时抽烟吗?"他的请求遭到神父的严厉斥责。另一个教徒这样问神父:"我可以在吸烟时祈祷吗?"这样的请求得到了允许,于是他悠闲地抽起了烟。这两个教徒发问的目的和内容完全相同,只是语言的表达方式不同,得到的结果却截然相反。由此看来,表达技巧的正确运用是取得期望的谈判效果的重要条件。谈判中提问的方式有以下几种:

① 强调式提问。该提问方式旨在强调己方的立场和观点,不会因为外界因素轻易地改变,提问时要注意口气,不能太强硬,以免给对方盛气凌人的感觉,对谈判造成不利影响。例如,"我们的价格已经很优惠,贵方提议的价格是不是太苛刻了?"

② 诱导式提问。该提问方式对问题的答案有着强烈的诱导作用,旨在要求对方回答己方预期的答案或者赞成己方的观点。例如,"本议题我们双方已经基本达成共识,是否该进入下一议题了?""谈到现在,我想贵方给我方的折扣应该定为4%,是吧?"这种发问方式对方回答时没有太大的选择余地,促使谈判向己方设想的方向推进。

③ 澄清式提问。该提问方式是对对方的答复进行核实,旨在让对方进一步证实或补充原先的答复,使他们的回答更加明朗化。例如,"贵方的意思是……是这样吗?"

④ 探索式提问。该提问方式旨在针对对方答复的内容,要求对方进一步说明或讲解,这样不仅可以表达己方对所谈问题的兴趣,而且可以挖掘更多有用的信息。例如,"贵方指出我们的要价偏高,能否告知贵方认为我们要价偏高的理由呢?""您刚才说目前正在进行的这宗买卖可以取舍,是不是说您拥有全权和我们进行谈判?"

⑤ 商量式提问。该提问方式旨在使对方同意己方的观点,语气易被对方接受,即使不接受也不会使气氛尴尬。例如,"我们双方已签约,接下来能否让我们尽地主之谊带领贵方人员参观我们的风景区呢?"

⑥ 选择式提问。该提问方式是给对方一个范围,让他们从中选择,以此表达己方的意见。此方式或多或少带有强迫性,所以在提问的时候要注意语气,措辞要委婉,不要给对方留下不好的印象。例如,"贵方准备以支票还是信用证的方式支付?"进行选择式发问,可以使对方做出有利于己方的明确答复。

(2) 提问的技巧。对待同样的问题,不同的问法,得到的答复会有所不同。商务谈判中如果给对方提只有单一选择的问题或者方案,往往会造成对方的回绝,中断谈判进程,不利于商务谈判双方的有效沟通,而给对方多重选择,往往会取得意想不到的效果。

例如在商务谈判过程中,一方提出:"作为卖方,在价格方面,我们不能做任何的让步,先生,是否愿意接受?"如果对方回答"不,我方不能接收",这样就会造成谈判的破裂,不能达成一致的意见,签订不了合同。如果采用这样的方式提问:"作为卖方,在价格方面,我们可以做让步,不过要看您所需订购的数量。数量增加10%,价格下降1%;数量增加20%,价格下降2.5%;数量增加30%,价格下降5%,以此类推。先生能重新考虑订购数量吗?"这样往往可以提高谈判的成功率,同时使对方感受到了尊重,能够根据价格优惠幅度增加订购数量,促进合同的签订,实现双赢。所以,提问技巧非常关键。

提问的技巧有以下几种:

① 提前准备问题。提前准备问题主要是为随后的主要问题做铺垫。这些提前准备的问题

问起来很轻松,回答很容易,可以让对方放松警惕,同时可能会暴露对方的一些想法,让己方取得意外的收获。

②问完后保持沉默。问完后保持沉默一方面是为了倾听对方的回答(不能连续提问,这样容易引起对方的反感,而要循序渐进慢慢提问),另一方面是为了给对方施加一定程度的压力,无形地逼迫对方回答问题。

③把握提问的时机。谈判者在谈判中必须把握好提问的时机,既不能太急,否则容易暴露己方的意图;又不能太迟,否则会影响谈判的进程。把握好提问的时机,有助于引起对方的注意,使谈判按己方意图进行,掌握谈判的主动。一般来说,提问的时机有己方发言前后、对方发言结束后、对方发言间隙等三种。

④讲究逻辑性。谈判者提出的问题要由浅入深、由表及里,不能跳跃性太大,要讲究提问的逻辑性,这样可以深入了解对方,挖掘更多有用信息。

⑤提问的语速要适中。谈判中提问的语速一定要快慢适中,不能过快,否则会让对方听不清,也可能使对方感觉己方不耐烦;也不能过慢,否则会让对方觉得沉闷,影响谈判气氛。

⑥灵活采用提问方式。要根据谈判现场的气氛灵活运用提问方式,熟练运用正问、反问、追问、侧问等提问方式,以全面获取信息。

⑦提问态度要诚恳。谈判者提问的态度要诚恳,这样才能激发对方对问题的兴趣,乐于配合,有利于谈判的顺利进行。

2. 回答

当对方向己方提问时,己方必须做出相应的回答。然而,一个高明的谈判者不会问什么就答什么,他会准确地把握该说什么、怎样说。谈判者在回答问题时既要给对方一个合理的答案,又不能吐露己方重要的信息,要答得合理、巧妙。

(1)回答的方式

①针对式回答。在弄清楚对方提问的真实意图后,根据情况如实作答。这种回答方式有利于双方的有效沟通,将谈判顺利进行下去。

②肯定式回答。同意对方的观点,但回答的时候可以稍作补充,或进行附带条件的回答等。

③否定式回答。不同意对方的观点,但在回答的时候要注意语气委婉、含蓄,不要刻意否定,要讲清楚为什么做否定回答,争取对方的理解。很多时候,谈判者会被问及具有攻击性或是涉及隐私的问题,这时候可以用礼貌的语言面带微笑地拒绝回答,因为并非所有的提问都需要回答,尤其是涉及公司机密、利益的问题,一定要守口如瓶。

④反问式回答。用向对方提问的方式来回答对方,是一种以问对答的方式。这种方式可以为自己留下思考问题的机会,以应对对方的问题。当遇到一些不便回答的问题时也可以用这种方式作答。

⑤模棱两可式回答。对对方的问题不表示同意,也不表示不同意,给对方以模糊的态度。此方式可造成对方判断上的混乱,也可避免暴露己方的真实意图,多用于对方的问题很难作答、不便作答、不确定答案的情况。比如买方问:"贵公司在价格上能否再优惠一些?"作为卖方,不妨这么回答:"价格方面的优惠关键在于所订购商品的数量以及之前购买的次数,如果是老顾客,当然可以优惠。"这样,既符合礼尚往来的待人接物之礼数,又没有将自己的价格信息完全暴露,还发展了长期客户,树立了企业的良好形象。

⑥悬念式回答。在回答提问者的问题时要留有悬念,不完全回答。如买方直接问商品的

价格时,通常不宜立刻报出价格,否则会使己方变得被动,可如此回答:"我们的商品性价比很高,不会让您失望的,先让我介绍一下我们的产品好吗?"如此一来,既可以将买方的注意力转移到商品的性能上来,又可以不直接回答价格问题。

(2)回答的技巧

①深思熟虑后作答。在谈判中,对对方提出的问题,谈判者一定要在深思熟虑后回答,否则既不能分析、判断出对方的真实用意,又很容易掉进对方设置的圈套。为了使回答问题的结果对己方更有利,一定要在回答问题之前做好准备,构思好问题的答案,给自己留下充分思考的时间。

②准确把握对方提问的真实用意。谈判中,谈判双方每一步举措都有各自的目的,在提出问题时更会包含复杂的动机。如果没有深思熟虑,不搞清楚对方提问的真实动机就按照常规作答,就有可能暴露己方的重要信息,陷自己于不利地位。

③对己方不知道的问题不要随便作答。参加谈判的人员来自各行业,并非每个人都能针对对方提出的任何问题做出合理的回答。尽管在谈判前已经做了充分的准备,然而谈判现场的情况瞬息万变,存在着不可预见性,谈判者切不可为了面子对不懂的问题强作回答,这样不仅可能损害己方的切身利益,而且可能无法挽回自己的面子。

④回答问题要留有余地。在谈判中,并非所有的问题都要仔细作答,应分情况对待:对于应该让对方了解,或者需要表明己方观点的问题,要认真回答;对于那些对己方不利,或不便作答的问题,可以根据情况进行适当回应。

3. 说服

说服,即运用谈判策略使对方改变原有看法,心悦诚服地接受己方的意见。

说服不是欺骗,也不是以强凌弱,而是综合运用"听""问""答""辩""叙"等技巧来让对方改变初衷,接受己方意见。谈判者只有掌握了高明的说服他人的技巧,才能在变幻莫测的谈判中左右逢源,达到自己的既定目标。

说服谈判对手的基本原则是有理、有力、有节。有理,不是以理压人,而是以理服人;有力,是指说服的材料、证据要有力量,而不能轻描淡写;有节,是指不能得理不让人,说服对方时要善于察言观色,做到适可而止。要做到成功地说服对方,不仅要掌握高超的说服技巧,而且要明确说服对方的基本条件。谈判前应做充分的准备,用自己诚恳的态度、才智和情怀来征服对方。

说服他人的技巧在于:

(1)要有良好的动机。说服对方的前提是不损害对方的利益。这就要求说服者的动机端正,要考虑双方的共同利益,更要考虑被说服者的利益要求,以便使被说服者认识到接受说服者的观点不会给自己带来损失,从而在心理上认可对方的观点。否则,即使暂时迫于环境或压力接受了说服者的观点,也会"口服心不服"。

(2)要有真诚的态度。在说服对方时,应尊重对方的人格和观点,站在朋友的角度与对方进行坦诚的交谈。对被说服者来说,同样的语言从朋友嘴里说出来,他认为是善意的,很容易接受;从对立一方的口中说出来,则认为是恶意的,是不能接受的。因此,要说服对方,必须从与对方建立信任做起。

(3)要有良好的开端。谈判者要说服对方,首先必须给人以良好的第一印象,在友好的氛围中探讨问题。一是要善意地提出问题,使对方认识到这是双方存在的争议。为此,说服者不能随心所欲地谈自己的看法,而要周密地思考,提出成熟的建议。二是要有友善的行为,即在说服中待人以礼,晓之以理,动之以情,使对方自愿接受己方的观点。

(4)要有灵活的方式。要说服对方,方式很重要,而不同的人所能接受的方式是不相同的。只有针对不同的人采用不同的方式,才能取得理想的效果。

(5)摸清对方的心理。说服讲究针对性,要站在对方的角度考虑问题,了解对方的真实心理,做到有的放矢,只有这样才能说服对方。如果不顾及对方的需要,一味地把己方的观点强加于对方,不仅无法说服对方,还会引起对方的反感,使谈判无法顺利进行。

(6)寻找共同点。谈判中谈判双方所讨论的是利益上的分歧,说服过程是协调利益平衡的过程,这就说明双方存在共同点。随着谈判的不断深入,可以用双方共同感兴趣的问题作为跳板,因势利导,说服对方。共同点可以从生活、工作或者兴趣、爱好等方面寻找。

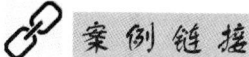

昂贵的灯泡

数十年前,当某公司第一次制造出电灯泡后,该公司的董事长积极策划推销方案,他希望各地的代理商仍一如既往地保持友善态度尽力帮忙,使公司的这项新产品尽快占领市场。

于是,董事长召集各地的代理商开会,在向他们介绍完这项新产品之后,说了这样一段话:"经过多年的苦心研究,本公司终于制造完成了这项对人类有大用途的产品。虽然它还称不上一流产品,只能说是二流产品,但是,我仍然要拜托在座的各位,以一流产品的价格向本公司购买该产品。"

一石激起千层浪,在场的代理商不禁哗然:"董事长怎么会说出这样的话?我们又不是傻瓜,怎么会以一流产品的价格去购买二流产品?他糊涂了吧……"大家满是疑惑。

"各位,我知道你们一定会觉得很奇怪,不过,我仍然要拜托各位。"

"那么,请陈述理由吧!"

"大家都知道,目前全国能制造一流电灯泡的企业只有一家。因此,可以说这个公司垄断了整个市场,即使它任意抬高价格,大家也仍然要去购买,是不是?如果这时有了同样优良的产品,但价格相对便宜,是不是大家的福音?否则大家只能一直处于垄断价格的阴影之下。"

董事长继续侃侃而谈,他打了一个生动的比方:"就拿拳击赛来说吧,毫无疑问,拳王的实力谁也不能忽视!但是,如果没有人和他对擂,拳击赛就无法进行了。因此,必须有一个实力相当、身手矫健的对手来和拳王打擂,这样的拳击赛才精彩,不是吗?"董事长顿了顿,留给大家一小段思考的时间,又接着说:"现在,灯泡制造业就只有一个'拳王'。因此,你们对灯泡业是不会产生任何兴趣的,同时,也赚不了多少钱。如果这个时候再出现一位'拳王',就有了互相竞争的机会。换句话说,把优良的产品以低廉的价格提供给各位,大家一定能得到更多的利润。"

"董事长,您说得不错。可是,目前并没有另外一位'拳王'呀?"

"我想,另一位拳王就由我来充当好了。为什么目前本公司只能制造二流的电灯泡呢?这是因为本公司资金不足,无法在技术上实现突破。如果各位肯帮忙,以一流产品的价格来购买本公司二流的产品,这样本公司就会得到较丰厚的利润。把这笔资金用于改良技术,我相信不久的将来,本公司一定可以制造出一流的产品。这样一来,灯泡制造业就出现了两个'拳王',在彼此的激烈竞争之下,品质必然会提高,毫无疑问,价格也会降低。到了那个时候,对大家均有利。此刻,我只希望你们能帮助我扮演好拳王的对手这个角色,能不断地支持、帮助本公司渡过难关,以一流产品的价格来购买这些二流产品!"

一阵热烈的掌声响起来,经久不息,董事长的解释产生了极大的回响。谈判在愉快而感人的气氛中结束,董事长获得了大家的支持。果然,该公司不负众望,一年后一流的产品出现,那些代理商也得到了令他们满意的报酬。

这是直言说服的力量。董事长抓住了谈判对手利益的要害,晓之以理,动之以情,很有说服力。在这次谈判中,如果董事长不是直言说服,而是采用封闭消息等欺瞒的办法让大家用一流产品的价格去购买二流的产品,也许会有一部分代理商由于不知情而购买,但这样就失去了信誉,实则砸了自己今后的饭碗。

在谈判中,当确认自己的想法对双方均有利、有说服力时,即使是一时逆耳之言,亦不妨直言。

三、陈述的注意事项与技巧

陈述是谈判的必要环节,没有陈述就没有谈判。陈述可以分为开场陈述、谈判中的陈述和总结性陈述等几种。陈述时要把握双方的主题,客观、真实地表达己方立场和目的,并且要注重自己的态度、语气、仪表等。

陈述是一种主动出击的形式,不会受对方谈判内容的影响,所以相比于应答而言更加容易占据优势。因此,熟练掌握与应用陈述的技巧,有助于谈判的顺利进行。

陈述的力量

美国汽车业"三驾马车"之一的克莱斯勒汽车公司拥有近70亿美元的资产,是美国知名的大型制造企业,但进入20世纪70年代该公司屡遭厄运,在1970—1978年的9年中竟有4年亏损,其中1978年的亏损额达2.04亿美元。在此危难之际,艾柯卡出任总经理。为了维持公司最低限度的生产活动,艾柯卡请求政府给予紧急经济援助,提供贷款担保。但这一请求引起了美国社会的轩然大波,社会舆论几乎众口一词:克莱斯勒赶快倒闭吧。按照企业自由竞争原则,政府决不应该给予经济援助。最使艾柯卡感到头痛的是国会为此举行了听证会,那简直就是在接受审判。国会参议员坐在半圆形高出地面八尺的会议桌上俯视着证人,而证人必须抬头仰视询问者。参议员、银行业务委员会主席威廉·普洛斯迈质问他:"如果保证贷款案获得通过的话,那么政府对克莱斯勒将介入更深,这与你长久以来鼓吹得十分动听的主张(指自由企业的竞争)不是自相矛盾吗?"

"你说得一点也不错,"艾柯卡回答说,"我这一辈子一直都是自由企业的拥护者,我是极不情愿来到这里的,但我们目前的处境进退维谷,除非我们能取得联邦政府的某种保证贷款,否则我根本没办法去拯救克莱斯勒。"

他接着说:"我这不是在说谎,其实在座的参议员们都比我还清楚,克莱斯勒的保证贷款案并非首开先例。事实上,你们的账册上目前已有了4090亿美元的保证贷款,因此务请你们通融一下,不要到此为止。请你们也全力为克莱斯勒争取4100万美元的贷款吧,因为克莱斯勒是美国知名的大型制造企业,它关系到60万人的工作机会。"

艾柯卡随后指出日本汽车公司正乘虚而入,如果克莱斯勒倒闭了,它的几十万职员就得成为日本汽车公司的佣工。根据财政部的调查材料,如果克莱斯勒倒闭的话,国家在第一年就得为所有失业人口花费27亿美元的保险金和福利金。所以他向国会议员们说:"各位眼前有个选择,愿意现在就付出27亿美元呢,还是将它的一半作为保证贷款,日后全数收回?"持反对意见的国会议员无言以对,贷款终获通过。

案例中克莱斯勒汽车公司向美国政府申请贷款,违反了美国一直尊崇的自由市场原则。在回答完参议员的问题后,艾柯卡开始向政府陈述申请贷款的理由:一是政府如果不给予公司贷款,那么60万公司员工可能失业。二是公司倒闭后,失业员工有可能会成为日本汽车公司的佣工,造成人才流失,政府也必须支付保险金和福利金。在听完艾柯卡的叙述后,政府最终同意了贷款申请。可见掌握陈述的技巧,很可能会扭转谈判的结果。

1. 陈述的注意事项

(1)观点要准确。准确的观点是谈判的基础。观点若是前后不一致,易给对方留下破绽。所以,在陈述之前就要理清思路,避免失去主动权。

(2)客观、真实。商务谈判中,在陈述基本事实时,应本着客观、真实的态度,既不要夸大,又不要缩小,以使对方信任己方。夸大或缩小事实,如果被对方发现,会降低己方的信誉,从而使己方的谈判实力大为削弱,再想重新调整,已是悔之不及。

(3)阐述主次分明、层次清楚、切合主题。在阐述过程中,要层次分明,切合谈判的主题,要表明意图,让对方清晰地知道己方陈述的是什么,切忌条理不清,前后颠倒。

2. 陈述的技巧

(1)谈判双方可以从具体议题入手,谈判一开始就确定谈判议题和议程,根据议题和议程按部就班地进行谈判。

(2)在谈判过程中也可以抢先陈述,在对方陈述之前先发制人,充分表明己方立场和底线,让对方在提问时尽量不要触及底线,以保持谈判的和谐氛围。

第三节 无声语言技巧

在商务谈判中,无声语言是谈判双方语言交流之外互相传递信息和获取信息的重要途径,这就要求谈判人员不但要字斟句酌地和对方进行语言交流,而且要仔细观察对方的神情、动作等无声语言表达出来的含义,以挖掘对方语言交流背后的信息。谈判者通过动作、眼神、表情等来表达的无声语言,往往在谈判过程中发挥重要的作用。商务谈判中,在有些特殊的环境里,有时需要沉默,就像得体的有声语言一样,可以取得意想不到的良好效果。

一、无声语言的作用

1. 代替作用

人的无声语言可以表达出语言难以表达的思想感情、意图等。在复杂多变的谈判过程中,语言有时候不便或不能准确表达出谈判者的真实意思,而此时无声语言的运用则能取得明显的效果。一个微笑、一个眼神、一个动作都可以使对方心领神会,可谓"无声胜有声"。

2. 补充作用

无声语言可以丰富有声语言所要表达的内容。对于有声语言要表达的内容,无声语言可以起到一定的辅助表达、加重语气等作用。比如,会心的微笑表示同意,握紧拳头表示下定决心等。

3. 调节作用

由于谈判环境的不断变化,谈判人员可能遭遇不同的困难,难免会产生心理的不适。这时,通过无声语言的调节可以弥补语言沟通上的不足,避免谈判人员的窘迫感,使谈判人员较快地恢复正常。

4. 暗示作用

谈判过程中,谈判人员若想转变某一态度,或者不习惯对方的某些讲话态度等,而又不方便直接用语言表达,就可以通过表情或动作给对方以强烈的暗示,而不会令对方反感。

二、无声语言的应用

无声语言在谈判中主要起辅助作用。它的使用往往含有强烈的暗示性,其表达的内容也比具体语言所表达的内容多得多。对无声语言的认知,是无声语言观察和运用的基础。无声语言的认知是一个过程,它需要谈判者在日常谈判中逐渐积累和领悟。眼睛是心灵的窗户,眼睛所能传递的信息十分丰富,好的谈判者可以通过眼神判断对方的所思所想。例如,如果对方的视线经常停留在己方的脸上或是经常与己方对视,这就说明对方对于谈判内容十分感兴趣,谈判最终成交的可能性较大。反之,如果对方的目光一直在躲闪或是时不时看表,这就说明对方已经失去耐心或是不想再将谈判进行下去,这时候,谈判者就要采取适当的策略扭转局面。如果谈判者不能做到察言观色、灵机应变,在对方早已失去谈判热情的时候还是一再阐述对方不感兴趣的内容,那么谈判只会以失败告终。

无声语言是一个人向外界传递信息的途径,它可以是有意为之的,也可以是无意为之或是个人的习惯。谈判者无意之间的动作可能会直接决定谈判的成败。谈判者需要在日常生活中养成良好的习惯,在谈判过程中沉着冷静,不因紧张等心理因素做出一些人为控制之外的举动而给谈判造成不好的影响。比如,在倾听的时候,谈判者要注视对方,不能过分随意,坐姿要端正,不可在对方阐述的时候用手对他人指指点点或是与同伴窃窃私语,这样的行为会让对方感到不自在,同时也是对他人的不尊重。适当使用无声语言是谈判者的必备技能之一。例如,如果己方在谈判过程中占据了相对的主动地位,那么,在对方提出要求的时候,己方谈判者就可以采取一些深思熟虑的无声语言技巧,譬如将眼镜摘下或是一手托腮,手掌撑住下巴做出沉思状。这些细节既给谈判者提供了思考的时间,又会让对方重新慎重考虑刚刚提出的要求或是直接示弱,做出让步。

无声语言通常是一个人下意识的举动,能更直观、迅速地暴露对方最真实或更深层次的想法。它很少具有欺骗性。因为肢体动作表达情绪时,人们多半并不自知。在某种特殊情况下,无声语言甚至可以表达出有声语言难以表达的思想感情。因此,从无声语言的角度,谈判者可以分析和判断对方的心理变化,并根据这些变化有意识地调整谈判的方式和策略,使得谈判朝对己方有利的方向发展。

商务谈判中,常见的无声语言包括谈判人员的手势、面部表情、体态等。手部无声语言是商务谈判中使用频率较高、运用范围较广的一种无声语言。比如双手交叉表示不耐烦;扭绞双手表示紧张、不安或害怕。在商务谈判中,如果谈判人员能够注意到这些细节动作并采取必要的措施,就能更好地达到自己的意图。

1. 常见的无声语言

(1)老朋友相遇的时候,有的人会微微扬一下头,抬抬眉,表示和老朋友打招呼。

(2)有时人们会用自己的下巴指点方向。

(3)许多情况下,当一个人的头部左右轻轻摇摆的时候,可能具有不确定、犹豫不决等含义。

（4）谈话时，对方头部保持中正，有时微微点头，表示对方对己方所讲的内容有少许兴趣；如果对方把头侧向一边，很认真地在听，则说明对方对己方所讲的内容很感兴趣；如果对方把头垂下或者左顾右盼，给人精力不集中的感觉，则表明对方对己方所讲的内容不感兴趣。

（5）如果对方"眉开眼笑"，说明谈判进行得很顺利；如果对方"双眉紧锁"，表示对方在担心某些问题；如果对方"横眉冷对"，表明对方可能认为己方的说话方式太不客气或者己方的要求、条件太过苛刻等，很是生气，此时己方一定要认真反思自己的行为，改变说话方式或变换条件等，使对方的情绪冷静下来，使谈判能顺利进行。

（6）谈判中，如果谈判者过多地扫视对方，会让对方感觉心不在焉，对所谈问题不感兴趣；如果过多地侧视对方，则会给对方以轻蔑的感觉，不利于营造良好的谈判气氛。

（7）谈判中，如果谈判一方的谈判人员闭眼时间很长，会给对方孤傲的感觉；如果在闭眼的同时伴有双臂交叉、仰头等动作，会给对方目中无人的感觉，不利于谈判的进行。

（8）如果谈判者摘下眼镜，轻揉眼睛或者擦镜片，可能在暗示对方自己精神疲劳或对争论不休的老问题感到厌倦等。

（9）如果谈判者一方在对方讲话时慢慢打开笔记本，表示关注对方讲话；如果是快速打开笔记本，则表明发现了重要问题。

（10）当人们做出耸肩的动作时，意思可能是漠不关心、疑惑或无可奈何等。

（11）如果对方张开腿而坐，表明他很自信；如果对方在讲话时跷起二郎腿并抖动，则说明他认为自己已稳操胜券。

（12）如果对方架腿而坐，这是一种无意识的拒绝对方的动作；如果对方不断地变换架腿的姿势，则表明情绪焦躁、不耐烦等。

（13）如果对方不停地吸烟，表示烦恼；如果对方深吸一口烟，则可能是要准备反击。

（14）如果对方将烟向上吐出，则表示自信、傲慢等；向下吐烟，则表示沮丧、犹豫等。

2. 使用无声语言的注意事项

英国心理学家阿盖伊尔等人的研究表明，当语言与非语言信号所代表的意义不一样时，人们更愿意相信的是非语言信号所代表的意义。故我们应该合理、适当地运用无声语言。

（1）谈判人员应该在商务谈判前做好准备，对谈判对方的企业文化和人员构成有所了解，避免因文化和风俗习惯差异造成对谈判局势的不利影响。比如中国人习惯的饭局谈判，一边吃饭一边达成合作，可能在西方就不太适用，因为西方人的工作时间和私人时间泾渭分明，互不影响。

（2）谈判人员在谈判时应该注意自身的无声语言，尽量避免一些无意识的肢体动作或是个人不好的小动作，比如转笔、抠手指、抖腿等行为都是不礼貌的，不应该出现在商务谈判的场合。

（3）谈判人员可以用无声语言辅助表达己方的意愿，使自己的观点能够更加具体、完善地表达。无声语言在谈判桌上可以表达更微妙、更直接的信息和内涵。甚至在某些情况下，当谈判双方有沟通障碍时，肢体语言反而能更准确地表达意思。比如说很多景点路边的小摊、小贩不懂英语，但当他们看到外国游客好奇驻足并注视时，会自然而然地用表情、动作表示好味道，用手势表示价格。

（4）谈判人员可以在谈判过程中以无声语言表示自己接收到了对方的讯息，如点头表示对对方表达的认可和合作意愿；眉毛耸起表示对谈判对方表达的不同意或不理解；资料整理和收稿动作表示谈判的终止与结束。当谈判出现僵局或者不和谐现象时,也可以通过无声语言对气氛进行调节,比如友善的微笑和真诚的眼神。

三、微表情在商务谈判中的运用

微表情是心理应激反应的一部分,它从人类本能出发,不受思想的控制,是一种人类在试图隐藏某种情感时无意识做出的、短暂的面部表情。微表情通常会在人们经历得失、情势危急的时候出现。跟普通的面部表情不同的是,微表情很少能够装出来。微表情能够完全反映出人类共有的厌恶、愤怒、恐惧、悲伤、幸福、惊讶以及轻蔑这七种情绪特征。在商务谈判中,微表情作为一种言语交际中的语用策略,也发挥着重要作用。

1. 微表情的特点

(1)外露性强。一般地说,人们的思想、情感通过微表情来表现,都是很直截了当的,能被轻易察觉。

(2)复杂丰富。微表情所包含的信息是十分复杂和丰富的,且并未通过语言或者肢体传达,只能通过经验来判断。

(3)真实性高。由于微表情是人们下意识的应激反应,产生于潜意识层,一般代表谈话方的真实想法和感受。

2. 微表情在谈判中的作用

(1)掌握谈判的主动权。在商务谈判中,如果想准确知道谈判对手的一些真实想法,捕捉到的一些微表情可以助你一臂之力。

(2)识破对方底线。观察对方的动作、神态、微表情,识破对方底线,这既是对自己的一种保护,又是知己知彼、百战不殆的一个途径。

(3)有助于恰当地表达和掩饰己方的心理。

(4)有助于己方在谈判中顺利达到预期的目的。

3. 谈判中常见的微表情

(1)喜欢眨眼:代表心胸狭隘,不可太信任。与这样的谈判人员交涉或有事请托时,最好直截了当地说明。

(2)习惯盯着别人看:代表警戒心很强,不容易表露内心情感。面对这样的谈判人员,应避免出现过度热情的言语。

(3)瞳孔缩小、神情呆滞、目光无神、愁眉紧锁表示谈判对手处于消极、戒备或愤怒的状态。

(4)谈判中戴有色眼镜常被认为是一种手段或是性格上不忠诚的表现。实验证明,瞳孔所传达的信息是无法用人的意志来控制的。现代的企业家、政治家或职业赌徒为了防止对方观察到自己瞳孔的变化,往往喜欢戴上有色眼镜。如果谈判桌上坐着戴有色眼镜的人,应加以提防,因为他可能很有经验。

4. 微表情在商务谈判中的应用

在谈判中察言观色是很重要的,可以帮助己方获得对方的信息。微表情所传递的信息一般来说是真实可信的。不过,不同的民族、地区、文化背景及个人修养的谈判人员,其所传达的信息含义是不同的,应在具体环境下区别对待。另外,在观察对方的微表情时,不能只从某一个孤立的、静止的微表情去判断,而应观察其连续的、一系列的动作,结合其讲话时的语言、语调等进行综合分析,这样才能得出比较真实、全面、可信的结论。

本章小结

本章主要讲述了商务谈判的语言技巧,分为有声语言技巧和无声语言技巧。

商务谈判以获得经济利益为目的,以价值谈判为核心,以语言沟通为载体。按语言的表达方式不同,商务谈判语言可分为有声语言和无声语言两种类型。有声语言又包括外交语言、商务法律语言、文学语言和军事语言,熟练掌握各类语言有助于更好地运用语言技巧。语言技巧在商务谈判中起着十分重要的作用,它是商务谈判成功的必要条件,是阐述己方观点的有效工具,是处理谈判双方人际关系的关键。正确运用语言技巧要遵循客观性、准确性、针对性、规范性、逻辑性、应变性等原则。

在谈判过程中,有声语言占谈判语言的大部分,所以掌握有声语言的听、辩、问、答与陈述技巧是十分重要的。倾听的技巧在于:集中精力地听、耐心地听、有选择地听等。辩论的技巧在于:尊重事实,掌握大的原则,不纠缠小的枝节,适可而止,切忌喋喋不休等。提问的技巧在于:提前准备问题、提问态度要诚恳、把握提问的时机等。回答的技巧在于:深思熟虑后作答、准确把握对方提问的真实用意、对己方不知道的问题不要随便作答、回答问题留有余地等。陈述的技巧在于:迂回入题,先发制人等。

谈判中的说服是运用谈判策略,使对方改变原有看法,心悦诚服地接受己方的意见。说服的技巧在于:要有良好的动机、要有真诚的态度、要有良好的开端、要有灵活的方式、摸清对方的心理、寻找共同点等。

无声语言是谈判双方语言交流之外互相传递信息和获取信息的重要途径。无声语言有代替作用、补充作用、调节作用和暗示作用。另外,微表情是一种人类在试图隐藏某种情感时无意识做出的、短暂的面部表情。巧用微表情,谈判者可以在谈判过程中发现更多有用的信息,使自己处于有利地位。

专有名词

有声语言(Audio Language)

无声语言(Silent Language)

语言技巧(Language Skills)

客观性(Objectivity)

准确性(Accuracy)

针对性(Pertinence)

逻辑性(Logicality)

 **思考题**

1. 商务谈判的语言有哪几种类型?
2. 简述语言技巧在商务谈判中的重要性。
3. 简述运用商务谈判语言的基本原则。
4. 如何做到"倾听""巧问""善辩"和"妙答"?
5. 无声语言有哪几种?怎样领会对方使用的无声语言?

 案例讨论

中印项目谈判的语言运用

中国某公司与印度某公司就某一投资项目进行谈判。期间,双方对财务账目中反映的资产总值有分歧。

印方:贵方的财务报表有模糊之处。

中方:贵方可以核查。

印方:核查也难,因为被查的依据本身就不可靠。

中方:贵方不应空口讲话,应有凭据证明查账依据不可靠。

印方:所有财务账目均系贵方所制,我方无法一一核查。

中方:贵方可以请信得过的中国机构协助核查。

印方:目前尚未找到可以信任的中国机构帮助核查。

中方:那贵方的断言只能是主观的、不令人信服的。

印方:虽然我方没有法律上的证据证明贵方账面数字不合理,但我方有经验,贵方现有资产的价值低于账面价值。

中方:尊敬的先生,我方承认经验的宝贵,但财务数据不是经验,而是事实。如果贵方有诚意合作,我方愿意配合贵方查账,可到现场一一核对物与账。

印方:不必贵方做这么多工作,请贵方自己纠正后再谈。

中方:贵方不想讲理?我方奉陪!

印方:不是我方不想讲理,而是与贵方的账没法说理。

中方:贵方是什么意思?我方没听明白。

印方:请原谅我方的直率,我方认为贵方欲利用账面值来提高贵方所占股份。

中方:感谢贵方终于说出了真心话,给我方指明了思考方向。

印方:贵方应理解投资者的顾虑,尤其像我方这样愿与贵方诚心合作的公司。若让我方感到贵方账目有虚占股份之嫌,会使我方难以继续谈判,还会产生不愉快的感觉。

中方:我方理解贵方的顾虑。但在贵方的疑虑面前,我方不能只申辩这不是"老虎账",愿听贵方有关"安心"的要求。

印方:通过与贵方的谈判,深感贵方代表人品良好,但账面总值的问题不可小觑,不得不请贵方考虑修改,当然,或许这会给贵方带来麻烦。

中方:为了合作,为了让贵方安心,我方可以考虑账面总值核实的问题,至于怎么做账是我方的事。如果没有理解错的话,我们双方将就中方现有资产的作价进行谈判。

印方:是的。

问题:

1. 上述谈判中,双方运用了哪些语言技巧?
2. 双方在语言的运用方面有何不妥之处?
3. 如果你是印方或中方代表,会怎么谈?

第六章　商务谈判的策略

学习目标

1. 熟练掌握谈判过程中所要采取的不同应对策略。
2. 理解商务谈判策略的定义及应用程序、原则。
3. 熟悉不同对手的谈判风格及应对策略。
4. 熟悉"声东击西""借刀杀人"策略的实施和破解。

案例导入

商务谈判的开局

日本有一家著名的汽车公司在美国刚刚"登陆"时,急需找一家美国代理商来为其销售产品,以弥补其不了解美国市场的缺陷。当日本汽车公司准备与美国的一家公司就此问题进行谈判时,日本汽车公司的谈判代表因路上堵车迟到了。美国公司的代表紧紧抓住这件事不放,想要以此为手段获取更多的优惠条件。日本汽车公司的代表发现无路可退,于是站起来说:"我们十分抱歉耽误了你们的时间,但是这绝非我们的本意。我们对美国的交通状况了解不足,所以导致了这个不愉快的结果。希望我们不要再为这个问题浪费宝贵的时间了,如果你们因为这件事怀疑我们合作的诚意,那么,我们只好结束这次谈判。我认为,我们所提出的代理条件十分优惠,是不会在美国找不到合作伙伴的。"

日本代表的一席话说得美国代表哑口无言,美国人不想失去这次赚钱的机会,于是谈判顺利地进行了下去。

第一节　商务谈判策略概述

一、商务谈判策略的含义及特点

1. 商务谈判策略的含义

策略通常是指为了实现既定的目标而采取的特定方法和措施,但迄今为止,学术界对商务谈判策略还没有一个统一的定义。本书把商务谈判策略定义为:在商务谈判中,谈判者为了达到既定的目标,根据谈判情况所采取的特定的计策和谋略。

可以从以下方面理解商务谈判策略:

(1)商务谈判策略是谈判者经验的总结和归纳。

(2)商务谈判策略是谈判者在实际商务谈判中灵活运用知识和经验寻求双方利益平衡、解决实际问题的方法。

(3)商务谈判策略是谈判者为达到既定目标而采取的单方面的行动,是针对谈判预期效果采取的进攻或防卫策略。

2. 商务谈判策略的特点

虽说谈判过程复杂多变,谈判人员运用的谈判策略也是变换不定,但是成功的谈判策略总是具有某些相似的特点:

(1)不确定性。在举行商务谈判前,谈判人员都会精心准备计划方案。但是,实际谈判中,很少会有谈判进程完全按己方的预期进行,即商务谈判策略的运用具有不确定性,这就会使事先制定的谈判策略无用武之地。在这种情况下,谈判者必须根据谈判的局势,结合已有的经验随机应变,采取适当的策略来解决实际的问题。根据谈判过程的具体情况改变策略,并不表示会彻底推翻事前制定的目标,谈判策略都是要服从谈判目标的。谈判中唯一确定的就是它的不确定性,谈判人员一定要牢记——"敌变我变,以不变应万变"。

(2)针对性。商务谈判中,谈判双方是为了满足某种需要才会坐到一起来交流、沟通和协商。任何谈判策略的制定都具有明显的针对性,它必然是针对谈判过程中的具体情形而采取的谋略和一系列举措。

在商务谈判中,谈判人员一般主要针对商务谈判的目标、手段及对方可能采取的谈判策略来制定己方的应对策略。有效的商务谈判策略必须有的放矢、对症下药。谈判中,卖方为了卖个高价钱,一般都会采取"筑高台"的策略,实施"喊价要高"的战术;相反,买方就会采取"吹毛求疵"的策略,实施"还价要低"的战术予以回应。策略与反策略的运用,是商务谈判策略针对性最明显的体现。

(3)时效性。几乎所有的商务谈判都具有时效性。一定的策略只能在一定的时间内产生效用或效用最大化,超过这一特定的时间,商务谈判策略的针对性就会发生变化。

商务谈判策略的时效性表现在:

①在特定的环境中使用才会有预期的效果。这与商务谈判的针对性是一致的。

②某种策略适合在商务谈判过程中的某个阶段使用。通常,疲劳战术比较适合远道而来的谈判者,或在谈判进程的初期或签约阶段使用。

③在特定的时间或时刻之前使用。如最后通牒策略规定了具体的日期和时刻,在相应的时间之前使用才有效。

(4)隐蔽性。商务谈判策略一般只为己方知晓,而且要尽可能地保密。制定商务谈判策略的目的是使对方能够按照己方的思路走,扰乱对方的判断,使对方做出有利于己方的决策。因此,商务谈判策略的应用具有很强的隐蔽性,严防被对方识破。

隐匿己方策略的目的是预防对方使用反策略。在商务谈判中,若己方的策略让对方了如指掌,对方就会对症下药,应对自如,陷己方于不利的地位。这就要求谈判人员主动出击,将策略实施于无形之中。

(5)预谋性。商务谈判策略集中体现了谈判者的智慧和谋略。在谈判中,策略的运用绝不是盲目的,都是有预谋的。无论遇到何种情况,出现什么样的复杂局面,选择和使用哪种应对策略,谈判人员事先都会进行商讨和筹划。策略的产生过程就是策略的预谋过程。

商务谈判策略的预谋性,既反映了谈判人员对主、客观形势的分析、评估和判断,又在一定程度上检验了谈判调查情况的真实性和准确性。如果事先没有筹划应对的策略,就会在谈判过程中处处被动,没有还手之力。

(6)组合性。商务谈判过程复杂多变,任何谈判者都不会只用某一种谈判策略,而是将多种商务谈判策略联合使用,针对谈判中的同一目标采取不同的策略组合,或是针对谈判的进程选择一组谈判策略一一使用。灵活地运用谈判策略,配备不同的谈判策略组合,是取得商务谈判胜利的关键。

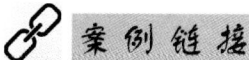

一场关于农机设备的谈判

中国某公司与日本某公司在上海著名的某国际大厦围绕进口农业加工机械设备进行了一场别开生面的谈判。

谈判一开局,按照国际惯例,首先由卖方报价。首次报价为1000万日元。这一报价比实际卖价高出许多。日方之所以这样做,是因为他们以前的确卖过这个价格。如果中方不了解谈判当时的国际行情,就会以此作为谈判的基础,那么,日方就可能获得厚利;如果中方不接受,日方也能自圆其说,可谓进可攻、退可守。由于中方事前摸清了国际行情的变化,深知日方是在放"试探气球",于是直截了当地指出:这个报价不能作为谈判的基础。日方对中方如此果断地拒绝了这个报价而感到震惊。他们分析,中方可能对国际市场行情的变化有所了解,因而己方的目标恐难实现。于是日方便转移话题,介绍起产品的特点及其优良的质量,以求采取迂回前进的方法来支持己方的报价。这种做法既回避了正面被点破的危险,又宣传了自己的产品,还说明了报价偏高的理由,可谓一石三鸟,潜移默化地推进了己方的谈判方案。但中方一眼就看穿了对方在唱"空城计"。

因为在谈判之前,中方不仅摸清了国际行情,而且研究了日方产品的性能、质量、特点以及其他同类产品的有关情况。于是中方运用"明知故问,暗含回击"的发问艺术,不动声色地说:"不知贵国生产此种产品的公司有几家? 贵公司的产品优于A国、C国公司产品的依据是什么?"此问貌似请教,实则向对方指出两点:其一,中方非常了解所有此类产品的有关情况;其二,此类产品绝非你一家独有,中方是有选择权的。中方点到为止的问话彻底摧毁了对方"筑高台"的企图。中方话未完,日方就领会了其中含义,顿时陷入答也不是、不答也不是的境地。但他们毕竟是生意场上的老手,其主谈人为避免难堪的局面借故离席,副主谈也装作找材料,埋头不语。过了一会儿,日方主谈人神色自若地回到桌前,因为他已利用离席的这段时间想好了应付这一局面的对策。果然,他一到谈判桌前就问他的助手:"这个报价是什么时候定的?"他的助手早有准备,对此问话自然心领神会,便不假思索地答道:"以前定的。"于是日方主谈人笑着解释说:"唔,时间太久了,不知这个价格有否变动,我们只好回去请示总经理了。"老练的日方主谈人运用"踢皮球"战略找到了退路。中方主谈人自然深谙谈判场上的这一手段,便采取了化解僵局的"给台阶"方法,主动提出"休会",给双方以让步的余地。中方深知此轮谈判不会再有什么结果了,如果紧迫,可能导致谈判的失败,而这是中日双方都不愿看到的结局。

此轮谈判,从日方的角度看,不过是放了一个"试探气球"。因此,凭此取胜是侥幸的,而"告吹"则是必然的。因为对交易谈判来说,很少有在开局的第一次报价中就获成功的。日方在这轮谈判中试探了中方的虚实,摸清了中方的态度,同时也了解了中方主谈人的谈判能力和风格。从中方角度来说,在谈判的开局就成功地抵制了对方的"筑高台"手段,并加深了对对方的了解,增强了谈判成功的信心。从这一意义上看,首轮谈判对双方来说都是成功的,而不是失败的。

第二轮谈判开始后,双方首先漫谈了一阵,调节了情绪,融洽了感情,营造了有利于谈判的友好气氛。之后,日方再次报价:"我们请示了总经理,又核实了一下成本,同意削价100万日元。"同时,他们夸张地表示,这个削价的幅度是不小的,要中方"还盘"。中方认为日方削价的幅度虽不小,但离中方的要价仍有较大距离,马上还盘还很困难。因为"还盘"就是向对方表明己方可以接受对方的报价。在弄不清对方的报价离实际卖价的"水分"有多大时就轻易"还盘",往往会造成被动,高了己方吃亏,低了可能刺激对方。"还盘"多少才是适当的,中方一时还拿不准。为了慎重起见,中方一边电话联系,再次核实该产品在国际市场的最新价格,一边对日方的二次报价进行分析。

中方分析,对于这个价格,虽日方表明是总经理批准的,但根据情况看,此次降价是谈判者自行决定的。由此可见,日方报价中所含水分仍然不小,弹性很大。基于此,中方确定"还盘"价格为750万日元。日方立即回绝,认为这个价格很难成交。中方坚持与日方探讨了几次,但没有结果。鉴于讨价还价的高潮已经过去,中方认为谈判的"时机已经到了",该是展示自己实力、运用谈判技巧的时候了。于是,中方主谈人使用了具有决定意义的一招,郑重向对方指出:"这次引进,我们从几家公司中选中了贵公司,这可以说明我们成交的诚意。此价虽比贵公司销往C国的价格低一点,但由于运往上海口岸比运往C国的费用低,利润并没有减少。另一点,诸位也知道我国有关部门的外汇政策规定,这笔生意允许我们使用的外汇只有这些。要增加,需再审批。如果这样,那就只好等下去,改日再谈。"

这是一种欲擒故纵的谈判方法,旨在向对方表示己方对该谈判已失去兴趣,以迫使其做出让步。但中方觉得这一招的分量还不够,又使用了类似"竞卖会"的高招,把对方推向了一个与"第三者竞争"的境地。中方主谈人恰到好处地向对方泄露:"A国、C国还等着我们的邀请。"说到这里,中方主谈人把一直捏在手里的王牌摊了出来,将中国外汇使用批文和A国、C国的电传递给了日方主谈人。日方见后大为惊讶,他们坚持继续讨价还价的决心被摧毁了,陷入必须"竞卖"的困境:要么压价握手成交,要么谈判就此告吹。日方一时举棋不定,握手成交吧,利润不大,有失所望;告吹回国吧,跋山涉水,兴师动众,花费了不少的人力、物力和财力,最后空手而归,不好向公司交代。这时,中方主谈人便运用心理学知识,根据"自我防卫机制"的文饰心理,称赞日方此次谈判的代表的确精明强干,但中方只能因此选择A国或C国的产品了。

日方掂量再三,还是认为成交可以获利,告吹只能赔本。这正如本杰明·富兰克林的观点所表明的那样,"最好是尽自己的交易地位所能许可来做成最好的交易。最坏的结局,则是由于过于贪婪,结果本来对双方都有利的交易根本没有能成交"。

二、商务谈判策略的重要性

谈判双方的关系是既合作又竞争,双方都会尽力追求自身利益的最大化,都会尽力在谈判中争取主动地位,这就凸显了商务谈判策略的重要性。其重要性体现在:

1. 商务谈判策略是实现谈判目标的桥梁

谈判双方因为彼此的需要而坐在同一谈判桌前,然而双方又是有利益差别的,要缩小这种差别,缩短实现目标的距离,就需要以谈判策略为桥梁进行沟通。策略本身可以促进或阻碍谈判的进程,即运用得当的策略可以促进交易的快速达成;运用不当的策略会在很大程度上起副作用,延缓或阻碍目标的实现。

2. 商务谈判策略是在谈判中扬长避短的有力工具

谈判双方都希望通过谈判实现各自的既定目标,这就要求他们运用谈判策略去分析双方的优势和劣势,对比双方实力,然后根据实际情况扬长避短,最大限度地发挥自己的优势,最大限度地避开自己的不足,争取最好的结局。

3. 商务谈判策略的运用有利于实现双方的友好合作

谈判不是一场比赛,不要求决出胜负;也不是一场战争,要将对方消灭。它是一项互惠的合作活动。在谈判中需要正确、灵活地运用商务谈判策略,以避免冲突,协调好双方的利益,加强合作,应既坚持各自的利益目标,又进行适当的妥协,真正促进双方的友好合作关系,达到互利互惠。

4. 商务谈判策略具有调节和稳舵的作用

在商务谈判过程中,为了缓和紧张的气氛,增进彼此的了解,谈判者都会选用一定的策略来充当"润滑剂"。比如,主场谈判的谈判者都会在开局阶段讨论一些中性的话题来调节气氛,彼此问候;当谈判偏离主题时,会借用适当的策略回到正题,避免偏离大的方向。如果谈判方向掌握不好,就达不到谈判的目的,既耽误时间又浪费精力。

5. 商务谈判策略具有引导功能

商务谈判的各方因为利益关系走到一起进行谈判,表面上看都是为了各自的利益而彼此对立,实际上仔细分析后就会发现他们又是彼此需要的。如果双方最终没能谈拢,对谁都没有好处,所以他们多会齐心协力,增强抗击外界风险的能力,同舟共济,共享利益。把蛋糕做大了,分蛋糕的人得到的实惠就会更多。高明的谈判者在商务谈判过程中经常会借助各种策略,引导、提醒对方"识大局、顾大体",大家是"同一条船上的人",彼此应该在坚持己方目标利益的前提下,共同努力,把船划向成功的彼岸。所以,商务谈判策略被理解为谈判顺利进行的航标和渡船。

三、实施商务谈判策略须遵循的原则

商务谈判内容的广泛性和复杂性决定了谈判策略的多样性。在实际谈判过程中,如何选择和采用适当的谈判策略?要遵循制定和运用商务谈判策略的基本原则。在商务谈判中,谈判人员要注意当前利益和长远利益的结合,做到立足当前,着眼未来。一般来说,实施谈判策略要遵循以下原则:

1. 共同利益原则

制定谈判策略的主要目的是能够从谈判中获取自己的利益,即满足特定的需要和欲望。但谈判人员不能一味地只追求自己的利益,还要考虑到对方的感受,注重双方的利益,才能最终达成协议。

注重共同利益,要求谈判人员首先弄清楚对方的利益所在,然而利益往往都是隐匿在自身立场之后,处于较深层次,不会轻易暴露给对方,这就要求谈判者透过现象看本质。谈判者可以从以下角度去分析对方的利益:设身处地地站在对方的立场上分析问题,探究对方利益的构成;分析对方利益的多重性;注意对方除经济利益外其他方面的利益。

2. 有理、有利、有节的原则

商务谈判是谈判双方不断磋商,相互妥协,解决分歧,以求最终达成协议的过程,此协议一般是双方都能接受且均能获益的。

在谈判过程中,讲究谈判的"艺术性",应力求做到有理、有利、有节。"有理",是指在协商中,无论提的建议还是意见都要掌握充分的材料,具有充分的说明性理由,而不是凭空的臆测,

空洞的说教;"有利",是指谈判人员要充分利用在谈判过程中对自己有利的各方面因素;"有节",则是指谈判人员在涉及有争议的问题时,要综合考虑各种因素,掌握谈判的分寸与火候,适可而止。

3. 对事不对人原则

在谈判中,谈判者一定要把对谈判对手的态度和所讨论的问题分开,不然,很有可能酿成严重的后果。谈判的主体是人,这就难免在谈判中受到个人感情、价值观、性格等方面的影响。一方面,若双方在谈判中能建立起相互信任、理解、尊重的友好关系,就能使谈判有效、顺利地进行下去;另一方面,如果双方都意气用事,互相猜忌、指责、抱怨,充满敌意,就会阻碍谈判的进行,甚至导致谈判的失败。

4. 灵活变更的原则

谈判桌上的形势瞬息万变,而且双方谈判人员运用的攻防策略形式多样、变化多端,这就要求谈判人员在谈判中反应灵活、敏于应变、足智多谋,要根据现场具体情势做到"魔高一尺,道高一丈"。

四、商务谈判策略的分类

深入地了解商务谈判策略的类型,有助于商务谈判人员更为合理地选用针对性更强的策略。不同的商务谈判策略具有不同的特点和作用,谈判桌上的策略多种多样,如何进行分类则是"仁者见仁,智者见智"。综合国内外不同学者的观点,可把商务谈判策略进行如下分类:

1. 个人策略和团体策略

国际发展法学院教授拉塞尔·B.萨闪认为,根据谈判人员组成规模的不同,可将谈判策略分为个人策略和团体策略。

个人策略是指单个谈判者在面对面谈判时所运用的策略。拉塞尔教授认为,谈判归根结底是一项涉及交换意见、说服对方和解决问题的个人活动。谈判者只有首先提高自己的能力,才能更好地在谈判中发挥作用,为自己所属的组织服务。个人在与对方进行谈判时,需要细致分析形势,选用相关策略予以应对,如僵局策略、情绪策略等。

团体策略是指在进行集体谈判时所选用的策略。无论是大型谈判还是小型谈判,团体都代表的是集体的利益。与单个谈判相比,团体谈判需要配备更多的专业人员,需要将整体任务和职责分配给各个成员。团体策略除了包含个人策略外,还涉及文化策略、意见交换渠道策略等。

2. 常规策略、迂回策略、强硬策略、顺水推舟策略及主动退让策略

按谈判者的心理倾向来划分,谈判策略可分为以下五类:

(1)常规策略,是以谈判者过去所积累的经验为基础,表现为以循规蹈矩的方式来处理有关谈判。这种策略主要针对老客户,适用于交易条件趋于固定的商务谈判,不适用于与新客户谈判或情况复杂多变的谈判。

(2)迂回策略,是指在谈判中并不直接提及自己所关心的重点、利益,或者是不急于与对方谈判,而是采取其他方式切入主题,通过迂回的方式接近对方。漫长的迂回道路常常是达到目的的最短途径。

(3)强硬策略,是指在谈判中,谈判人员采用对抗、强硬的方式给对方施加压力,以占据谈判的主动,实现预期目标的谈判方式。这种策略很少被谈判人员使用,因为它往往会带来负面作用,严重阻碍谈判的顺利进行。谈判人员要结合现场情况,经过深思熟虑方能运用此种方式,而且还要准备相关方案以预防不测,进行补救。这种策略常用于己方确认对方确实是无理纠缠,使己方无路可退的情况。

案例链接

强硬谈判者的"软肋"

我国K公司与法国G公司就计算机制造技术的交易在北京进行谈判。G公司主谈杜诺先生的态度非常强硬,而且不太尊重K公司主谈邢先生,将邢先生的说理和友善的态度全然不当回事,意思是:就这条件,同意就签合同,不同意就散伙。邢先生设计了一个方案:让助手继续与杜诺先生谈判,把参与人员减少了一半,时间也减少一半,原则是能往前谈就往前谈,而邢先生开始跟其他商家接触。杜诺先生坐不住了,他很严肃地对邢先生说:"我方来谈判是有诚意的,不论贵方有多忙,希望先与我方谈,我本人也希望与您本人直接谈判。"于是,双方恢复了谈判,一改过去的僵持,相互妥协,最后达成了协议。

(4)顺水推舟策略,是指谈判者在准确把握各方面形势的基础上,利用符合谈判对方意愿的客观或主观因素制定的看似有利于对方的策略。在谈判中,因势利导、投其所好等都属于此策略范畴。高明的谈判者在谈判时常先提出一些对方能够接受的条件,双方达成一致,产生一种立场相近、有共同利益的好感,有利于谈判顺利进行且易达成协议。

(5)主动退让策略,是指在谈判陷入僵局后,交易一方由于理亏或者认为谈判破裂的后果过于严重时,在不过度损害自我利益的前提下采取的让步决策。商务谈判过程中,在准确理解对方利益的前提下,努力寻求双方互利双赢的解决方案是成功达成协议的渠道。但在解决一些棘手的利益冲突问题时,如果双方就某一个利益问题争执不下,导致谈判陷入僵局,恰当地运用主动退让策略有时是非常有效的工具。谈判中的让步要求谈判者准确把握时机、灵活选择方法、巧妙掌握尺度,要经过缜密思考、通盘衡量,步步为营、恰到好处,既要保证自己的利益没有大的损失,又要使对方尝到甜头,促成有利于自己的谈判结果。

3. 姿态策略和情景策略

英国谈判学家P. D. V. 马什在其《合同谈判手册》一书中提出,根据谈判人员在谈判过程中的态度与应对姿态,谈判策略可分为姿态策略和情景策略。

(1)姿态策略,是指在谈判过程中,谈判各方采取的旨在应对对方谈判策略的一种主观性策略。其作用在于营造有利于己方的谈判气氛,借助主观态度影响谈判的进程或结果。

姿态策略又分为积极姿态策略和消极姿态策略。积极姿态策略是指影响对方做出有利于己方的决策,或向对方强调合作可以双赢的策略,其特点是正面鼓励或引导;消极姿态策略是指为了防止对方做出不利于己方的决策所采取的策略,其特点是否定对方。

(2)情景策略,是指在某些特定情况下,为取得某些利益所使用的特定策略。情景策略具有相对固定性和明确性的特点。相对固定性体现为在特定情况下应对对方或解决问题的特定手法形成了一种带有规律性的套路,犹如棋谱一样;明确性体现为,在谈判中,双方都知道对方的出牌套路,自有应对方法,犹如象棋中的"当头炮,把马跳"。

4. 进攻性策略和防守性策略

根据攻击的主动性程度不同,可以将谈判策略分为进攻性策略和防守性策略。

(1)进攻性策略,是指谈判人员在谈判中采取的具有较强攻击性,以取得谈判优势和主导地位的策略,其特点是主动进攻、态度强硬。

(2)防守性策略,是指谈判人员在谈判中不主动进攻,采取的防守或以守为攻的策略,其特点是以逸待劳、软中带硬。

在具体的谈判过程中,谈判人员会采取亦守亦攻或亦攻亦守的策略,不可能单纯地采取进攻性或防守性策略,具体要根据实际情况而定。

5. 预防性策略、处理性策略及综合性策略

(1)预防性策略,是指防止双方发生较大的冲突或矛盾激化所采取的策略,其目的是澄清问题、探讨利益平衡点等。

(2)处理性策略,是指为合理地解决已发生的矛盾或问题所采取的策略,其特点是安抚妥协、无为、两全等。

(3)综合性策略,是指既着眼于预防矛盾或问题的发生,又着眼于处理已发生的矛盾或问题的策略,其特点是以肯定与开放的心态面对冲突的问题,以非对抗的态度与对方合作解决冲突,选择双方都能接受的解决方式。

6. 速战速决策略和缓兵之计策略

从实现目标的速度和风格来讲,谈判策略可分为速战速决策略和缓兵之计策略。

(1)速战速决策略,是指在谈判中能够促进谈判人员赢得谈判时间、快速达成协议、完成谈判任务的策略,其特点是目标设置较低,谈判时间短,让步不断、诚实,谈判效果较好等。

(2)缓兵之计策略,是指在谈判中与对方持久协商,在相对较满意的情况下才与对方达成协议的策略,其特点是目标设置较高,谈判时间较长,谈判满意度较高等。

速战速决策略和缓兵之计策略是相辅相成的一对策略,却反映了两种完全不同的谈判指导思想。通常,在开始阶段,谈判人员就会表现出他们将采用速战速决策略还是缓兵之计策略。例如,在贸易谈判的发盘问题上,如果卖方提出了无须与对方讨价还价就会被接受的发盘,或买方直接就接受了对方的发盘,他们在谈判指导思想上采用的就是速战速决策略;如果卖方提出了具有很大伸缩性,需要长时间讨价还价才能达成一致的发盘,或者买方不轻易接受卖方的发盘,那么他们采用的就是缓兵之计策略。

采用速战速决策略还是缓兵之计策略各有利弊,要视具体情况而定,这种利弊主要表现在谈判的让步方法上。采用速战速决策略可以节省时间,提高谈判效率,但谈判的目标较低;采用缓兵之计策略有可能获得较大的利益,但相应地会付出较多的时间和投资,且有一定的失败风险。

第二节 商务谈判过程中运用的策略

整个谈判过程分为准备阶段、开局阶段、报价阶段、讨价还价阶段和成交阶段五个阶段。不同的阶段,要采取不同的谈判策略,方能在谈判中游刃有余,使谈判顺利进行,最终达成协议。

一、准备阶段策略

1. 知己知彼策略

准备阶段常采用知己知彼策略。知己知彼策略即做好商务谈判的准备工作,充分了解对手,做到知己知彼。通过各种渠道了解合作项目中对方和己方的优势、劣势信息及预期目标和底线,制作汇总分析表,围绕目标制定预案。

所谓"知己知彼,百战不殆",在商务谈判中这一点尤为重要,对对手的了解越多,越能把握

谈判的主动权。谈判是一个不断达成共识的过程,一个妥协的过程,所以需要考虑对方的出发点,评估他们的实力,研究他们提出来的条件。了解谈判对手愈多,在谈判中获胜的机会愈大。由于在谈判中,双方最关心的是利益问题,一切都是围绕利益展开的,谈判前首先要对谈判对手的需要进行分析。了解了对手的需要,才能找到对方的"底牌"。例如,在一场采购谈判中,作为供货商,要了解其他可能和谈判的采购商进行合作的供货商的情况,还有其他可能和自己合作的采购商的情况。另外,宁愿没有情报,也不要用错误的情报。同时要掌握对方拥有情报的状况。情报不能太多,太多的情报只会弄巧成拙。

2. 模拟演练策略

模拟演练策略是指公司内部自己组织人员或者从外聘请专门的谈判人员进行模拟的谈判演练。

提前进行模拟演练的好处在于:

(1)能大致预测谈判过程的走向和结果。

(2)能使己方谈判人员更快地适应谈判环境。

(3)能预测可能突发的状况并制定对策。

使用模拟演练策略有一定的局限性:一是由于己方并未能掌握谈判对手的详细资料,预测结果会有偏差;二是如果从外聘请专门的谈判人员,会产生成本费用。

虽然模拟演练策略有一定的局限性,但不失为一种很好的策略,进行模拟演练可以为谈判时更好地应变做准备。

二、开局阶段策略

开局阶段在很大程度上决定整个谈判的走向和发展趋势,这是双方正式接触、相互观察的阶段,双方人员的言行、表情甚至是衣着都会影响到谈判的进程。所以,好的开局是谈判顺利进行的保证。谈判人员要掌握以下策略:

1. 营造和谐气氛策略

该策略主要以谈判者的举手投足、言谈气质等来体现。谈判者应注意以下方面:

(1)衣着大方得体,举手投足彰显从容气质。

(2)巧妙谈论中性话题,消除对方的陌生感。

(3)不要在谈判刚开始就提要求或讨论有分歧的问题。

(4)旁敲侧击,探测对方虚实。

(5)遇到有争论的问题要心平气和,坦诚相待。

2. 坦诚式开局策略

坦诚式开局策略是指以开诚布公的方式向对方陈述自己的观点或想法,为谈判的顺利进行打下良好的基础。此策略适合有长期友好合作关系的谈判双方,彼此比较了解,不用太多的寒暄客套,可节省时间,直接将己方的观点、要求讲述给对方,反而会产生更好的效果。在采用此策略时,要综合考虑双方的关系、地位身份、谈判形势等。

如果己方实力弱于对方,而且对方对己方实力比较了解,可以考虑用此策略。坦率地将己方的情况介绍给对方,让对方加以考虑,反倒能表明己方的诚意,对方也会乐意将谈判继续进行下去。

坦诚式开局之效

北京某区一位党委书记在同外商谈判时,发现对方对自己的身份持有强烈的戒备心理,这种状态妨碍了谈判的进行。于是,这位党委书记当机立断,站起来对对方说道:"我是党委书记,但也懂经济、搞经济,并且拥有决策权。我们摊子小,实力不强,但人实在,愿意真诚与贵方合作。咱们谈得成也好,谈不成也好,至少你这个外来的'洋'先生可以交一个我这样的'土'朋友。"寥寥几句肺腑之言,打消了对方的疑虑,使谈判顺利地向纵深发展。

3. 协商式开局策略

协商式开局策略在于为谈判的成功创造良好的条件,以一种协商的态度对关于不损害己方利益的问题征求对方的意见,然后对其表示赞同。

协商式开局策略还有一种实施途径,就是在谈判伊始以询问的方式诱使对方顺应己方既定的安排,从而使双方的意见趋于一致,最终达成共识。运用这种方式应该注意的是,拿来征求对方意见的问题应该是无关紧要的问题,对方对该问题的意见不会影响己方的利益。另外,在赞成对方意见时,要让对方感觉到己方是出于尊重,而不是奉承。

4. 进攻式开局策略

进攻式开局策略是指谈判者通过言语或行为来表达自己的强硬态度,以此获得对方的尊重,并借以制造心理优势,使谈判能顺利进行。

进攻式开局策略可以扭转对己方不利的局面,但采用进攻式开局策略一定要慎重,因为在谈判开始就显示己方的实力,易于制造紧张气氛,不利于谈判的进一步发展。

5. 保留式开局策略

保留式开局策略是指在谈判开始时对对方提出的关键性问题不做彻底、确切的回答,而是有所保留,吸引对方继续进行谈判。

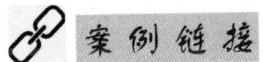

审势布阵,成功谈判

江西省某工艺雕刻厂原是一家濒临倒闭的小厂,经过几年的努力,产值达到了2000多万元,产品打入日本市场,战胜了其他国家在日本经营多年的厂家,被誉为"天下第一雕刻"。有一年,日本三家公司的老板于同一天接踵而至,到该厂订货。其中一家资本雄厚的大公司要求原价包销该厂的佛坛产品。这应该说是好消息,但问题在于这几家公司原来经销的是韩国、我国台湾地区产品,为什么争先恐后、不约而同到江西这家工艺雕刻厂来订货?该工艺雕刻厂的负责人查阅了日本市场的资料,得出的结论是:本厂的木材质量上乘、技艺高超是吸引外商订货的主要原因。于是该厂采用了"待价而沽""欲擒故纵"的谈判策略,先不理那家大公司,而是积极抓住两家小公司求货心切的心理,将佛坛的梁、榴、柱分别与其他国家的产品做比较,在此基础上争价钱、论成色,使其价格达到理想的高度。该厂首先与小公司拍板成交,使那家大公司产生失落货源的危机感。因此,那家大公司不但更急于订货,而且想垄断货源,于是大批订货,以致订货数量超过该厂现有生产能力的好几倍。本案例中,该厂成功的关键在于其策略不是盲目的、消极的。一方面,该厂产品确实好,几家公司求货心切。另一方面,该厂巧于审势布阵,先与小公司成交,并非疏远大公司,而是牵制大公司,促其产生失去货源的危机感,这样订货数量和价格才有了大幅上升。

注意在采取保留式开局策略时不要违反商务谈判的道德原则,即以诚信为本,向对方传递的信息可以是模糊信息,但不能是虚假信息。否则,会将自己陷于非常难堪的局面。

6.挑剔式开局策略

挑剔式开局策略是指开局时,对对手的某项错误或其他认为不妥的地方严加指责,使对方感到愧疚,从而达到营造低调气氛、迫使对方让步的目的。

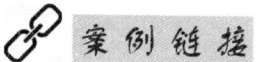

挑剔式开局策略成功应用案例

巴西一家公司欲采购美国成套设备。巴西代表赴美谈判,因为上街购物耽误了时间,当到达谈判地点时,比预定时间晚了45分钟。美方代表对此极为不满,花了很长时间来指责其不遵守时间,没有信用。对此,巴西代表感到理亏,只好不停地向美方代表道歉。谈判开始以后,美方代表似乎还对巴西代表迟到一事耿耿于怀,使巴西代表手足无措,说话处处被动,无心与美方代表讨价还价,对美方提出的许多要求也没有静下心来认真考虑,匆匆忙忙就签订了合同。等到合同签订以后,待巴西代表平静下来,才发现自己吃了大亏,上了美方的当,但已经晚了。本案例中,美方谈判代表成功地使用了挑剔式开局策略,迫使巴西谈判代表自觉理亏,来不及认真思考匆忙签下对美方有利的合同。

三、报价阶段策略

报价阶段在整个谈判阶段是至关重要的,因为报价阶段主要商讨的是价格,而价格又直接关乎谈判双方的利益。没有报价阶段的谈判,不能称得上是真正意义上的谈判。

老式座钟到底值多少钱

一对夫妻在浏览杂志时看到一个老式座钟,非常喜欢。妻子说:"这座钟是不是你见过的最漂亮的一个?把它放在我们家的过道或客厅中,一定不错。"丈夫答道:"的确不错!我也正想找个类似的钟放在家里。"研究之后,他们决定去古董店里找寻类似的座钟,并且商定最多只能出500元的价钱。

经过三个月的搜寻,他们终于在一家古董店的橱窗里看到了同款的老式座钟,妻子兴奋地叫了起来:"就是它!没错,就是它!"丈夫说:"记住,我们绝对不能超出500元的预算。"他们走近老式座钟。"哦!"妻子说道,"时钟上的标价是750元,我们还是回家算了,我们说过不能超过 500 元的预算,记得吗?""我记得,"丈夫说,"不过还是试一试吧!"他们商量后,决定由丈夫作为谈判者,争取以不超过 500 元的价格买下。随后,丈夫鼓起勇气,对售货员说:"我注意到你们有一个座钟要卖,定价就贴在座钟上,而且蒙了不少灰,显得有些旧了。"之后,又说:"告诉你我的打算吧,我给你出个价,只出一次价,就这么说定。你可能会被吓一跳,你准备好了吗?"他停了一下,以突出效果:"你听着——250 元。"售货员连眼也不眨一下,说道:"卖了,那座钟是你的了。"猜猜那个丈夫的第一反应,是得意扬扬地肯定自己,不但得到了优惠,而且得到了想要的东西吗?不!绝不!他的最初反应是:"我真蠢!我该对那个家伙出价 150 元才对!"他的第二反应是:"这座钟怎么这么便宜?一定是有什么问题!"然而,他还是把那座钟放在客厅里,看起来非常漂亮,好像也没什么毛病,但是他和太太始终感到不安。那晚他们安歇后,半夜曾三度起来,因为他们觉得没有听到时钟的声响。这种情形持续了无数个夜晚,他们的健康状况迅速恶化。

上述案例很好地体现了报价阶段的重要性。没有报价阶段,谈判双方的利益天平会失去平衡:出价方认为自己出的价格偏低,其实还有提价的可能;受价方认为自己接受的价格过高,其实还有讲价的空间。我们是否也曾有过这样的经历:碍于面子,没有和商家讲价就直接接受了商家的开价,事后感觉自己"吃亏了"?所以我们应该重视报价阶段。

报价意味着双方价格谈判的正式开始,买卖双方不能漫天要价,也不能盲目杀价,价格只有在双方都接受的情况下才能产生预期的效果。报价的策略有以下几种:

1. 报价起点策略

在商务谈判中,谈判人员要根据报价的依据,结合谈判意图,确定报价上下限。在谈判中,"喊高价,出低价"的策略是最行之有效的。报出的高价只要能让对方坐下来继续谈判,而不是使谈判破裂,就证明了报价者的成功。成功地报出高价,可以为后续谈判奠定基础,利于完成谈判的战略部署。

报价起点策略的使用方式为:作为卖方,尽可能开高价;作为买方,尽可能出低价。这种报价策略对于双方都能在下一步的磋商环节给予一定的还价空间,也会对最后的成交带来实质性的影响。一般情况下,若卖方开价较高,则通常会在较高的价位成交;若买方出价较低,则通常会在较低的价位成交。当卖方的报价较高,且有一定依据时,买方通常会重新估算卖方的底价,因为一般情况下,价格可以反映商品的真实价值。当买方的报价较低,且有一定依据时,卖方通常也会重新估算买方的底价。不过要注意的是:此策略在运用时必须把握好"度",开盘报价要有一定的合理性,不可以开口就漫天要价,这样会导致谈判破裂,从而失去谈判和交易的机会。

2. 报价时机策略

报价时机策略依靠的是谈判者自己的经验,在适当的时机提出报价。有的时候,卖方提出的价格较合理,但买方并没有产生交易的欲望,因为对方更关注的是商品的使用价值。所以在价格谈判中,应当让对方对商品产生兴趣后再来谈价格。对于报价的时机,有先报价和后报价两种方式。先报价的优点在于能先对方一步在价格上划出一个谈判的价格区域范围,基本上最终的价格也将在这个范围内实现。此外,如果先报的价格和对方的预判有出入,往往让对方的谈判计划出现失误或落空,从而对对方的价格判断造成干扰。当然先报价也存在一些劣势,即对方先得到报价后,可能会调整原有的计划,在价格上发起进攻等。后报价的优势在于能以静制动,尤其适合自己对于价格没有把握或摸不清对方想法时使用。所以,报价之前一定要先把己方所出售的商品的使用价值给对方介绍清楚。最适宜的时机是对方询问了价格后,因为对方已对商品产生兴趣,这时报出价格可以减少谈判的阻力。

3. 引诱报价策略

商务谈判中,在运用策略实现己方既定目标的同时,也要考虑对方的利益,这样才能与对方维系良好的关系,取得谈判的成功。

引诱报价策略是指为了达到己方的目标,在谈判中让对方看到他们可以获取哪些利益而使用的策略。在采用此策略时,要注意把握好分寸,衡量好成本和收益的差距。如果引诱价格过低,可能起不到作用,对方不肯让步;如果引诱价格过高,可能使自己的利益受损,得不偿失。

4. 价格差异策略

价格差异策略是指对于价值或成本相同或相似的商品,当顾客购买量、需求度、交易时间或支付方式等不一样时,报出不同的价格。这种价格的不同往往代表着市场的需求方向。例如,对于老客户或大量购买的客户,可适当实行价格折扣;对于新客户,如因开拓市场的需要,也可以适当地让价。相反,对于一些需求弹性较小的商品,应实行高价策略;对方需求量较大、时间较紧,价格也不宜降低;旺季销售时,价格可以适当提高;当交货地点较远时,也应适当加价。对于支付方式,一次付款较分期付款或延期付款的总价低等。总之,差别报价的最终目的是让对方感觉愉悦,适时感受到了优惠,为双方的长期合作做好铺垫。

5. 报价对比策略

报价对比策略是指向对方提供不同商家同类商品的报价单,但在价格上是有利于己方的,以此作为报价的有利依据。因为该策略依靠有效证据,所以对于对方而言,有着极强的报价可信度和说服力,一般能取得好的效果。不过在使用此策略时,价格上一定不可弄虚作假。对于价格的对比,可以从多方面进行:本商品的价格与可比商品的价格直接进行对比,以突出相同价值的不同价格;本商品及其附加利益的价格与可比商品不附加利益的价格进行对比,突出不同价值的不同价格等。当对手采取此策略时,己方也可采取相应的措施:①要求对方提供能证实其所提供的其他商家报价单真实的证据。②仔细查找对方给予的报价单的漏洞,比如产品在性能、规格、质量或交易条件方面的不可比性等,并以此作为谈判切入点。③己方拿出有利于自己的一些其他商家的报价单,并做相应的比较。④仔细找出对方价格参照系的漏洞,并以全盘否定来坚持己方的要价。

四、讨价还价阶段策略

报价和还价分别是讨价还价的两条界限,为双方提供讨价还价的空间。在还价之前要清楚对方报价的虚实,以及真实价格的大概范围。

还价是指针对谈判对手的首次报价做出的反应性报价。还价以讨价作为基础。在一方首先报价后,另一方一般不会全盘接受,而是根据对方的报价,在经过几次讨价后,估计其保留价格和虚报部分,推测对方的可接受范围,然后根据己方的既定策略,提出自己可接受的价格,反馈给对方。

1. 不开先例策略

不开先例策略是指在谈判过程中,处于优势的一方为了坚持和实现提出的交易条件,采取的对己方有利的先例来约束对方,从而使对方就范,接受己方交易条件的策略。此策略是保护卖方利益,强化自己谈判地位和立场的最简单且有效的方法。

例如,当对方报价后,你可以说"如果我们答应贵方的要求,就开了先例,如果其他客户都跟随你们的价格,我们无法承受",以此来增加还价的力度。

2. 吹毛求疵策略

吹毛求疵策略是指挑剔对方的商品和报价及条件的各个细节,并据此要求对方做出价格上的让步。在使用此策略时要注意:

(1)选择进行挑剔的细节必须是经得起推敲的。

(2)对于细节的挑剔要采取各个击破的方式,不可打一枪换一个地方。

(3)要点到为止,不要穷追不舍,更不可全盘否定。

五、成交阶段策略

经过激烈的讨价还价,取得一致意见后就进入了成交阶段。该阶段的主要任务是促成签约,这样才算最终完成交易。该阶段采取的策略主要有:

1. 抹润滑剂策略

抹润滑剂策略是指在商务谈判中,为了解决双方最后的分歧,做出对自己的全局利益影响不大而对对方有利的让步,最终使谈判成功所采用的策略。

使用此策略的最佳时机是决定是否成交的最后时刻,要注意慎重使用。如果每当谈判遇到困难就将"润滑剂"拿出来使用,有可能使对方得寸进尺,不停地希望你让步,无法发挥"润滑剂"的真正效用。

2. 折中调和策略

到了谈判的最后阶段,双方都做出了一定的让步,如果此时还不能成交,则可以采用折中调和的策略。折中调和不仅仅是指价格上的折中,还可以是交易时间、付款方式等方面的折中。

3. 最后通牒策略

如果一方想要制止对方无休止的讨价还价,或者想尽快进入最后的让步或者成交阶段,可以使用此策略。通过向对方下最后通牒,表明己方的强硬态度,打消对方在某些问题上无休止纠缠的念头。

一般来说,下最后通牒的通常是谈判中实力相对较强的一方。由于最后通牒具有相当强硬的性质,谈判者要慎重使用,以免激怒对方。具体使用时,要注意选择恰当的时机,给出下最后通牒的充足理由,言辞不能太尖锐,而且要给对方留下一定的余地。

第三节 对付不同风格谈判对手的策略

由于谈判者各自的教育背景、性格、经历、修养等不同,在谈判中表现出的谈判风格也会各异,这就要求我们在实际谈判中根据谈判对手的不同风格,采取相应的策略。

一、对付"强硬型"谈判者的谈判策略

"强硬型"谈判者在谈判中往往会表现出自信、傲慢、盛气凌人的态度等。应对此类谈判者的原则是:以柔克刚、避其锋芒。所采用的策略主要有:

1. 沉默策略

沉默策略是考验双方谈判人员毅力的策略,同时也是很好的应对"强硬型"谈判对手的策略。这是处于谈判劣势一方行之有效的防御策略之一。

在谈判中先不开口,而是听对方尽情地表述意见,表述得越多,就越可能暴露底线,从而为己方占据谈判的主动提供条件。

沉默还可以使谈判对手感到受到了冷遇,对方咄咄逼人,结果打在了棉花上,造成对方的心理恐慌,不知所措,从而乱了方寸,削弱了力量。

2. 以柔克刚策略

以柔克刚策略就是针对对手强硬的语言、苛刻的条件,采用平和、柔缓的语言、态度应对,使对方犹如重拳击海绵,没有效果。己方则可以以静制动、以逸待劳,挫其锐气,待对方烦躁、疲惫之时出击,最终取得谈判的胜利。

运用此策略时要注意:不被对方的气势所吓倒;要有充分的耐心、坚定的信念,准备打持久战;采取的行动要有理、有利、有节,使对手无可奈何;坚持自己的原则。

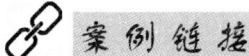

以柔克刚破解中澳谈判之争

中澳两国的两公司就兴建一个合资公司进行了多轮谈判,双方争执的焦点在于中方是否拥有产品的出口权。澳方担心多开出口渠道会占领自己的国际市场,故反对中方出口产品。中方同样基于自己的利益不愿放弃出口权。双方互不相让,争执不下。在第三轮谈判的最后一天,澳方宣布终止谈判,以示在此问题上决不让步,谈判破裂。中方经过认真分析,认识到以下几点:其一,此项目投资大,澳方目光是长远的,这次来中国前是进行过充分的可行性调查研究的。其二,澳方洽谈此项目意在投石问路,打开中国市场。另外,中方公司是最佳的合作伙伴,因为无论其技术还是产品都是一流的。其三,如果澳方在此领域的第一个洽谈项目宣告失败,要想在中国继续投资办厂将难上加难。因此,澳方不会轻易放弃这项合作。于是,中方公司不再担心谈判破裂,并决心耐心等待。几天以后,澳方撑不住了,主动发来电传,再次陈述他们的理由,并做了许多解释,在许多项目上做了适当的让步。在这个案例中,中方充分运用了以柔克刚的策略,不惧澳方的强硬态度,在理性分析得出澳方不会放弃中国市场的结论后保持坚定的信念,打持久战,最终使得澳方做出了让步。

3. 忍耐策略

在谈判中,占主动地位的一方会以一种咄咄逼人的姿态表现自己。这时,如果弱方表现得不满或以强抗强,双方的关系可能会恶化,甚至使谈判终止。这种情况下,弱方应对对方的姿态不做反应,以己之静待"敌"之动,以己方的忍耐磨对方的"棱角",挫其锐气。如果弱方能够忍耐,对方继而可能会通情达理,公平合理地将谈判进行下去。忍耐策略与沉默策略最大的不同在于谈判对手的态度:忍耐策略更多地倾向于在谈判对手比较强势时使用,而沉默策略则相对灵活一些。

4. 红白脸策略

该策略是指将谈判班子分成两部分,一部分人扮"白脸",另一部分人扮"红脸"。"白脸"保持沉默,静观对方的反应,思忖对策。"红脸"则态度强硬、以刚克刚,这样势必会造成紧张的谈判气氛。此时"白脸"出面缓和局面,一面劝阻自己的同伴,一面指出对方在某些方面的过错,如果谈判破裂对双方都不利,建议双方都做出一定的让步。该策略起到了软硬兼施、刚柔并济的作用。这是一种非常有效的谈判策略,其使用频率远比想象的要高,最经典的案例便是传奇人物亿万富翁休斯购买飞机事件。

案例链接

红白脸策略的成功运用

休斯想要购买一批飞机,但是经过很长时间的谈判都没有达到最终的目的。休斯便找了一位代理人继续与飞机销售商协商,结果买到了最中意的飞机。休斯很好奇,询问代理人是如何做到的。代理人说:"每当谈判陷入僵局的时候,我就问对方到底是想和我继续谈呢,还是和休斯本人再谈?这么一问,对方只好乖乖答应我们的条件。"这便是红白脸策略的厉害之处。如何应对这种策略是谈判人员要掌握的技能之一。通常在谈判桌上对方开始使用红白脸策略时,要及时意识到,同时不妨态度平和、直截了当地告诉对方:"你是在和我玩红白脸吗?我希望我们能更真诚地交谈,可以吗?"这样的做法可以使对方立即意识到自己的策略被识破而尴尬停止。即使红白脸策略容易被识破,仍然是一种行之有效的谈判策略。

5. 转换议题策略

转换议题是指先撇开争执的问题,换一个新的议题与对方磋商。当其他议题的谈判取得一致时,再回过头来重新讨论原来陷入僵局的议题,就会比较容易地达成协议。例如,在价格问题上双方互不相让,僵住了,可以暂时将其搁置一旁,改谈交货期、售后服务等其他问题。如果在这些议题上双方感到满意了,再重新回过头来谈价格问题,阻力就会小一些,商量的余地也就更大一些,易使谈判出现新的转机。

二、对付"固执型"谈判者的谈判策略

"固执型"谈判者的特点有:固执己见,一切按规章制度办事,不认同别人的意见等。应对此类谈判者可以采取以下策略:

1. 固守策略

固守策略是指在谈判进行到一定阶段、让步达到一定程度时,坚守自己的底线,不再退让,甚至表现出不惜谈判破裂的姿态。

在商务谈判中,对于对方坚持的对己方不利的条件或建议,谈判者要充愣装傻,无论对方怎么游说,都死守自己的底线不放,只有当对方改变态度或提的建议符合己方的利益时才同意。

2. 制造僵局策略

在谈判中,谈判双方都不愿意看到僵局的出现。但有时候人为地制造僵局,并以此作为威胁对方的手段,反而会有利于己方的谈判。制造僵局并不代表宣告谈判结束,其真正目的是达成协议。

在运用此策略时要注意:让对方相信僵局的形成是他们自己的原因,而己方的行为都是有道理的;在制造僵局之前要铺好消除僵局的退路;制订消除僵局后的方案。

3. 小圈子会谈策略

小圈子会谈策略是在正式谈判外,双方采取小范围会谈的方式解决分歧所采用的策略。小圈子会谈可以是双方主谈人员外加一名助手或翻译的小型会议,地点可以灵活选择。小圈子会谈易于营造双方信任的氛围,谈话更自由,便于各种方案的探讨。

小圈子会谈常选择谈判桌以外的场合进行。谈判中气氛紧张,易使谈判人员感到压抑、沉

闷,甚至产生烦躁不安的情绪。小圈子会谈可以不拘形式地就某些僵持的问题继续交换意见,在融洽、轻松的气氛中消除障碍,使谈判出现转机。

 案例链接

小圈子会谈策略成功运用案例

北欧深海渔产公司的冻鱼产品质量优良,味道独特,深受各国消费者的喜爱,但从未进入我国市场。该公司希望能在中国开展冻鱼销售业务,便派代表与我国北方某罐头制品厂进行冻鱼产品的经销谈判。开始阶段,会谈气氛十分融洽,但谈到价格问题时双方出现了较大的分歧。罐头制品厂谈判代表坚决地表示深海渔产公司所提出的报价过高,按此价格进入我国市场销售,很难被消费者所接受。深海渔产公司一方则表示,他们的报价已经比在国际市场上的报价降低了5%,无法继续降低价格。谈判进入僵局。随后,罐头制品厂公关部邀请深海渔产公司代表参观了谈判所在城市的几个大型超市,使深海渔产公司的代表对我国消费者的消费习惯和消费水平有了初步的了解。罐头制品厂代表特别向深海渔产公司代表指出,中国人口众多,人民消费水平稳步提高,市场潜力很大。超市中拥挤的人流是世界各国中所少见的。这一点给深海渔产公司的代表留下了很深的印象,他们看到了一个未来极有发展前途的新市场。深海渔产公司的代表和总部反复协商之后,为了打开中国市场,决定将冻鱼产品的报价降低30%,并向我国的经销商提供部分广告和促销费用。该案例中,罐头制品厂使用小圈子会谈的策略,使得态度较坚决的深海渔产公司转变了态度,谈判最终获得了成功。

三、对付"虚荣型"谈判者的谈判策略

"虚荣型"谈判者的特点有:爱表现,好面子,喜欢被恭维,以自我为中心等。应对此类谈判者的原则是:满足对方的虚荣心理。所采用的策略主要有:

1. 投其所好策略

在谈判中适当谈论一些对方熟悉的话题,给对方充分表现自己的机会,使其虚荣心得到满足,从而削弱对方的戒备心理及对抗力度。

言多必失,可以通过对方的"自我表现",了解和分析对方的实情,在谈判中占据主动。

2. 赞美策略

用好言好语去赞美对方,使对方感到心理上的自豪,从而放松警惕,软化谈判立场,有利于己方达到预期目标。

对方听了赞美的话语,心情自然舒畅,谈判态度会相应地有所改变,进攻势头也会有所放缓,为己方赢得了有利于谈判的筹码。在必要时,可以送给对方一些不贵但有品位的礼品,恰到好处地传递己方的亲和之意。

3. 强化制约策略

"虚荣型"谈判者大多好大喜功,热衷表现,要顺势抓住对方的这一特点,将对方说过的对己方有利的话一一记录在案,必要时将其拿出与对方对质,从而使谈判朝着有利于己方的方向顺利进行。

第四节 "声东击西"策略在商务谈判中的运用

一、"声东击西"策略概述

虚则实之,实则虚之,虚虚实实,真真假假,"声东击西"亦是如此。具体地说,谈判者在谈判议题进行不下去时,既不强攻硬战,又不终止谈判,而是巧妙地将议题转移到无关紧要的事情上纠缠不休,或在对自己不构成大影响的议题上大做文章,忽东忽西,迷惑对方,使其顾此失彼。

1. "声东击西"策略的定义

声东击西,出自《淮南子·兵略训》:"故用兵之道,示之以柔,而迎之以刚;示之以弱,而乘之以强;为之以歙,而应之以张;将欲西,而示之以东。"它是指表面上声言要攻打东面,其实攻打西面,军事上使敌人产生错觉的一种战术。

商务谈判中的"声东击西"策略是指在谈判中,己方为达到某种目的,有意识地将洽谈的议题引导到无关紧要的问题上,从侧翼向对方发动攻击,从而给对方造成一种错觉,使其做出错误的或违反事实本来规律的判断。该策略适用于谈判陷入僵局或对自己不利的情况。采用"声东击西"策略可以转移对方视线,为以后真正的会谈铺平道路以及拖延时间。这种谈判的特点是富有变化,灵活机动,避开对方的锋芒,且不破坏谈判的和谐气氛,从而在对方毫无警觉的情况下实现预期的谈判目标。

2. 实施"声东击西"策略的原因

"声东击西"策略在谈判中经常可见,作为谈判讨价还价的一种,虽然有违背道德之嫌,但也不能过分指责,因为商务谈判本身就是智力的角逐、利益的竞争。使用这种策略的原因有:有的是将其作为一种障眼法;有的是为以后真正的会谈铺路;有的是为别人铺路;有的是为了暂时搁置,以便探知更多的信息;有的是为了延缓对方所要采取的行动;有的是为了争取时间,另寻他法;有的是为了暂时拖延,等待第三者的介入;有的是为了造成冲突,再请仲裁人来公断;有的是为了转移对方的注意力。

二、"声东击西"策略的实施

1. 实施的前提

(1) 己方拥有一定的主动权。声东击西是三十六计中的第六计,属于"胜战计",是在己方有一定优势的基础上使用的。

(2) 收集相关资料,对对方有一定了解。必须认真做好谈判前的准备工作,对于谈判的自然地理环境、政治地理环境和人文地理环境进行充分的了解。

(3) 人员配比。必须选配好洽谈人员,主谈人必须经验丰富,能够临场应变并准确地识别对方的各种潜在意图。

(4) 私密安排行程。在谈判中应保持己方生活的独立性。如果在异地谈判,己方的谈判队伍中最好有专门的人员负责后勤工作,自订机票和住所,不向对方过多地透露行踪。

2. 实施的步骤

该策略的"声东"部分为虚张声势的进攻,"击西"才是实实在在的目的,而"声东"部分是谈判的主要内容。谈判主要是"虚张声势""制造假象",应从以下三方面入手:

第一,制造"东""西",即形成谈判的两个力量的端点、两个方向。选择三个议题行不行呢?当然也可以。"声东"可以有两个议题,而"击西"有一个议题;反过来,"声东"的议题也可以为一个,"击西"的议题为两个。两者相比,前者的谈判效果较后者的好。三个及三个以上议题和两个议题的选择方式相比,后者的谈判效果比前者的好。

第二,"声东"。制造声势是该策略的主要部分,要做好,必须解决两个问题:选什么内容造势;如何造势。必须明确的是,选择的应该是对自己不构成大的影响且可以灵活退让的内容,这是该策略的"东",而志在必得、不可让步的内容为"西"。

制造声势的手法主要有:其一,在不构成重大影响的内容上大做文章,让未来的灵活退让显得"有分量""有诚意"。从对方不在意的地方下手,使对方自乱阵脚。其二,故意纠缠于正常情况下可以很快退让的条件,吊对方"胃口",让其欲罢不能,不想放手,搅乱对方的"思绪",为"击西"创造时机。

第三,"击西"。"击西"之时,是在上述两个步骤完成之时。"击西"的方式,可以是顺其自然地推出"西"的议题让对方考虑,也可以是将"东"换"西",即将选择的"声东"内容,作为一种交换条件,一次完成"击西"的谈判内容。找到合适的切入点,既能保证自己的计谋不被暴露,不会打草惊蛇,又可在对方可以接受的范围内,乘虚而入。同时要注意"击西"的时间点,不可急功近利,要循序渐进。通过"声东",引导对方上钩。

3. 实施的关键

声东击西的本质是通过制造假象来迷惑对方,达到掩护主力、攻其要害的目的。倘若对方识破了所制造的假象,没有被迷惑,同时对其要害有所提防,该计便大概率不可成功。在商务谈判中,这一策略实施的关键在于把对方的注意力集中在己方不甚感兴趣的问题上,增加对方的满足感,给对方造成一种错觉,使其做出错误的或违反事实本来规律的判断。

因此,"声东",也就是制造假象,是该计的关键点。成功地迷惑住对方,在掩护自己的同时进行重点进攻,是该计成功最重要的一环。

4. 实施的忌讳

"声东击西"策略运用得恰当,可以起到避实击虚的效果,但在运用时有以下忌讳:

其一,忌"声东"无理。该策略讲"声东",是有"声"在先。这个"声"言的是理,尤其是在纠缠力度大时,说出的一定尽是"理"。不管有多少理,绝不可言之无物或无理。因为如果言之无物或无理,就不能引起对方的认真思考,不能打乱对方的思绪,反而会让对方认为你在"撒泼",其处理方式往往是不予理睬。这样一来,谈判优势就在对方,而不在己方了。

其二,忌"击西"误时。"击西"时,十分讲究掌握谈判时机。错误地选择"击西"时机,效果不会好。如"击西"晚了,"声东"的条件可能被对方"顺手牵羊",谈判的主动性一旦丧失,再"击西"就变得毫无意义了。

三、"声东击西"策略的破解

1. 准备阶段

(1)要明确谈判的目标。己方所有的谈判准备应该围绕这个目标来进行,一旦对方偏离主题,能够及时察觉。

(2)要充分收集对方的信息,明确对方的需求,站在对方的立场思考对方会以什么样的手段或方式来迷惑和对付己方,有必要时可进行模拟谈判,尽可能地识别及破解对方的计策。

(3)在谈判前,将己方重视的项目按重要性进行先后排序,当对方以次要的项目来迷惑己方时,能够有所察觉,并能及时做出相应的取舍。

(4)谈判人员的选择非常重要。应尽量选择头脑清醒、理智、专业知识丰富,并有一定的问题识别能力、能够不被对方迷惑的谈判人员进行谈判。

(5)明确己方谈判所具有的筹码,当对方施压或者是抛出糖衣炮弹时,能够适时、合理地利用己方筹码。

2. 开局阶段

(1)如果双方是依据某个条件进行讨价还价或者在对方想要己方做出更多让步的情况下,开局时可以首先阐明己方的关键利益以及不能让步的关键点,让对方知道己方在哪些地方是不会让步的,不要浪费多余的时间来使用计策。

(2)如果己方处于劣势,则需要尽可能地使对方模糊己方的目的,不要过多地透露己方重视的目标以及己方的底线,使对方无迹可寻,从而无计可施。

(3)尽量创造一个双向交流的谈判环境,不要仅听对方说,这样容易被对方带入到他们的轨道。

(4)尽可能获得谈判的主动权,善于倾听,积极思考,摸清对方的真正目的,同时巧妙提问,打断对方的节奏,进一步搜集己方需要的信息,降低对方使用声东击西计策的可能性。

(5)理智应答对方问题。谈判时不论对己方有利或是有害,都要保持冷静的语气和表情,让对方摸不清己方态度,从而无法成功实施计策。

(6)如果条件允许,采取进攻式开局,即用言语和行动表明己方坚定的立场,并取得对方的尊重,制造心理优势,使对方无法施策。

3. 磋商阶段

(1)在谈判过程中须时刻牢记谈判目标,一旦谈判内容偏离主题,应及时拉回。

(2)时刻保持冷静的头脑,对方以利益引诱时思考对方这么做的最终目的,对方对己方施压时思考对己方是否有实质性的损失,是否为对方的计谋。

(3)如果察觉到对方已经开始采取计策,对对方的迷惑式语言或计谋可持迷惑式的态度,让对方无法摸清己方是否被迷惑,无法出招。

(4)当对方抛出橄榄枝时,假装满意和被吸引,使对方沾沾自喜、放松警惕。对于小利益可合理接受,但对于触及己方底线的问题则分毫不让。当对方向己方施压时,合理运用己方筹码获取平等主动的权利。

(5)对于对方提出的各种条件,己方可以假意让步,尽力摸清对方的真实目的,在权衡利弊后,甚至可以反用"声东击西"之策,反将对方一军。

(6)合理看待对方的"声东击西"对策。若双方有利益共同点,或是己方处于绝对劣势,可以在小让步的情况下最大限度地争取己方利益。

总的来说,对于对方使用的声东击西策略,己方谈判人员一定要时刻保持清醒的头脑,牢记己方的核心利益,以巧妙的语言应对,并学会随机应变,兵来将挡、水来土掩,以计破计,甚至反用"声东击西"之策,谋求己方最大利益的实现。

第五节 "借刀杀人"策略在商务谈判中的运用

一、"借刀杀人"策略概述

"借刀杀人"之计,就是自己不抛头露面,借他人之手来除掉某个对手。"借",意即利用、借用。作为一种谋略,其核心是制造矛盾、利用矛盾。此计原本为人与人之间相互离间、尔虞我诈的骗术,用在军事上,则是强调要善于利用第三者的力量,包括制造和利用敌人营垒中的矛盾,以外部的、别人的力量来帮助自己。在两军对垒、敌我双方相互斗争之时,若能学会使用此法,就可取得不用自己出力便能获利的效果。

二、"借刀杀人"策略的实施

1. 实施前提

实施"借刀杀人"策略有一定的条件,只有同时满足以下几个前提条件时,这一策略才能予以实施:

(1)利益相关。"借刀杀人"最关键的前提是利益相关,即所选之"刀"与"目标"存在利益交叉。施计者可借机制造矛盾、利用矛盾,达到削弱对手的目的。

(2)有"刀"。"借刀杀人",首先要有"刀",且这把"刀"和"用刀人"以及"目标"之间要有一定的关系。"刀"的选择不是随意的,它和"用刀人"之间应有利益关系,而和"目标"之间要有一定的竞争关系。用在商务谈判上,即在谈判双方之外,存在一个公司或机构是对方的利益相关者。企业的利益相关者包括企业的股东、债权人、雇员、消费者、供应商等交易伙伴,还包括政府部门、本地居民、本地社区、媒体等,甚至包括自然环境、人类后代等受到企业经营活动直接或间接影响的客体。利益相关者与企业的生存和发展密切相关。这里的利益相关者在商务谈判中主要指企业外部的利益相关者。如果与之合作,可与己方同时受益或促使己方获取更大利益,但并不是己方的首选合作伙伴,同时与己方正希望合作或者正在谈判的对象存在一定的竞争关系或者矛盾。

(3)"刀"能用。如果这把"刀"对"目标"不会造成太大的影响,那么就是一把不能用的"破刀"。这把"刀"应能够对"目标"起到一定的作用,用在商务谈判上,即在谈判双方之外的这一利益相关者,能够较为直接地干扰谈判对方的决策,能够使谈判对方在受到其干扰的情况下做出有利于己方的决策。

(4)会用"刀",也就是"用刀人"要能把握好用"刀"的度,既能使"目标"受到影响,又不至于使之完全崩溃。用在商务谈判上,即己方必须保证将要利用的这一利益相关者不会对谈判对象造成致命的打击,只是使谈判对方降低自己的谈判底线和要求,以达到己方的目的。

2. 操作重点

"借刀杀人"是三十六计中非常狠毒的计谋,核心内容是借他人之手除掉对手,自己不抛头露面,利用自己以外的人或事达到目的。

(1)选"刀"。"借刀杀人"的重点是"刀",在商务谈判中是指自己以外的人或事。借的"刀"不仅可以是人,而且可以是一种势力。

(2)利用第三方。在商务谈判中,很多时候不只涉及双方利益,还涉及国家相关产业。因此,要善于利用第三方对对方施压,由此使对方不得不对己方让步。

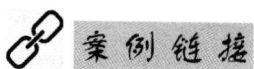

第三方的巧用

某食品公司与其原材料供应商就面粉的价格进行商务谈判,原材料供应商以其所在地近期遭受旱灾,小麦产量锐减为由,对面粉的价格提升了20%。食品公司对该地区旱灾导致的减产也有了解,担心得不到充足的原材料供应,就以供应商提出的新价格签订了供货合同。殊不知,该地区的小麦产量在全国产量中占比极小,供应商依然可以从其他地区调货,成本不变。这里第三方为自然灾害,自然灾害是真实存在的,却并未对供应商造成太大的影响,而供应商利用这一点获得了食品公司的让步。

（3）置身事外。在谈判中借机制造矛盾、利用矛盾之后，便可把自己放在事情之外，静观其变，坐享其成。

故事链接

曹操借刀杀祢衡

东汉末年，有一个叫祢衡的人，他很有文采，才思敏捷，不仅精通诗文，而且擅长音乐，尤其善于击鼓，但是性格刚直高傲。曹操曾想结识他，遭到了他的拒绝，感到很生气，便封他为鼓手，想羞辱他，却反过来被祢衡戏弄。祢衡作了一首诗，讽刺曹操等人。后来，曹操对孔融说："祢衡竖子，竟敢如此羞辱我，不过此人素有虚名，远近所闻。我若杀他，天下人必说我不能容。荆州刘表性情急躁，我送他到荆州，刘表必不能容他，很快就会杀之。"随后，曹操就安排祢衡去了荆州。没过多久，祢衡就被刘表的手下大将黄祖杀害。在这个案例中，曹操将祢衡送到荆州，由黄祖处置祢衡，成功做到了置身事外，既达到了自己的目的，又没有损失名誉。

（4）把握时机。北宋宋仁宗期间，相国吕夷简与主张改革的范仲淹为敌，于是密谋策划，让其出任军队统帅，调往前线。表面上看，这是对范仲淹的重用和提拔，实际上是想利用兵强马壮的西夏除掉没有作战经验的范仲淹。此案例中，吕夷简等到了一个除去异己的好时机，为国出征，范仲淹无法推脱。

三、"借刀杀人"策略的破解

谈判对方使用"借刀杀人"策略，目的是通过此手段对己方进行打击，切断己方的退路，使己方在谈判时由优势转为劣势，以获得更多的筹码以及话语权，获得更多的利益。此时，己方可以根据自身的能力状况采取以下两种应对策略。

1. 虚张声势

在对方策略生效的情况下，虽然己方在一方面或者多方面受到了牵制，但是在接下来的谈判中，切不可有所表露。己方正确的做法是保持原有的谈判立场，甚至在谈判时气势更盛，不仅不能让对方知道己方已处于谈判劣势，反而要让其认为己方早已有了应对之策，仍在谈判中处于有利地位，从而迷惑对方。这样一来，对方便会以为其借刀杀人之计失效，在谈判时便处于被动地位，甚至会因己方出其不意的表现而自乱阵脚。如此，己方在谈判时便可乘胜追击，不断给对方施加压力，在谈判中获得更多的利益。

2. 将计就计，暗度陈仓

对方"借刀杀人"策略生效时，己方可采取的第二种做法是将计就计，然后暗度陈仓。己方在接下来的谈判中假意示弱，但是对关键问题、重要问题则要持"避而不谈"的原则，甚至提出谈判后延的要求，让对方以为其"借刀杀人"之计对己方造成了伤害，认为己方无法应对，已是强弩之末。这样一来，对方便以为胜券在握，容易骄傲自满。此时，己方应趁对方放松警惕，摆脱眼下的困境，并暗做准备，找准时机，出其不意，给对方重创，让对方无法在约定的谈判时间之前有效地解决问题。己方则能再次处于有利地位，在谈判中有针对性地采取进攻策略，从而获得更多利益。

本章小结

本章主要讲述了商务谈判策略的含义、特点、重要性，谈判过程策略与对付不同风格谈判对手的策略。

商务谈判策略是指在商务谈判中，谈判者为了达到既定的目标，根据谈判情况所采取的特定的计策和谋略，其具有不确定性、针对性、时效性、隐蔽性、预谋性和组合性。商务谈判策略在谈判中起着重要作用，它是实现谈判目标的桥梁，是在谈判中扬长避短的有力工具，有利于实现双方的友好合作，具有调节和稳舵的作用及引导功能。

商务谈判内容的广泛性和复杂性直接要求谈判策略具有多样性。在实际谈判过程中，要遵循制定和运用商务谈判策略的基本原则：共同利益原则；有理、有利、有节的原则；对事不对人原则；灵活变更的原则。

在遵守商务谈判策略基本原则的前提下，根据具体情况可将商务谈判策略分为以下类别：个人策略和团体策略；常规策略、迂回策略、强硬策略、顺水推舟策略及主动退让策略；姿态策略和情景策略；进攻性策略和防守性策略；预防性策略、处理性策略及综合性策略；速战速决策略和缓兵之计策略。

商务谈判的整个过程可分为准备阶段、开局阶段、报价阶段、讨价还价阶段和成交阶段五个阶段，不同的阶段要采取不同的策略。在运用阶段性策略时，谈判者需考虑谈判对手的风格。在商务谈判中，谈判风格因人而异。就谈判人员在谈判中表现出来的姿态看，主要有强硬型、固执型、虚荣型等风格。对待不同谈判风格的对手，应该采取不同的策略予以回应。

本章最后将三十六计中的"声东击西""借刀杀人"与商务谈判相结合，介绍了这些策略的来源出处、使用方法，以及对方使用这些策略时的破解之道。

 ## 专有名词

商务谈判策略（Business Negotiation Strategy）
谈判过程（Negotiation Process）
开局阶段（Opening of Negotiations）
磋商（Consultations）
报价（Quote Price）
还价（Counter-Offer）
强硬型谈判者（The Tough Negotiator）
固执型谈判者（The Stubborn Negotiator）
虚荣型谈判者（The Vanity Negotiator）

 ## 思考题

1. 概述商务谈判策略的含义。
2. 商务谈判策略在商务谈判中的地位如何？要遵循哪些原则？
3. 商务谈判过程可分为哪几个阶段？每个阶段应采取何种策略？

4. 面对不同风格的谈判对手,应注意哪些问题及如何应对?
5. 实施"声东击西"策略的关键是什么?如何破解?

 案例讨论

中国高铁招标

21世纪初,随着经济的迅猛发展,人民生活水平的日益提高,我国市场对高铁的需求日益增强,但国产的高铁技术还未成熟,于是铁道部决定用庞大的市场需求作为谈判筹码与其他国家开展合作。

为此,铁道部发布了采购140列时速200千米的动车组的需求,筛选后,发现有四家公司符合条件,分别是德国西门子、法国阿尔斯通、日本高铁联合体和加拿大庞巴迪。前三家公司技术成熟,加拿大庞巴迪的实力相对较弱。经过调研,发现德国西门子综合实力最强,技术最先进。德国西门子自知优势,猜测自己是铁道部首选的合作对象,因此态度傲慢,漫天要价,每一列动车组开价3.5亿元人民币,加上技术转让费3.9亿欧元,140列动车组总报价约520亿元人民币。对于我国来说,高铁的整体市场容量绝非140列动车组。高铁是关乎国计民生的基础设施,铁道部当然要求主动权掌握在自己手中。

为了保证在谈判中的主导地位,铁道部给几家公司上了"两道硬菜":其一,参与投标的公司必须是中国的企业;其二,参与投标的中国企业必须有国外成熟技术的支持。提出这两个条件后,铁道部进一步明确了细节,关键技术必须以最低的价格(通过谈判实现)转让,所使用的产品必须是中国的。铁道部指定了两家国内企业,一家是南车集团的四方机车车辆股份有限公司(以下简称"南车四方"),另一家是北车集团的长春客车股份有限公司(以下简称"北车长客"),封锁了其他所有的谈判入口。四家外国公司若想合作,必须找国内的两家公司谈判。由此,铁道部掌控了主动权。

北车长客的目标是德国西门子,南车四方的目标是日本高铁联合体。加拿大庞巴迪的技术稍显落后,但他们态度积极。法国阿尔斯通与我国的两家公司都进行了谈判,北车长客与南车四方通过与法国阿尔斯通的谈判给德国西门子和日本高铁联合体施加压力。

事实证明,铁道部的策略是对的。

德国西门子自恃技术强大,不仅开出了520亿元人民币的天价,而且设置了50多项技术转让障碍。我国铁道部官员出面与德国西门子交涉,对方以为铁道部服软了,更加肆无忌惮。于是铁道部要求北车长客加速与法国阿尔斯通的谈判,在投标截止日期前完成,双方直接签订协议。随后,南车四方与日本高铁联合体顺利达成一致,投出了标书。加拿大庞巴迪以合资的方式参与了投标。

加拿大庞巴迪虽然实力较弱,但是非常配合,中方有意与其合作,极大地削弱了其他三家的气焰。德国西门子连投标的资格都没有,直接出局。消息传开之后,德国西门子的股价暴跌,整个谈判团队集体被总部炒了鱿鱼。

2005年,铁道部开始时速250千米高铁的招标。这一次,德国西门子"学乖"了,每列动车组开价1.9亿元人民币,技术转让费也降为8000万欧元。因为德国西门子的介入,法国阿尔斯通与日本高铁联合体只能接受这样的价格。

前后两年的时间里,我国拥有了时速250千米高铁的核心技术,此后进一步发展了自己的高铁,在线运营车辆已有2500余列,最高时速达到380千米。截至2019年年底,我国高铁运营里程达到3.5万千米,超过世界其他国家高铁运营里程的总和。相比全球其他各国,我国高铁的票价最低,建设成本约为其他国家的2/3。铁道部这场经典谈判,被写入斯坦福谈判教学案例。

问题:

1. 铁道部上"两道硬菜"的目的是什么?
2. 你从这个案例中得到了什么启示?

第七章　商务谈判中僵局的处理

学习目标

1. 熟练掌握突破谈判僵局的策略和技巧；
2. 理解谈判僵局的处理原则及办法；
3. 熟悉谈判僵局的成因及类型。

案例导入

失言的后果

美国的电子机械制造商华格纳公司向我国台湾地区一家私人企业三友公司提议双方共同研究半导体。三友公司虽然规模不大，仅有两百多名员工，但在专业领域中开发出了世界上最先进的技术，华格纳公司急欲得到这项技术。

华格纳公司的高级主管以三寸不烂之舌向三友公司的董事长游说这项研究的发展前景。三友公司董事长一来担心技术合作会削减自己技术开发的独立性，而造成依赖华格纳公司的局面；二来忧虑将来若是达到生产的阶段，势必得由资金雄厚的华格纳公司来发号施令。除此以外，三友公司董事长还慎重考虑是否有技术合作的必要性。双方谈了将近十个月，彼此互访对方的总公司，但三友公司董事长仍然犹豫不决，华格纳公司恰恰在此时犯了致命性的错误。

华格纳公司的副总裁是出自哥伦比亚大学的优秀人才，对于谈判迟迟未获进展感到焦躁不满。"事实上，本公司拥有足够买下三友公司的雄厚财力。"他在会议上说出了这句带有威胁性质的话，实在不够高明。因为三友公司董事长一手创建了这家公司，研发了数百种产品，不但深深引以为傲，更具有一份浓厚的感情，他听到这句话后便不再迟疑："很遗憾，我决定不与贵公司进行技术合作。"

商务谈判中，僵局时常出现，处理不当便会导致严重后果。

第一节　僵局产生的原因及类型

一、商务谈判中僵局的成因

商务谈判中的僵局，就是在双方交换意见的过程中，由于所谈内容与自己的预期要求差距太大，双方都不愿意让步，使谈判出现不进不退的僵持局面。要想妥善处理僵局，就要认真、深刻地分析其产生的原因，并对症下药，使谈判能顺利进行。

1. 谈判人员素质较低

俗话说"事在人为"，谈判中僵局的出现和谈判人员的素质有着很紧密的联系。有些人员往往从自身情感出发，对对方或谈判议题提出不正确、歧视性的意见或看法，很容易从主观上引起对方强烈的不满,造成僵局。

有些人员想通过自我表现来显示实力,看不起对方,使得对方产生反感情绪,从心理上排斥谈判追求的一致性。

有些人员在谈判中处于不利地位时,会恼羞成怒,对对方人员进行恶语中伤,甚至恶意进行人身攻击,伤害对方尊严。

2. 立场争执

谈判过程中,如果双方就某些问题各持己方的看法和主张,而且都不愿意做出让步,往往很容易产生分歧。双方越是坚持自己的立场,产生的分歧就会越大,双方真正的利益就会被这种表面的立场所掩盖,而且为了维护自己的面子,非但不愿意退让,反而会用顽强的意志来迫使对方改变立场。谈判于是变成了意志的较量,从而陷入僵局。

谈判双方在立场上关注得越多,就越不能集中注意力平衡双方的利益,协议也就越难以达成。一旦谈判双方以退出谈判相威胁,达成协议的难度会进一步增大。随着谈判时间的拖延,谈判一方或双方很容易丧失继续谈判的兴趣或信心,最终导致谈判破裂。所以,纠缠于立场型争执是低效率的谈判方式,它撇开了双方各自的潜在利益,不仅不容易达成明智的协议,而且久争不下还会直接损害双方的感情,谈判者会为此付出巨大的代价。

3. 信息沟通障碍

商务谈判从始至终都要依赖有效的沟通,实际上谈判中的僵局大多都是由于双方信息沟通产生障碍造成的。有时候一方听清并正确理解了对方所表达的意思,却往往不能达到思想上的一致,这种信息失真现象在谈判中时有发生。

信息沟通障碍是指谈判双方在交流彼此情况、意见,洽谈合作意向、交易条件等过程中遇到的由于主观或客观的原因造成的理解上的障碍。

信息传递过程中的失真会使谈判双方产生误解而出现争执,谈判因此陷入僵局。除了口头传递会导致信息失真外,对文字材料的不同理解也会产生误解。

4. 谈判者故意为之

实际谈判过程中,谈判双方都不愿意看到僵局的出现,担心谈判会因此中止甚至破裂,因此都会有意识地甚至以己方利益的损失为代价,来避免谈判僵局的出现。

事实上,谈判中的僵局不一定都带来负面影响,有些僵局是其中一方刻意设计的。在很多情况下,谈判僵局反而能促进双方重新审视各自利益的获得,甚至可以促成谈判的公平进行。比如,美国一家著名的汽车公司刚刚在日本"登陆"时,急需找一个日本代理商来为其推销产品,以弥补他们不了解日本市场的缺陷。当美国公司准备同一家日本公司谈判时,美方的谈判代表因为堵车迟到了,日本谈判代表紧紧抓住这件事不放,想以此为手段获取更多的优惠条件。谈判还未正式开始,美国代表就陷入无路可退的困境。这种僵局是日方代表为了获得更多利益借机营造出来的,是为了获取谈判优势而实施的一种谈判策略。

所以,有时候需要根据谈判形势的不断变化,人为地制造谈判僵局,以改变己方的谈判地位,使谈判朝对己方有利的方向前进。

由此可见,僵局产生的原因多种多样,但实际上谈判的本质就是通过不同的利益交换来满足自己的需求。共同的利益是谈判的基础,也是维系商务谈判并且使之顺利进行的根本保证。因而导致商务谈判不能顺利进行的僵局自然与共同利益有关,共同利益是理解商务谈判僵局并寻找其成因的核心概念。是否存在共同利益、以什么样的条件实现共同利益等问题直接决定了僵局的本质。

合理地制造和利用僵局

中国某公司欲购买欧洲某国一家公司生产的体育器材。负责采购的谈判小组到达后,对方公司以老板外出无法谈判为由,不安排中方进行谈判,而是组织一些无关紧要的活动来消耗时间。待中方采购人员回国日期临近,对方夜以继日地与中方谈判,弄得大家疲惫不堪,而且价格居高不下。于是中方负责人向对方郑重声明:"我们万里迢迢来到贵国,是事先与你们商量好的。可现在就你们对此次谈判的安排和报价来看,似乎无意做成这笔交易,我们再谈下去也是白白浪费时间和精力,因此我们决定提前离开。另外,我们还要去××国了解一下情况。要是你们有了新的考虑,再到我们公司去谈,但是希望你们拿出诚意来。"说完,中方采购人员就礼貌而略显不满地告别了对方,从而制造了一个僵局。

其实,中方表示提前离开,除了想到另一个国家看看情况,更为重要的是制造僵局,避免匆匆忙忙签约而出现疏漏,并试探对方是否真的有谈判诚意,从而在下次谈判中使自己摆脱不利地位,掌握谈判的主动权。

对方不了解中方的底细,更担心中方公司到别的国家去向另外的公司购买体育器材。于是当天下午就打电话到中方采购人员下榻的宾馆,一方面表示道歉,另一方面要求第二天重新谈判,结果以有利于中方的报价完成了谈判。

二、商务谈判僵局的类型

商务谈判僵局按照不同的标准,可以进行不同的分类。

1. 按照僵局出现的时间划分

(1)初期僵局。在谈判初期,可能由于一方在谈判前准备不够充分,或由于沟通不畅造成误会,使另一方在感情上受到伤害,导致谈判在开局阶段就陷入僵局,甚至使谈判提前结束。

(2)中期僵局。谈判中期是谈判的实质性阶段,由于双方在合作背后客观存在利益冲突,可能使谈判难以取得一致,进而形成中期僵局。在这种情况下,如果双方的要求差距过大,或都不愿让步,往往直接导致谈判破裂。

(3)后期僵局。谈判后期双方基本已就大部分重大的、原则性问题达成一致意见或协议,但也有许多诸如付款条件、产品验收等执行环节的细节问题需要进一步商定。对这些细节问题掉以轻心,有时也会导致重大问题出现进而前功尽弃。但是,后期僵局相对更容易解决,只要其中一方愿意做出适当让步,谈判就可以顺利结束。

2. 按照僵局的成因划分

一般来说,谈判双方的技术要求、验收标准等不一样,如果不能很好地协调,很容易形成僵局。在实际谈判中,由于价格问题难以解决造成的谈判僵局最为常见。

总的来说,商务谈判的僵局归纳起来有以下几类:

(1)策略性僵局。谈判的一方有意识地制造僵局,给对方造成压力而为己方争取时间和创造优势的延迟性质的一种策略。

(2)情绪性僵局。在谈判过程中,一方的讲话引起对方的反感,冲突升级,出现唇枪舌剑、互不相让的局面。

(3)实质性僵局。双方在谈判过程中涉及商务交易的核心——经济利益时,意见分歧较大,难以达成一致意见,双方又固守己见,毫不相让,就会导致实质性僵局。

第二节　处理僵局的原则及办法

一、处理僵局的原则

僵局的出现大多会带来负面的影响,如果处理不好,就会影响谈判的整个进程,甚至导致谈判的破裂。因此在处理僵局时要遵循一定的原则:

1. 正确认识僵局

在实际谈判中,有些谈判人员把僵局的出现视为谈判失败的表现,选择消极地躲避,而不是正确地面对它。在谈判过程中,为避免僵局的出现,有的谈判人员处处妥协让步,一旦陷入僵局,便开始怀疑自己的能力,并很快失去信心和耐心,最终无法顺利达成协议。

实际上,僵局的出现对双方都不利,如果正确认识并妥善处理,就会变不利为有利。

2. 冷静理智思考

谈判过程中一旦出现僵局,气氛就会变得尴尬,甚至出现很浓的火药味,双方此时都需要保持理智。必须明确双方冲突的真正原因是利益上的分歧,而不是谈判者个人之间的矛盾,要把人与事严格分开,不能夹杂个人情绪,以致影响谈判的气氛。

3. 聆听不同意见

不同的意见既表明谈判已进入实质性的阶段,又表明谈判的顺利进行遇到了障碍。双方若就不同意见进行相互交流和沟通,就有望达成一致,取得谈判的成功。所以,谈判人员在听到不同意见时,应抱着欢迎和尊重的态度耐心地聆听,而不是一味地拒绝和反对不同的声音。心平气和地听取对方的观点和意见,不仅有助于掌握更多的信息,而且体现了谈判者自身的心胸和大度。

4. 协调双方利益

当谈判双方在同一问题上产生严重分歧,且各自理由充足、无法说服对方,又不肯让步时,谈判会因此陷入僵局。此时,为了使谈判能顺利进行,谈判双方需要认真分析双方的利益所在,只有平衡了双方利益才能打破僵局。双方可从各自的眼前利益和长远利益两方面考虑,做出适当调整,寻求双方都能接受的平衡点,最终达成协议。只有各自都做出一定的让步,协调了双方的利益关系,才能保证双方利益都能最终实现。

二、缓解僵局的办法

妥善处理谈判僵局最有效的方法是将形成僵局的原因消灭在萌芽状态。僵局出现的原因多种多样,要认真分析形成僵局的具体原因,对症下药,采取相应的措施,妥善处理。

当谈判双方出现意见上的分歧时,僵局的苗头也随之而来,就会形成潜在僵局。如果任由这种苗头发展,就会进一步形成真正的僵局。如果谈判人员有较强的预判能力,就有可能采取措施将潜在僵局控制在萌芽状态;如果谈判人员没有及时发现僵局的苗头,就会产生很大的谈判障碍。避免僵局的办法有:

1. 融洽谈判气氛

谈判是一项费力费时的活动,当谈判双方在某些问题上产生意见分歧时,就会出现紧张的气氛,双方人员往往都会变得焦躁,很容易产生僵局。谈判需要一个和谐、稳定的环境,消除双方的对立和敌意。

2. 观点求同存异

谈判双方是合作竞争的关系。在商务谈判中,谈判双方对于某些问题的看法难免不一致,如果一味地坚持己见,否定对方观点,会令对方无法接受,从而使谈判产生陷入僵局的危险。

当谈判人员发现对方对于某一问题的观点与己方有分歧甚至对立时,不应马上指责对方,而应分析产生分歧的原因所在。如果该问题并不影响谈判的大局,应尽量化解此问题的争议;如果该问题是谈判的主要问题,则应该与对方进行沟通,了解双方的观点是否有调和的可能性,即使一时难以调和,也应该允许不同观点存在。可以将此问题安排到后面的议程中,期待这种矛盾能够随着谈判的进行自动化解。如果最终还是无法达成一致,谈判双方则应该在各自可以接受的范围内进行让步,力求获得一个双方都可以接受的折中方案。

3. 换个角度考虑问题

在实际谈判中,不同的谈判人员由于观念不同,运用的策略也不尽相同。人们习惯用既定的观点来看待事实,对与自己相左的观点加以排斥。在谈判过程中,当谈判双方出现了认识上的分歧乃至争执时,可以换个角度,用对方的眼光看问题,以避免不必要的冲突,使谈判双方有更多的机会去挖掘共同利益。

谈判的冲突往往不是因为客观事实,而是因为人们的想法不同。在商务谈判中,谈判双方在各抒己见时,都是按照自己的思维定式来考虑问题,谈判就会因此出现僵局。

谈判双方彼此交流不同的看法,站在对方的立场考虑问题,并不是一味地沿着对方的思路去解决问题,而是以此方法找到问题的症结,最终解决问题。

4. 避免冲突恶化

如果谈判冲突已经发生并有发展成为僵局的迹象,应避免冲突的恶化,将其消灭在萌芽状态。避免冲突恶化的途径有:

(1)立即停止容易导致冲突升级的争吵行为。

(2)冷静思考产生冲突的原因以及化解冲突的可能和途径。

(3)双方重新开始对此问题的讨论,寻求双方都能接受的结果,并且注意言语表达。

一般来说,隐性冲突较显性冲突更容易导致僵局的产生,这就要求谈判人员能够及时发现谈判中的隐性冲突,并尽最大努力去化解。

第三节　破解谈判僵局的策略

谈判出现僵局,会使谈判双方陷入尴尬的境地,不仅影响谈判的效率,而且会挫伤谈判人员的积极性,谈判协议的达成就会变得困难。在谈判遇到僵局的时候,要想突破僵局,不仅要分析其发生的原因,而且要清楚分歧所在的环节及具体内容。在明确问题的基础上,进一步分析谈判面临的形势,找出导致僵局的关键问题和关键人物,然后积极、主动地做好有关方面的疏通工作。

一、突破僵局的时机选择

僵局会阻碍商务谈判的进程,甚至导致谈判破裂,所以应该及时地打破僵局。但是,打破僵局并非越快越好,还要选择有利的时机,操之过急只会弄巧成拙。选择有利的时机,不仅有助于顺利地打破僵局,而且有助于己方在谈判中取得有利的地位。根据己方在谈判中所处地位的不同,打破僵局的时机要求是不同的。

1. 己方处于优势地位

当己方在谈判中处于有利地位时,僵局的产生会削弱这种有利的地位。随着僵局时间的拖延,双方信息不对称的局面会逐渐改变,己方所占有的资源优势也会日渐减少,从而造成己方的优势地位渐渐被蚕食。此时的僵局对于己方来说是极为不利的,应该尽快打破,减少由僵局带来的损失。但是,尽快并不意味着鲁莽,如果操之过急,只会被对方抓住急切的心理,迫使己方做出更多的让步。所以,此时要学会沉住气,耐心与对方周旋,抓住合适的机会打破僵局。

2. 己方处于劣势地位

僵局的存在,等于为商务谈判创造了一个间歇期,这个间歇期对于谈判中被动的一方来说无疑是有利的。一方面,可以暂时避免对方主动的攻击;另一方面,也可以借此机会搜集更多的信息,掌握更多的资源,并且利用时间的拖延来消耗对方的资源优势,拖垮对方的意志。所以,谈判中被动的一方应尽量拖延打破僵局的时间,以为己方在日后的谈判中争取更有利的地位。当然,一味地拖延也不是上策,一旦激怒了对方而中止谈判,就得不偿失了。所以,拖延也要有度,遇到合适的时机,还是要适时地打破僵局。

3. 双方处于均势地位

当谈判双方处于均势地位时,谈判僵局对于双方来说都是一种损耗,所以也应该尽早地打破僵局。最有利的时机应该是谈判双方都表示了希望进一步谈判的诚意的时候,此时双方可以重新开始对产生僵持的条款进行谈判,以寻找一种合理的和解方式。如果只有一方表示出诚意,另一方也应该及时地表示诚意,以恢复谈判。据理力争、一味地要求对方让步只会辜负对方的诚意,激怒对方,导致谈判破裂。

二、突破僵局的策略与技巧

1. 从客观的角度关注利益

在谈判陷入僵局的时候,人们总是会盲目地坚持自己的观点,不自觉地脱离客观实际,甚至忘了自己的出发点。因此,为了有效地克服困难,打破僵局,首先要做到从客观的角度关注利益。

在某些谈判中,尽管在主要问题上双方有共同的利益,但在一些具体问题上双方存在利益冲突,又都不肯让步。这种争执对于谈判全局而言可能是无足轻重的,但是如果处理不当,便会由此激发矛盾,矛盾激化到一定程度就会形成僵局。谈判双方可能会固执己见,从而无法找到平衡双方利益的方案来打破这种僵局。这时,应设法寻找双方都认为是公平的,既不损害任何一方的颜面,又易于实行的办事原则、衡量标准,以打破僵局。

2. 寻找替代方案

在商务谈判中,实际上存在很多可以同时满足双方利益的方案,而谈判人员经常简单机械地采用某一方案,当这种方案不能被双方同时接受时,便产生了僵局。

事实上,不论是国际商务谈判还是国内业务磋商,谈判双方都会产生一定的矛盾,不可能一帆风顺。这时,谁能创造性地提出可供选择的方案,谁就能掌握谈判中的主动权。当然,这种替代方案一定要既能有效地维护自身的利益,又能兼顾到对方的利益。不要试图在谈判开始就确定一个最佳方案,这往往会阻止其他可供选择方案的产生。在谈判期间,若能构思出对彼此都有利的更多方案,就会使谈判如顺水行舟,即便遇到障碍,也能及时调整方向,通畅、无误地到达目的地。

3. 抓住对方的漏洞借题发挥

谈判实践中,在一些特定形势下,抓住对方的漏洞或错误,小题大做,会令对方措手不及,这对于突破僵局有着意想不到的效果。

有时候,抓住对方的漏洞借题发挥会被看作一种无事生非、伤害感情的做法。然而,对于某些谈判对方的不合作态度或试图恃强凌弱的做法,运用此方法及时反击,反而可以使对方有所收敛。相反,不这样做会招致对方变本加厉地进攻,从而使己方在谈判中进一步陷入被动局面。事实上,当对方不是故意刁难,而己方又不便直截了当地提出时,采用这种旁敲侧击的方法,往往可以使对方知错就改,主动合作。

4. 面对对方的无理要求据理力争

有时,当谈判陷入僵局时,与对方和气地商议不一定是解决问题的好办法。如果僵局是由对方理屈所致,就要勇敢地据理力争,主动打破僵局。

如果僵局的出现是由于对方提出不合理的要求造成的,特别是对方在一些原则问题上表现得蛮横无理时,要做出明确且坚决的反应。此时任何替代方案都意味着无原则的妥协,只会增加对方日后膨胀的欲望,己方却要承受难以弥补的损失。因此,要同对方进行必要的争执,让对方自知观点难立,但不可无理强争,这样就能使对方清醒地认识到得与失,从而做出相应的让步,打破僵局。

需要指出的是,面对对方的无理要求和指责时,采用一些机智的办法对付,往往比直接正面交锋有效,同样可以起到针锋相对的作用,自己却可以留有余地,将对方置于尴尬的境地,这也是谈判的艺术。

5. 有效退让

对于谈判双方来说,坐到一起的主要目的是完成谈判,达成协议。当谈判陷入僵局时,应该清楚地认识到:如果双方合作成功,能带来较多的利益,因此有效地退让也不失为一种应对僵局的良好策略。

在实际谈判中,达到谈判目的的途径多种多样,谈判结果所体现的利益也是多方面的,谈判双方因对某一方面的利益分割僵持不下而造成谈判僵局是不明智的举动。当谈判陷入僵局时,如果对国内外情况有全面了解,对双方的利益所在又把握得适当准确,那么就应以灵活的方式在某些方面采取有效的退让策略,去换取一些另外的利益,挽回陷入尴尬境地的谈判,达成双方都能接受的协议。

6. 调整谈判人员

很多时候,僵局是由于谈判人员之间的冲突造成的。这种冲突是由于谈判人员的能力、性格、态度等方面的欠缺或不当产生的,也有可能是为了谈判战术的需要而故意安排的。无论出于哪种原因,如果让与对方发生冲突的谈判人员继续留在谈判桌前,对于僵局的解决有百害而无一利。

及时更换与对方产生冲突的谈判人员,可以避免僵局的恶化,防止今后冲突的再度发生,也是向谈判对手的主动示好。此时,配合人员的更换,可以借机向对方表示歉意,或者推翻先前的陈词,同时给双方一个台阶,由此恢复谈判。

7. 采取休会策略

当商务谈判陷入僵局时,双方谈判人员的激动情绪会导致较尴尬的谈判气氛,使会谈一时难以进行。这时,休会是一个较好的缓和气氛的办法。东道主在征得客人的同意后,可宣布休会。双方可借此冷静下来,仔细考虑自己的处境和对方的情势,思考争议的问题,也可以召集各自谈判小组的成员,集思广益,商量具体的解决办法。

谈判呈现僵局而一时无法用其他双方都能接受的方法打破僵局时,可以选择冷处理,即总结已经取得的成果,然后通过休会恢复谈判人员的体力和调整策略,使双方重新对所谈问题进行进一步研究,以证实自己原有观点的正确性。当双方再按预定的时间、地点坐在一起谈判时,会对原有观点提出修正的看法。

8. 第三方调停

很多僵局,当谈判双方无法通过彼此的内部调节解决时,可以考虑使用第三方力量。第三方可以是中间人、仲裁机构或者法院,无论是哪一种,都必须是双方认可并信任的。

中间人可以是双方都熟悉的中立机构或与谈判无相关利益的生意伙伴,其主要作用是分析双方利益和谈判现状后拿出一个双方都能接受的调节方案。由于中间人是双方都熟悉、认可并且信任的,而且中间人有责任和义务保持公正和中立,如果中间人提出的调节方案不影响任何一方的根本利益,谈判双方都会乐于接受,这样谈判僵局也就可以随之被打破。但是由于中间人的调节方案并无法律效力,任何一方都可以拒绝接受或者推翻,当谈判双方利益差距较大时,中间人的调节所起到的作用并不大。

与中间人的调节方案不同,仲裁机构的仲裁结果具有法律效力。一旦谈判双方寻求仲裁机构打破僵局,仲裁的结果是双方都必须接受的。如果谈判一方认为仲裁人有偏见,或者发现对方有欺诈等违法行为时,也可以就此向法院提起诉讼。向法院提起诉讼虽然能够打破僵局,但同时也宣告了谈判的破裂。因为一方面法院审判会拖延谈判时间,导致谈判久久难以结束;另一方面对簿公堂会伤害双方感情,从而导致谈判中止。所以,不到万不得已,谈判双方都不愿意将僵局交给法院来解决。

9. 从谈判桌外入手

利用适当的公关手段,可以将谈判桌上无法解决的僵局在谈判桌外打破。场外沟通的途径有很多,如通过酒会、舞会、观光旅游等社交活动的安排拉近双方的距离,增加双方沟通的机会,借机表达求和之心;抑或通过打听谈判对手的喜好,在合理合法的范围内投其所好,获得对方的好感,从而为打破僵局创造机会。此外,还可以通过增进私人关系、言语恭维等方式拉近双方距离,为打破僵局创造机会。

 本章小结

商务谈判中的僵局就是在双方交换意见的过程中,由于所谈内容与自己的预期要求差距太大,双方都不愿意让步,使谈判出现不进不退的僵持局面。其产生的原因有:谈判人员素质较低;立场争执;信息沟通障碍;谈判者故意为之。根据不同的划分标准,谈判僵局有不同的类型区分。

僵局的出现大多都会带来负面影响,如果处理不好,会影响整个谈判进程,甚至导致谈判的最终破裂。避免和处理僵局,要遵循一定的原则:正确认识僵局;冷静理智思考;聆听不同意见;协调双方利益。妥善处理谈判僵局最有效的方法是将形成僵局的原因消灭在萌芽状态。避免僵局产生的办法有:融洽谈判气氛;观点求同存异;换个角度考虑问题;避免冲突恶化。在谈判遇到僵局的时候,要想突破僵局,不仅要分析其发生的原因,而且要清楚分歧所在的环节及具体内容。在明确问题的基础上,进一步分析谈判面临的形势,找出造成僵局的关键问题和关键人物,然后积极、主动地做好有关方面的疏通工作。要想突破谈判僵局,需选择合适的时机,然后采取以下策略:从客观的角度关注利益;寻找替代方案;抓住对方的漏洞借题发挥;面对对方的无理要求据理力争;有效退让;调整谈判人员;采取休会策略;第三方调停;从谈判桌外入手。

专有名词

商务谈判僵局(Business Negotiation Deadlock)
策略性僵局(Strategic Deadlock)
情绪性僵局(Emotional Deadlock)
实质性僵局(Substantive Deadlock)
谈判气氛(Climate of Negotiation)
第三方调停(Third Party Mediation)
休会策略(Suspension Strategy)

思考题

1. 造成谈判陷入僵局的原因有哪些?
2. 处理僵局要遵循哪些原则?
3. 运用何种策略可以有效突破僵局?
4. 当己方处于劣势地位时,如何突破僵局?
5. 商务谈判僵局根据不同划分标准可以分为哪些类型?

案例讨论

中日特大索赔案

2001年8月,我国C公司从日本J汽车公司进口了大批PB-618型货车,使用时发现该型号的货车普遍存在严重的质量问题。为此,我国C公司向日本J汽车公司提出赔偿要求。中日双方就PB-618型货车的质量问题决定在北京举行谈判。

在谈判开始之前,双方都为谈判做了充分的准备,制订了谈判方案,挑选了精明强干的谈判人员。双方代表步入谈判大厅,刚一见面时,彼此都非常客气,可是谈判一开始,会场气氛马上发生了变化。中方代表简明扼要地介绍了PB-618型货车在中国各地的使用情况、存在的问题,尽管还未提出索赔但已展示了损害的事实。日方深知PB-618型货车的质量问题是无法回避的,于是就采取避重就轻的策略,不动声色地说:"是的,基本情况我们已经了解了。有的车子轮胎爆裂,挡风玻璃破碎,电路存在故障,铆钉震裂,有的车架还偶尔出现了裂纹……对于出现的上述问题我们深感遗憾,但我们认为这些问题都是汽车运行过程中的正常损耗。"不出中方所料,日方所讲的每一句话,都是轻描淡写,避重就轻,尽可能地逃避责任。于是中方代表直截了当,毫不客气地予以反驳:"贵公司的代表都到现场看过,经过商品检验和专家小组鉴定,铆钉并非震裂,而是本身质量有缺陷导致的;车架出现的不是裂纹,而是裂缝、断裂!如果贵方认为是属于正常损耗范围,是否能够向我们提供具体的比例数据,到底正常的范围有多大,比例是多少?用'有的'或'偶尔'不是科学和准确的表达方式!"对方对此答道:"请原谅,目前尚没有确切的统计数据。""我方认为PB-618型货车本身就存在着严重的质量问题。""我们不能同意你方的观点。PB-618型货车在日本运行多年并没有出现任何严重质量问题。可能是由于中国的道路状况不好所致。"日方企图推卸责任。中方立即反驳："不,这批车是专门为中国设计制造的,在设计时就应该考虑到中国的实际情况。至于中国的道路情况,诸位先生都已经实地考察过,中国道路状况不好所致的说法与事实不符。"

中方步步进逼,日方步步设防,谈判越来越激烈。日方一看责任无法完全推卸,就转而寻求减少责任的承担,于是对车辆的损坏程度提出异议:"PB-618型货车的质量问题不会像贵方说的那么严重吧?这种车在我们公司从未发生过如此严重的质量问题。"此时,如果不拿出些证据,对方是不会认账的。中方于是将有关材料拿出对日方说:"这里有商检、公证机关的公证结论,还有商检拍摄的录像带,是否需要放一放?""不,不,不。对商检、公证机关的公证结论,我们是相信的,没有异议。我们的意思是说贵方能不能做出一点适当的让步?否则,我们回去无法向公司交代。"面对中方出示的证据,日方再也找不出反驳的理由,关于PB-618型货车的质量认定问题终于取得了一致。日方不得不承认,这属于他们公司设计和制造上的缺陷所导致的质量问题。初战告捷,这为下一步提出索赔要求奠定了基础。但是,赔偿多少才是谈判的难点所在,所以后面的谈判难度会更大。随即,双方围绕着索赔金额进行报价,讨价还价。

中方一名谈判代表擅长经济管理和统计,在此之前进行了周密的调查和仔细的计算,在他的笔记本上,大大小小的索赔项目旁记满了密密麻麻的数字。他在谈判之前,翻阅了许多国内外相关资料,深知在技术业务谈判中,不能凭大概,只能依靠科学的依据和精确的计算,因此,现在谈判起来胸有成竹。他不慌不忙地向日方发问:"贵公司对每辆车支付的维修费是多少?""每辆10万日元,总计5.84亿日元。"日方问,"不知贵方报价是多少?""每辆16万日元,总计9.54亿日元。"日方主谈人淡然一笑,与助手耳语了一阵,神秘地瞥了一眼中方代表,问:"贵方报价的依据是什么?"中方将车辆损坏的各部件需要如何维修加固,花费多少工时,逐一报出单价。"我们提出的这笔维修费并不高,如果贵公司感到不合算,由贵方派人维修也可以。但这样一来,恐怕贵公司的耗费是这个数的好几倍。"日方对此测算叹服了:"贵方能否把维修费再降低一点呢?"

"为了表示我们的诚意,可以考虑。贵公司愿意每辆出多少钱?"

"12万日元。"

"13.4万日元如何?"

"可以!"

日方心里明白中方已做出了很大让步,这样双方很快就此项赔偿达成了协议。

但是,中日双方争议最大的项目是间接经济损失的赔偿问题,这涉及几十亿日元。日方此时仍然故伎重施,步步为营,一条一条地报价,每报完一项,总要停一下,环视一下中方代表的反应,仿佛给每一笔金额数目都要圈上不留余地的句号。最后,日方提出赔偿30亿日元。中方代表一面仔细地倾听对方的讲话,一面揣摩对方每一笔报价里的破绽、漏洞,把"大概""大约""预计"等含糊不清的字眼都挑了出来,防止对方蒙混过关,趁机少算,并指出对方计算的不合理之处。在此之前,中方也进行了充分的准备,为了清楚地说明问题,将所有报价资料都做成了幻灯投影。中方报完每个项目和金额后,都讲明数据的计算依据、计算过程。最后,中方提出间接经济损失的赔偿金额为70亿日元。日方代表听了这个数字后,惊得目瞪口呆,老半天说不出话来,连连说:"差距太大,差距太大。"于是,双方开始进行无休无止的拉锯战。"贵方提出的索赔金额太高了,如果按照贵方的要求去做,我们会被解雇的。我们都有妻儿老小的……"日方代表哀求着。"贵公司生产如此低劣的产品,给我国造成多么大的经济损失啊!"中方代表欲擒故纵地对对方说,"我们不愿让诸位代表为难。如果你们做不了主,请你们回去转告贵公司领导,请贵公司领导派有决策权的人来与我们谈判。"双方各不相让,谈判只好暂时休会。

几天之后谈判重新开始,中方代表认为如果谈判破裂,先前达成的赔偿条款统统作废,如果再诉诸法律,时间会很长,精力也会消耗很大,如果适当让步,能达成协议应该是一种明智的选择。于是对日方说道:"如果贵公司有谈判的诚意,我们彼此可以相互做出适当的让步。"日方于是讲:"我公司愿意支付 40 亿日元的赔偿费,这是最高限额了。""我们希望贵公司最低限度必须支付 60 亿日元。"中方进一步说。这样一来,虽然还未达成协议,但使谈判又出现了新的转机。毕竟双方还有 20 亿日元的差距,后经多次讨价还价,双方再各让一步,取个中间值,即 50 亿日元。除了上述两项协议外,日方愿意承担下列三项责任:确认出售到中国的全部 PB-618 型货车为不合格产品,同意全部退货,更换新车;新车必须重新设计试验,精工细作,制造优良,并请中方专家验收;在新车到达之前,对旧车进行应急加固后继续使用,日方提供加固件和加固工具。

一起罕见的特大索赔案就这样在双方的斗智斗勇中圆满解决了。

问题:

1. 僵局产生的原因是什么?
2. 中方是如何突破僵局的?
3. 在双方僵持不下时,中方为什么会选择让步?在这种情况下,让步是不是最优选择?如果继续僵持可能产生的后果又是什么?

第八章　商务谈判的风险与规避

学习目标

1. 了解和掌握商务谈判风险产生的原因。
2. 掌握商务谈判风险的种类。
3. 熟练掌握规避商务谈判风险的手段。
4. 理解商务谈判风险的预见和控制方法。

案例导入

范旭东打破"洋碱"垄断

范旭东是一位有远见的企业家,原本从事盐业生产。第一次世界大战爆发后,输入中国的"洋碱"大幅度减少,中国的碱市场出现异常稀缺的状况。在范旭东的极力倡导下,中国第一家制碱工业企业——永利制碱公司于1918年宣告成立。

永利制碱公司的成立,引起英国卜内门公司的极大不快,卜内门公司驻华经理对范旭东说:"碱在中国的确非常重要,只可惜先生的公司办得早了些,就条件上说,再晚30年也不迟。"范旭东立刻反驳道:"恨不得早办30年,事在人为,今日急起直追还不算晚。"

英国卜内门公司一直垄断中国碱市场,第一次世界大战后又卷土重来,向永利制碱公司发起猛烈进攻,但没有成功。卜内门公司不甘心与永利制碱公司共享市场,便又调来一大批纯碱,以低于原价40%的价格在中国市场倾销,企图以此挤垮永利制碱公司。面对卜内门公司的屡次侵犯,范旭东决心还击。永利制碱公司与卜内门公司实力相差悬殊,无法正面与其抗衡。如永利制碱公司也降价销售产品,用不了多久,实力就会损失殆尽;若不降价,产品卖不出去,资金无法收回,再生产也无法进行,用不了多久,永利制碱公司照样破产。范旭东苦思冥想,偶然在书房瞧见自己年轻时参加"戊戌变法"失败后逃亡日本留学时的相片,触景生情,受到启发:现在,为什么就不能暂避卜内门公司的锋芒而去日本发展呢?永利制碱公司的创立,不就是钻了卜内门公司无暇顾及的空隙吗?日本是卜内门公司在远东的大市场,战争刚刚结束,百废待兴。卜内门公司产量有限,能运到远东来的数量不太多,在中国市场倾销这么多碱,日本碱市场肯定缺货。何不乘虚将碱打入日本市场?等卜内门公司顾及日本市场时,再猛击它在中国的碱市场,令对手穷于应付,首尾难顾。于是,范旭东决定东渡日本,立即着手市场调查分析及计划实施。

永利制碱公司的纯碱在日本的销量虽只及卜内门公司的1/10,却如一支从天而降的轻骑兵,向日本的卜内门公司发起突袭。卜内门公司为保住日本大市场,迫不得已停止在中国碱市场进攻永利制碱公司,主动要求谈判求和,并希望永利制碱公司在日本停止挑战行动。范旭东理直气壮地说:"停战可以,但得有个说法,卜内门公司今后在中国市场变动碱价,必须事先征得永利制碱公司的同意。"卜内门公司只好同意,做出让步。范旭东既为中国人争了口气,又促进了中国民族工业的发展。

第一节　商务谈判中的风险

风险有两种定义,一种定义强调风险表现为不确定性,另一种定义则强调风险表现为损失的不确定性。若风险表现为不确定性,说明风险产生的结果可能带来损失、获利或是无损失也无获利,属于广义的风险,金融风险属于此类。若风险表现为损失的不确定性,说明风险只能表现出损失,没有从风险中获利的可能性,属于狭义的风险。

在商务谈判中,谈判双方是为了各自的利益走到一起的,可以说他们是利益的共同体。不过双方追求的利益目标是不一致的,势必会存在一定的利害冲突。实际上,商务活动中的风险对双方来讲都是存在的,只不过有些风险是一方独有的,有些是需要双方共同承担的,有些则是在双方之间相互转换的。商务谈判风险指的是受某些谈判环境因素、谈判对手或者谈判内部因素的影响,谈判无法达到预期目标的不确定性。

在市场经济环境中,影响商务活动的因素很多,也十分复杂。有的时候,一个细微的变化就可能给公司带来很大的影响。在商务交往过程中,风险是不可避免地存在的。然而,不要认为有风险一定是坏事,风险与效益是呈正比的。在实际商务活动中,要尽量增加有相对稳定收益的机会,减少未来出现各种损失的可能。在商务谈判过程中,面临的风险主要有人员风险与非人员风险。

一、商务谈判中的人员风险

商务谈判中的人员风险是指由于员工的个人因素导致谈判失败的风险。个人因素可能是由于疏忽,也可能是业务不熟练或者是主观故意的行为。一般来说,人员风险主要来自员工的素质性风险、技术性风险和合同性风险。

1. 素质性风险

素质性风险是因参与谈判的人员个人素质欠佳造成的。在商务活动中,参与者的素质低下会给谈判带来不必要的损失。具体地讲,素质性风险主要表现在以下几方面:

(1)有些谈判者缺乏必要的知识,缺少对问题的充分调研,也不虚心向专家学者请教,这样,在实际谈判过程中就会遇到很大的风险,陷自己于不利地位。

(2)有些谈判者刚愎自用,自我表现欲太强。在实际谈判中,不给对方足够的发言机会或莽撞打断对方的发言,坚持一切都以自己的条件或建议为主,寸步不让,不从实际出发,从而未能留住那些潜在的合作伙伴,给自身带来损失,错失更有吸引力的合作前景。

(3)有些谈判者在谈判过程中容易冲动,急于求成。在实际谈判中,谈判者遇到问题犹豫不决或未考虑清楚就急于下结论,遇到挫折表现得一蹶不振等,都不能真正地把握有利时机,争取最佳的效益。造成这样的风险,可能是谈判者的性格使然,更多的是因为谈判风格的问题。

(4)有些谈判者畏首畏尾,不敢承担责任。在谈判中,遇到来自对方的压力,就会感到无所适从,不知道该如何应对。有时,不与对方进行充分的交涉就匆忙让步,使先前争取到的优势丧失;有时只关注个人得失,不从工作本身出发,从而不能真正争取到成功的合作。

实际上,谈判人员对专业问题不甚了解或对客观环境不够熟悉都是正常的,但对于那些可以预知的和通过学习可以了解的知识,谈判前应该掌握的情况,应事先充分调查分析,认真全面做好可行性研究,聘请一些专家顾问,对客观因素做出预先估计,通过一定的途径进行弥补,这样,就可以避免不必要的经济损失。

2. 技术性风险

技术性风险主要是指由技术项目本身和谈判中技术操作不当可能带来的风险。其主要内容有:

(1)合作伙伴选择不当引起的风险。在现实的商务活动中,只有选择了合适的伙伴,才有可能保证项目的顺利进行,达到预定的目标。特别是对于那些重要的、敏感的项目,更要寻找信誉良好、实力雄厚的合作伙伴,即使相应地承担稍高的合同价格也是值得的。合作伙伴选择不当,不仅会在项目的合作中出现无法预料的障碍,而且会造成不可挽回的损失。

(2)技术上过分注重引起的风险。在涉及引进技术、设备等项目的谈判中,引进方在进行项目谈判时,常常会提出过高的技术指标要求,希望对方提供的技术先进完善、功能齐全。这样,可能导致项目成本的大幅度提高。实际上,有些技术在现实中并没有运用的必要,却为出口方提供了转嫁风险的条件,吃亏的最终是自己。

过分注重不必要的技术无疑会带来很大的风险。所以,工程技术人员、谈判者在技术方面提出有关要求时,既要考虑己方真正的需求,又要考虑这些要求是否符合对方的技术规范。既要在技术上可行,又要在经济上达到合理的目标,使商务谈判顺利进行。

3. 合同性风险

在签订有关合同时,由于各种不确定因素和信息缺乏,会导致双方合同条款不完善,进而给合同的执行带来一定的风险。常见的合同性风险主要包括:

(1)质量数量风险。如果双方签订合同和实际交付货物的时间间隔较长,合同中对于标的质量、数量的规定不够明确具体,就会产生歧义,进而使合同的执行产生困难。

(2)交货风险。交货风险指货物发出后在货物运输过程中和货物到达后所面临的风险,包括国际货物运输和保险两个方面。为保证按时、按质、按量完成国际货物的运输任务,磋商有关条款时需选定合理的运输方式,订立好各项运输条款,并运用好有关运输单据。

国际货物在运输和装卸过程中可能会因遇到各种自然灾害或意外事故而遭受损失。为转嫁该损失,需办理货物运输保险。在磋商交易条件时,必须明确双方的保险责任,选择合适的投保条件,将可能的损失变成固定费用。

二、商务谈判中的非人员风险

给商务活动带来利益损失的诸如战争、贸易摩擦、不可抗力等因素,都是谈判者无法控制的风险因素,它们既难以预测,又难以应对,谈判者只能在事后做出被动的反应,这些风险是谈判中的非人员风险。具体地说,非人员风险包括自然性风险、政治性风险、市场性风险等。

1. 自然性风险

自然性风险是指由自然灾害、自然环境恶化等不可控制因素引起的导致公司投资损失的可能性。尽管现代的气象预报、地震预测、环境监控等方面的技术日新月异,有了很大的发展,但毕竟不能完全揭示自然界的活动规律。因而,由于自然变化引起的风险,是任何投资者都难以完全避免的。

2. 政治性风险

经济作为社会生活的基础,与政治有着千丝万缕的联系。它决定政治格局,而政治反过来又推动或抑制经济的发展。政治性风险是由项目所在国的政治因素变化而造成的国际商务风险。政治性风险是所有在该国投资的外国公司普遍面临的风险,一般不具有特别的指向性。政治性风险主要包括项目所在国实施国有化政策的风险、爆发革命或战争的风险以及其他法规、政策变动的风险等。

在商务谈判中,政治性风险一方面是指由于政治局势的变化或国际冲突给有关商务活动带来的危害和损失,另一方面也包括由于商务合作的不当或误会给国家间的政治关系蒙上的阴影。

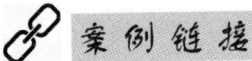

战乱中的中东石化生产基地

20世纪70年代初期,伊朗希望将大量空燃的天然气利用起来生产化学制品,但苦于无技术和管理经验。经过选择后,伊朗决定向日本求助。对当时严重依赖中东石油的日本来说,这是一个巩固与产油国关系的良机。经过一段时间的调查和可行性研究,日本决定全力投入这项工程,并将其建成中东地区最大的石化生产基地。

1973年4月,由日本多达100多家公司组成的"伊朗化学开发股份公司"与伊朗当地的"伊朗国营石化公司"合资建立了合营企业"伊日石化公司"。公司全部资产为7300亿日元,其中日方出资4300亿日元,伊方出资3000亿日元,公司预计年生产30万吨乙烯等产品。

经过近3年包括勘探、规划、设计在内的准备,1976年1月,该项目在伊朗南部的佩鲁峡开始动工,工程的一切都按预定的计划进行。1978年年末,伊朗突然爆发动乱,国内政局不稳,经济运行中断,工程也陷入瘫痪;到1979年3月,85%的工程已经完全停止任何作业与维修,不仅如此,霍梅尼政权一再声称对西方企业要实施国有化措施,日方已经投入100多亿日元,面临巨大的损失威胁。万幸的是,伊朗政府也希望这项巨大的工程及早发挥效益以利其经济发展,因此便向日本政府与相关企业提出了尽快复工的要求,并保证该工程不在国有化之列。对日方投资者而言,这不亚于死里逃生。日方经过深入调查,并和伊方进行了多次磋商,确信霍梅尼政权地位已经稳定后,同意于1979年11月复工并再计划追加1300亿日元的投资。然而天不遂人愿,开工之前又爆发了伊朗学生占领美国大使馆的事件,伊朗内阁辞职,政局再次陷入混乱,工程继续延期。

1980年3月,日方出资的又一笔28亿日元贷款开始使用,5月工程动工,60名技术人员进入工地,9月工程全面展开,日方700人开始工作。但是灾难再次降临,1980年9月末,伊朗与伊拉克爆发战争,建设中的石化生产基地成为主要的攻击目标。一个月之内,伊拉克空军5次轰炸该工程,造成严重破坏,全体技术人员疏散。1981年3月和7月,伊拉克飞机对该工程的第六次和第七次轰炸彻底使这一希望破灭。

此项工程涉及日本众多企业,直接参与建设的日方管理者、技术专家、作业人员为3548人。此外,日方还雇用了外籍施工人员1793人,投入资金3000亿日元。主要的加工设备均已制造完毕,除了在轰炸中摧毁的之外,大批尚未运出。之后很长一段时间,日伊双方就工程损失问题进行了艰难的谈判。伊朗处于战争时期,不可能拿出巨额资金补偿日方,而且战争属于人力不可抗拒因素,伊方可以不履行责任。这场战争风险所带来的官司涉及投资者、贷款人、出口人、保险人、政府等众多当事人,产生了一系列拒付、转移支付、债务重组等风险形态。

如上述案例所示,政治因素确实与商务活动有着千丝万缕的联系,消极影响难以挽回,损失也难以弥补。提高预见和防范政治性风险的能力,是开展国际商务合作的重要问题,必须予以高度重视。

3. 市场性风险

国际市场的经济形势风云变幻,各种因素的交互变化,不可避免地会给市场参与者带来各种利益损失的可能性,即为市场性风险。市场性风险主要包括以下几个方面:

(1)利率风险。利率风险是指在一定时期内由于利率水平的变化而引起公司投资损失的风险,它最终体现在公司的生产成本上。虽然国际商务的利率风险主要是由国际资本市场利率的变化决定的,但就公司国内的投资活动也存在利率风险而言,利率风险可看作国际商务的一般性风险。

如果贷款以固定利率计息,则同种贷款利率升高或降低会使受款人得益或损失,放款人损失或得益。这种利率风险对于借贷双方是同时存在并反向作用的。自20世纪70年代以来,由于各国受日益严重的通货膨胀的影响,国际金融市场利率波动的幅度较大,金融机构很少贷出利率固定的长期贷款,因为放出长期贷款需要有相应的资金来源做支持。由于资金来源主要是短期贷款,只做短期贷款业务的机构放出长期贷款就会承受风险损失。为了避免这种损失,在国际信贷业务中逐渐形成了按不同利率计息的方法,主要有变动利率、浮动利率和期货利率三种。这些利率都有按金融市场行情变化而变化的特点。因此在通货膨胀的情况下,放出贷款的机构可由此得以降低损失。

对于开展国际商务活动需筹措资金者,要根据不同情况采取相应的办法来应对。如果筹措资金时,市场利率已达到顶峰,有回跌趋势,则应先借短期贷款或以浮动利率借入长期贷款,这样在利率回跌时,就可重新进行短期贷款。如果筹措资金时,市场利率较低,并有回升的趋势,则应争取设法借入固定利率的长期贷款。

(2)汇率风险。汇率风险是指在较长的期限内,由于汇率变动而造成结汇损失的风险。

在国际贸易市场上,各种货币之间汇率的涨落变化是时刻发生的。当这种涨落变化比较细微且货币交易量不大时,交易双方损益状况的变化就会较小,影响不大;当这种涨落变化在一段时间内变得十分明显,且双方交易额比较大时,其结果就会是一家欢喜一家愁。

对我国绝大部分外向型企业来说,进入国际市场的主要形式是出口,因此,最常见、对企业影响较大的汇率风险是交易风险。交易风险一般在以下几种情况下发生:

①以即期或延期付款为支付条件的商品或劳务的进出口在货物已装运或劳务已提供,而货款或费用尚未收到这一期间,外汇汇率发生变化所带来的风险。

②以外币计价的国际信贷活动在债权债务清偿前所存在的汇价发生变动带来的风险。

③本期外汇合同到期时,由于汇率变化,交易的某一方可能要拿出更多的或较少的货币去兑换另一种货币的风险。

例如,本国公司向美国银行贷款200万美元,贷款期限1年,此时美元对人民币的汇率为1:7.26,也就是说贷进人民币1452万元;1年后,美元对人民币的汇率调整为1:6.86,此时以人民币表示的债务额为1372万元。如不计利息,本国公司偿还本金200万美元所需人民币比当初少80万元,这就是由于汇率变动带来的风险。

(3)价格风险。这里的价格风险主要是指投资规模较大、延续时间较长的建设项目中因原材料价格、工资等变化而引起的风险,撇开了作为外汇价格的汇率和作为资金价格的利率的风险问题。例如,大型工程所需的有些设备往往需要在项目建设后期提供,在项目建设初期,甚至在合同谈判阶段就把这些设备的价格确定下来并予以固定是有风险的。

一般而言,影响工程设备远期价格的因素主要有:

①汇率和理论风险。

②原材料价格。一般钢材、木材等主要原材料的价格是随着时间的推移而上升的。
③项目员工的工资。工资是一项重要的费用，具有价格刚性，易升不易降。
④国内外其他政治经济情况的变动。

在合同标的金额较大、建设周期较长的情况下，若硬性要求外商以固定价格形式报价，会使外商片面地夸大那些不确定的因素，从而将风险全部转移到固定价格上来，使固定价格偏高，构成价格风险。

价格的形式除了固定价格外，通常还有浮动价格和期货价格。当对国际期货市场买卖缺乏必要的经验时，可以采用浮动的价格形式，这种选择虽然不能同时避免汇率风险、利率风险，但至少可以在确定原材料价格、工资等时更客观、公平和合理。在一些大型涉外项目合作中，对需要外商在项目建设 5~7 年才提供的有关设备，可采取浮动价格形式，避免原材料价格、工资等上涨带来的不良影响，节约项目投资。

国际商务交往中的价格风险，不仅存在于硬性价格形式中，而且存在于软性价格形式中。虽然可以在理论上将机会成本、市场占有率等作为计算软性价格的依据，但是受到市场供求关系的影响，软性价格的弹性很大，很难真正算出实际的软性价格，可以通过著名管理咨询公司、专利事务所、会计师事务所等的帮助来确定较为合理的软性价格，减少风险。

汇率、利率、价格的变动往往不是单一的，它们既可能归之于某一种共同因素的影响，又可能在三者之间构成互为因果的作用。汇率风险、利率风险、价格风险通常是交织在一起的，所以不能孤立地只考虑其中一种风险，要综合起来全盘考虑。

第二节 商务谈判中的风险规避

一、风险规避概述

1. 风险规避的含义

风险的规避并不是说要彻底地去除风险，而是要规避风险可能给商务活动带来的损失。一方面要降低发生这种损失的可能性，主要是采取事前控制的措施；另一方面要降低损失的程度，主要是事后及时进行补救。在国际商务活动中，规避风险可以采取多种多样的手段，旨在防止未来可能发生的损失，同时寻求未来收益增长的机会。

商务风险不仅可以从宏观上区分为人员风险和非人员风险，还可以从微观上区分为纯风险和投机风险，这两种风险往往是共存的。

纯风险是指只造成损失而没有任何受益机会的风险，比如企业资产的贬值，企业因未履行某项义务而引发法律赔偿形成的损失等。货物运输中，由于船舶遭受不可抗力，导致货物沉没的风险也是纯风险。

投机风险是指会带来收益机会但同时又存在损失可能的风险。这种风险所导致的结果有三种情况：获得收益；没有损失；遭受损失。也就是说，它既存在可能获利的机会，又有受损的可能性。比如，在证券市场或者外汇市场进行投资活动时所面对的收益的不确定性，就是投机风险。投机风险的发生常常与个人投资（或者说投机）决策的选择密切相关，同时也与社会经济环境的变化紧密相连。比如，在国外创办合资企业，虽为开拓海外市场创造了机会，但同时也存在产品不能畅销的风险。

2. 风险的预测和控制

一般对商务风险的评估集中于对事件发生概率大小的估计和对损失程度的估计这两个方

面。如果事件发生的概率较小,但一旦发生便会导致惨重的损失,就要认真地考虑对策,并不惜承担必要的成本。如果未来的损失程度对整个事件是无足轻重的,那么事件发生的概率再大,也不值得花费很大的精力和财力去应对。所以,必须对商务风险做出比较可靠的预测和控制。

一般来说,人员风险大多是比较容易预测的,也比较容易被控制。非人员风险的发生难以被预见,其预测难度和控制难度相应地较大。虽说非人员风险难以预测与控制,只能采取事后补救的措施,但也要用积极的态度,对那些根据观察到的事实判断出来的政治风险和自然灾害风险采取必要的策略。比如,取消对战争或动乱可能持续下去的国家或地区的投资,不在自然灾害多发的地区建设厂房等。

风险越不容易被预见,越难以得到应有的控制,一经被识别和衡量,就会很容易找到相应的策略和控制措施。在国际商务谈判中,应积极地采取一切必要的措施转移风险,如让合作伙伴分担一定的风险、向国际保险商投保等。

二、如何进行风险规避

1. 规避商务风险的策略

由现代风险管理理论可知,处理风险的方式主要有风险损失的控制、风险的转移、风险自留及完全回避风险等四种方式。

(1)风险损失的控制。风险损失的控制是指通过减少风险发生的机会来降低其所造成的损失,或在风险发生后减轻损失的程度。风险损失控制是一种积极的风险控制手段,可以克服风险回避的种种局限性。

(2)风险的转移。风险的转移是指将自身可能承受的潜在损失以保险或非保险的方式转移给第三者。通过转移风险而得到保障,是应用范围最广、最有效的风险管理手段。在商务活动中,采用保险的方式来转移风险是最普遍的风险转移方式。让合作伙伴来承担有关的责任风险,是一种非保险的风险转移方式。

(3)风险自留。风险自留是指自己非理性或理性地主动承担风险,即指一个企业以其内部的资源来弥补损失。风险自留可以是有计划的,也可以是无意识的;可以是主动的,也可以是被动的。

有计划的风险自留也可以称之为自保。自保是一种重要的风险管理手段。它是风险管理者察觉了风险的存在,估计到了该风险造成的期望损失,决定以其内部的资源(自有资金或借入资金)来对损失加以弥补的措施。在有计划的风险自留中,对损失的处理有许多种方法,有的会立即将其从现金流量中扣除,有的则将损失在较长的一段时间内进行分摊,以减轻对单个财务年度的冲击。风险自留的方式多是被动的或无计划的,这是因为风险不易被预见。

(4)完全回避风险。完全回避风险是指以拒绝或放弃与对方进行合作,停止业务活动的方式来回避风险源。这样虽然能避免潜在的损失,但同时也失去了获得利益的机会。

对于政治风险、自然风险等纯风险而言,有时采取完全回避风险的策略终止商务活动的做法是很有意义的,而被动的风险自留的做法往往是迫于无奈的。

对于汇率风险这种投机风险而言,可以采用外汇的期货交易或期权交易方式,这不仅是一个争取套期保值的过程,而且是一个伴随可能获利的过程。

2. 风险规避的手段

(1)提高谈判人员的素质。在选定谈判的人员时,一定要按照严格的素质要求,细心选拔主谈人及谈判辅助人员,最终确定的人选一定要有丰富的知识,有较强的自控能力及调节能力,以事业为重,敢于负责,遇事时当机立断。只有这样的谈判人员才能在谈判过程中避免因人员素质带来的风险。

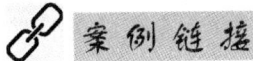

以退为进的松下电器

第二次世界大战以后,日本松下电器公司的迅猛发展成为日本战后经济发展中的一个奇迹。日本松下电器公司能有辉煌的今天,与公司创始人松下幸之助当年艰辛的创业息息相关。

1952年,日本松下电器公司为了引进荷兰飞利浦公司的先进技术,同飞利浦公司进行了谈判。当时谈判双方的实力相差悬殊,飞利浦公司作为世界驰名的大公司,凭借着雄厚的财力与先进的技术,在谈判中态度强硬,气势逼人。虽然松下幸之助经过很大的努力,把飞利浦公司要求的占销售额7%的技术援助费压低到4.5%,但飞利浦公司将专利转让费定为55万美元,并且必须一次付清。飞利浦公司所草拟的合同几乎完全偏向荷兰一方,如规定日方若违反合同,或在执行合同时出现机密信息泄露的话,应接受某种处罚,甚至被没收机器等,而飞利浦公司的违约责任则含糊不清。因此,合同的条件对松下电器公司来说是相当苛刻的。

当时,松下电器公司的资本总额不过5亿日元,而55万美元的专利转让费相当于2亿日元,几乎占到松下电器公司全部家底的一半。松下幸之助陷入一种两难的境地:如果答应对方的谈判条件签署合同,那么松下电器公司将陷入极大的风险中,一旦出现意外,有可能使松下电器公司元气大伤,一蹶不振;如果不答应对方的谈判条件,使谈判破裂的话,松下电器公司将失去这次良好的合作机会,以后的发展更加举步维艰。

松下幸之助不愧为"经营之神",经过深思熟虑,他终于下定了决心,决定冒险。飞利浦公司的研究机构力量十分强大,拥有3000名研究人员和很多先进的设备,一旦双方签订合同,松下电气公司就可以充分利用这一技术资源,而这一技术资源是2亿日元绝对买不到的,一时的妥协退让,可以满足自己长期的需要与利益,虽然风险巨大,但冒险是值得的。因此,松下幸之助毅然决定同飞利浦公司签约。这样,2亿日元和巨大的风险代价,成为松下电器公司日后迅猛发展的基础。

松下幸之助同飞利浦公司的这场谈判,形势对日方来说是非常不利的。松下幸之助运用了以退为进的策略,做出了极大的妥协与让步,接受了对方的苛刻条件,满足了对方的需要,但同时也为松下电器公司长期利益与需要的实现,开辟了一条曲折但又充满希望的道路。在商业谈判中,谈判人员应该像松下幸之助那样,不急于求成,当断就断,否则就得承受失去合作的风险。

为了切实提高谈判人员的素质,应该从以下几方面着手:

①谈判人员应该努力拓宽自己的知识面,认真学习可能涉及的知识,这样才能在谈判过程中对对方的要求及问题应对自如。

②谈判人员应该有广泛的信息渠道,而且具有细致的洞察力,善于营造竞争局面,然后多方择优。

③谈判人员要明确己方真正的需要,在谈判中既能坚持合理的要求,又不会提出过分的条件,这样就可以规避奢求带来的风险,合理协调利益。

④谈判人员还应对政治与经济的辩证关系有深刻而清醒的认识。从事商务谈判的人员应不断努力提高政治形势的分析预测能力,提高对政治风险的规避能力。掌握政治理论知识与政策常识,把握交易的基本性质和方向。同时,了解经济学知识,具有经济头脑,懂得企业经营管理知识,使商务谈判更好地成为企业经营管理的一个有机组成部分,并为企业经营管理服务。

⑤谈判人员思想、品行端正,这是必须具备的基本素质。谈判人员应具有鲜明的政治观点和立场,能够自觉地贯彻和执行国家的路线、方针和政策。热爱祖国,树立为国家、为民族、为企业、为用户服务的思想,而不是利用自己手中的权力为个人谋私利,甚至是卖国求荣。善于沟通,团结协作,具有合作精神。遵纪守法,不违反国家政策和规定,保守国家机密和商业机密。

(2)利用保险市场和信贷担保工具。如今,向保险商投保已成为企业转移风险的普遍方式。保险一般只适用于政治风险、自然灾害风险等纯风险,对于价格浮动、汇率风险等投机风险则不太适用。对于是否投保、确定保险公司、选择保险费档次等一系列问题,谈判人员应虚心向保险专家请教,以做出较为恰当的决定。

商务活动中,信贷担保不仅是一种支付手段,在某种意义上也具有规避风险的作用。在一些大型工程项目中,为了预防承包商延误工程进度,偷工减料,保护自己的利益,业主可以要求承包商或供应商在签订合同时提供银行担保。这样,即使在合作过程中出现问题,业主也可以根据银行的担保得到应有的赔偿。

(3)公平负担。在项目合作过程中,风险的承担并不像楚河汉界那样分明,常常需要合作双方共同承担。所以,如何分担风险带来的损失就成为谈判的一个主要话题。当风险发生、带来损失时,如何进行处置,构成双方磋商的重要内容。在这样的谈判过程中,坚持公平负担的原则是使谈判顺利进行、双方友好合作的最重要出路。

分担国际市场的风险是合作双方经常讨论的问题。如 A 方要求 B 方在结算时支付德国马克,而 B 方则只愿支付英镑,争议的背后隐藏着双方共同的认识:马克在未来一段时间内会日趋坚挺,而英镑会日趋疲软,双方谁都不愿意承担外汇风险。对此,可以商议这样的解决方案:双方共同到外汇市场上去进行套期保值,或自行约定一个用于结算的英镑对马克的汇率,这样无论 B 方最终向 A 方支付英镑还是马克,对双方都是公平的。国际市场价格波动令人头疼。对大型项目的一些后期供应的设备,可选择浮动价格的形式,这既考虑了若干年限内原材料价格、工资等上涨的风险,又避免了供应商片面夸大这些不确定因素而使用户承受过高固定价格的风险。对于交易双方来讲,这样彼此都合理承担了各自应负的风险责任。

本章小结

本章主要围绕商务谈判风险与风险规避展开,首先明确,在商务交往过程中,风险是不可避免地存在的。谈判双方是为了各自的利益走到一起的,可以说他们是利益的共同体。不过,双方追求的利益目标是不一致的,势必会存在一定的利害冲突,从而导致风险的发生。商务活动中的风险主要分为人员风险和非人员风险。商务活动中的人员风险是指由于员工的个人因素导致失误产生的风险。个人因素可能是由于疏忽,也可能是业务不熟练或者是主观故意的行为。一般来说,人员风险主要来自员工的素质性风险、技术性风险和合同性风险。给商务活动带来利益损失的诸如战争、贸易摩擦、不可抗力等因素,是谈判者无法控制的风险因素,它们既难以预测,又难以应对,谈判者只能在事后做出被动的反应,这些风险称为谈判中的非人员风险。具体地说,非人员风险包括自然性风险、政治性风险、市场性风险等。

风险无法彻底地去除,但可以进行规避,从而规避可能给商务活动带来的损失。一方面要降低发生这种损失的可能性,主要是采取事前控制的措施;另一方面要降低损失的程度,主要是事后及时进行补救。一般对商务风险的评估集中于对事件发生概率大小的估计和对损失程度的估计这两方面。如果事件发生的概率较小,但一旦发生便会导致惨重的损失,就要认真地考虑对策,并不惜承担必要的成本。如果未来的损失程度对整个事件是无足轻重的,那么即使事件发生的概率再大,也不值得花费很大的精力和财力去应对。所以,必须对商务风险做出比较可靠的预测和控制。处理风险主要有风险损失的控制、风险的转移、风险自留及完全回避风险等四种方式。风险规避的手段主要有提高谈判人员的素质、利用保险市场和信贷担保工具、公平负担。

专有名词

素质性风险(Qualitative Risks)
技术性风险(Technological Risks)
自然性风险(Natural Risks)
政治性风险(Political Risks)
风险规避(Risk Averse)
风险转移(Risk Transfer)
风险自留(Risk Self-retention)
风险回避(Risk Avoidance)
市场风险(Market Risk / Market Exposure)
合同风险(Contract Risks)

思考题

1. 商务活动的人员风险主要有哪些?
2. 商务谈判的非人员风险有哪些?
3. 商务谈判风险规避的含义是什么?
4. 如何对商务活动中的风险进行预测和控制?
5. 风险规避有哪些手段?

案例讨论

令人失望的欧洲迪士尼乐园

直至1992年,迪士尼公司在开办主题公园这方面都是非常成功的。1955年,迪士尼公司在美国加利福尼亚州阿纳海姆市开办了第一家主题公园——迪士尼乐园,乐园的主题为"这是一个小世界",兜售一种美妙无比的美国幻境,让游人既能欣赏各种外国文化,又容易产生那种生活在大家庭之中的热乎乎的感情。黑暗的隧道与颠簸起伏的过山车能吓唬住小孩子，人们熟悉的迪士尼动画片和连环画中的各种角色分散在园内各处，随时引导游人，带领他们去观看米老鼠表演或是去听美人鱼的歌声。

阿纳海姆迪士尼乐园旗开得胜，马到成功，20世纪70年代在佛罗里达州再奏凯歌。1983年，迪士尼公司成功开办了东京迪士尼乐园，证明日本人真是非常喜欢米老鼠。满足日本人的需求之后，迪士尼公司的主管们把注意力转向巴黎，这个自誉为欧洲高雅文化及高风格、高品位之都的城市。许多人疑惑为什么选中巴黎？当迪士尼公司第一次透露想要再建一个主题公园的消息时，全世界超过200个地区的行政官员低声下气地恳求，并用现金引诱迪士尼公司将乐园建在自己的家乡，以创造魔术般的奇迹。迪士尼公司最后选中巴黎，是从人口统计学及财政补贴方面考虑的。大约1700万欧洲人居住在离巴黎不到两个小时车程的地方，还有3.1亿人用不到两小时或更短的时间就可飞到巴黎。此外，法国政府渴望把迪士尼公司吸引到巴黎来，给其提供超过10亿美元的各种奖励，期望这个项目能为法国创造30 000个就业机会。

但迪士尼公司谈判人员缺乏文化教养，经常出丑，从一开始就给这个项目定了调。1986年年底，迪士尼公司深陷于和法国政府的谈判之中。谈判时间比预期要长得多，激怒了以夏皮罗为首的迪士尼公司的谈判代表。法国谈判首席代表白纳德说："美国的夏皮罗先生居然失去耐性，冲向房门，以完全非法国人的方式，用脚不断踢门并大喊：'让我砸点什么东西！'此时，法国代表真是大吃一惊。"

在法国开办迪士尼乐园，受到法国知识分子的无情中伤，他们攻击移植迪士尼梦幻世界到巴黎是对法国文化的侮辱。一位知名学者把它叫作"文化上的切尔诺贝利核灾难"。法国文化部长宣布将抵制开幕式，声称欧洲迪士尼乐园是美国的陈旧货色，为消费者所不欢迎。1992年夏，迪士尼公司按计划在法国开办了价值50亿美元的主题公园。但开张不久，法国农民就将拖拉机开到乐园门口并将它封锁。全世界的电视台都转播了这次抗议行动。但这一抗议行动不是针对迪士尼乐园本身，而是针对美国政府的，原因是美国政府要求法国削减农业补贴。尽管如此，这一事件使全世界都关注到了迪士尼乐园与巴黎之间这桩没有爱情的婚姻。

之后发生了经营上的失误。迪士尼公司的政策是，在乐园内不提供酒精饮料，但法国人的习惯与此不同，他们中餐要喝一杯酒，这引起了法国人的恼怒。迪士尼公司认为星期一游客最少而星期五最多，并按这种想法安排人手，但实际情况与此相反。另一个出人意料的不愉快事件是旅馆的早餐供应一片混乱。迪士尼公司的一位经理回忆："有人告诉我们欧洲人不吃早餐，因此我们压缩了餐厅的面积。"他接着说："你猜怎么着？每个人都来吃早餐。只有350个座位的旅馆餐厅里招待了2500个吃早餐的人。队伍排得让人害怕，而且他们不仅想要吃小面包、喝咖啡，还想吃咸肉和鸡蛋。"午餐时间也成问题，每个人都想在中午12点半吃午餐，人群拥挤不堪，服务员只能笑着使愤怒的顾客平静下来，请他们做些"修改"，告诉他们可以在上午11点到下午2点之间吃午餐。还有职工问题。迪士尼公司试图采用在美国和日本行之有效的团队工作模式，但这种模式在法国遇到了麻烦。欧洲迪士尼乐园开业后的前9周内，大约有1000名雇员（占雇员总数的10%）辞职。其中有一名22岁的医学院学生，来自附近小镇，要求在周末工作，在两天的"洗脑"（培训）之后，和上级就他用午餐的时间发生了争论，一气之下离开了。另一名前雇员指出："我认为，他们不了解欧洲人是什么样的，我们会提问题，也不打算亦步亦趋。"

但是，最大的问题是欧洲人游园的时间并不像迪士尼公司期望的那样长。虽然每年有将近100万游客入园游览，与迪士尼公司的计划相去不远，但大多数游客只在乐园里玩一两天。

大多数欧洲人认为,主题公园只是供游览一天的场所,而不是长期度假的地方。这对迪士尼公司是巨大的打击。公司投资数十亿美元在乐园附近建造了豪华旅馆,但一日游的顾客不需要旅馆,因而在大多数时间里,旅馆都空着。更糟的是,法国游客数量低于预期,在1994年只有40%的游客是法国人。一位经理指出,许多游客是住在欧洲的美国人,或者是在欧洲度假的日本人。结果,到1994年年底,欧洲迪士尼乐园累计亏损额已达20亿美元。

迪士尼公司是世界上主题公园较成功的经营者之一,但它在欧洲建的迪士尼乐园至今还没有赢利。虽然不能将这一失败全部归因于迪士尼公司(一部分美国经理)缺乏这方面的知识,但这一点也起了作用。夏皮罗因谈判过程太慢而受到控诉,于是用脚去踢法国旅馆昂贵的房门(这正是迪士尼公司和法国政府官员进行谈判的房间),这一不得体的举止作为迪士尼公司管理者"牛仔作风"的实例,被法国传媒广为报道。

迪士尼公司低估了将巴黎和迪士尼合在一起所产生的负面效应。它在选择地点时着重考虑人口和财政因素,将欧洲迪士尼乐园设在人口众多的欧洲中部地区。迪士尼公司的管理者没有看到,米老鼠和巴黎塞纳河左岸地区的知识分子不能和谐相处,而法国很看重本国知识分子。人们把欧洲迪士尼乐园看作"文化上的切尔诺贝利核灾难",这一看法不仅赢得了法国知识分子的认同,而且引起了法国中产阶级(迪士尼公司想要吸引的顾客)的共鸣。回顾以往,巴黎并不是设立这种主题公园的最佳地点,设立迪士尼乐园是向法国有影响的知识分子宣战。迪士尼公司的经理们公开声称,某些批评是"少数精英的胡言乱语",但法国比美国更重视本国文化精英,将这种反驳看作对其国民品质的攻击。

迪士尼公司经理们的另一个错误是,基于简单的特性描述对欧洲人的文化习惯妄加猜测,如以为欧洲人不吃早餐。此外,以往雇佣的美国和日本员工干净利落、重视工作,而欧洲雇员懒散又不听话,这是迪士尼公司始料未及的。迪士尼公司的经理们也没有预料到欧洲人对度假和主题公园的态度会如此不同。迪士尼公司认为欧洲人会像美国人和日本人一样度假,他们会在主题公园很开心地待上几天,但欧洲中产阶级度假时,只想"远离周围的一切"而到海滩或山区去,欧洲迪士尼公园缺乏这种吸引力。

问题:
1. 在迪士尼公司与法国政府之间的谈判中出现了哪些谈判风险?分析风险产生的原因。
2. 如果你是迪士尼的谈判人员,在正式谈判之前,你会采取什么方式来规避风险呢?

国际商务谈判篇

第九章 国际商务谈判

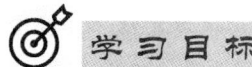 学习目标

1. 熟练掌握世界各地商人的谈判风格。
2. 理解国际商务谈判的概念、特点及原则。
3. 熟悉世界各地之间的文化差异及其影响。

案例导入

石灰原料提供方的那些事

云南省小龙潭发电厂就6号机组脱硫改造项目于2002年与丹麦史密斯穆勒公司签订了一系列脱硫改造合同,改造后的检测结果显示,烟囱排放气体并未达到合同承诺的技术指标。该电厂于2004年与史密斯穆勒公司就此事进行交涉,要求对方进行经济赔偿。

索赔谈判前,我方在确认对方的责任方面进行了大量调研和数据收集工作。首先,咨询了国内该领域的知名专家,在理论上对这一问题有了清楚的认识。其次,对改造后烟囱排放的气体进行了采样分析以及数据计算。另外,对比分析对方提供的石灰品质以及脱硫效率。根据调研结果,对照2002年原合同中的条款和参数,我方最终认定是史密斯穆勒公司的责任。

正式索赔谈判中,双方在责任问题上各执一词,谈判出现了僵局。史密斯穆勒公司采取了"打擦边球"的策略,试图推脱责任,把赔偿金额压到最低。合同要求脱硫率是90%,脱硫率瞬间值可达到这一指标,甚至还高于90%,但我方要求的是长期值而不是瞬间值,对方试图以瞬间值推脱一定责任,而我方则以平均值说明问题。经过长期统计,我方得出的平均值仅为80%左右,远远没有达到合同要求。在脱硫剂石灰上,丹麦的国家法律规定石灰原料由国家提供,而我国则由企业自己提供。史密斯穆勒公司认为,脱硫效率低是由我方未提供合适的石灰造成的,我方应负一定责任。

双方最终达成协议:一方面,史密斯穆勒公司派遣相关人员继续进行技术改造;另一方面,对方就无法实现的合同技术指标部分进行赔偿。

由于世界各国的历史传统、政治制度、经济状况、文化背景、风俗习惯以及价值观念存在明显差异，各国谈判者在商务谈判中会有不同的谈判风格。每一个谈判人员来到谈判桌前，都带着自己深深的文化烙印，因而在进行国际商务谈判之前，谈判人员必须熟悉各国文化的差异，认真研究对方谈判人员的文化背景及其特点，把握对方的语言及非语言习惯、价值观、思维方式、行为方式和心理特征，做好充分准备，以此增强自己的谈判实力，并在谈判中因势利导，掌握谈判的主动权，不辱使命，进而取得谈判的成功。

第一节　国际商务谈判概述

随着经济全球化的不断加深，产品质量、技术甚至是价格的差异都越来越小，交易能否发生在更大程度上取决于利益主体间的磋商和协调。如今，国际商务谈判已成为对外经贸工作中不可或缺的重要环节，它是进行多国和跨文化的商务交易的过程，比国内的商务谈判要复杂得多，这是因为世界各国在政治、法律、经济制度等方面都存在诸多不同，各民族间也有着不同的历史、文化传统，各国商人的文化背景和价值观念存在着明显的差异。因此，在与外国客商进行贸易往来时，必须了解国际商务谈判的特点、原则及世界各地商人不同的谈判风格。

一、国际商务谈判的概念

国际商务谈判，是指国际商务活动中不同国家或地区的利益主体，为了达成某笔交易，彼此通过信息交流，就交易的各项条件进行协商的过程。国际商务谈判是国际商务活动，是国内商务谈判的延伸和发展。

在现代国际社会中，许多交易往往需要经过艰难、烦琐的谈判才可能最终达成。在国际商务活动中，不同的利益主体需要就共同关心或感兴趣的问题进行磋商，协调各自的经济利益或政治利益，谋求在某一点上取得一致，使双方都感到有利，从而达成协议。所以，可以说，国际商务谈判是对外经济贸易活动中普遍存在的一项十分重要的经济活动，是协调和解决不同国家和地区政府及商业机构之间不可避免的经济利益冲突的必不可少的一种手段。

二、国际商务谈判的特点

国际商务谈判的利益主体来自不同的国家或地区，因此，相对于国内商务谈判而言，除了具有商务谈判的基本特点外，国际商务谈判还具有以下特点：

1. 具有明显的跨国、跨地区性

跨国、跨地区性是国际商务谈判的最大特点。由于国际商务谈判的参与者来自不同的国家或地区，国际商务谈判具有明显的国际性。

2. 跨文化性

文化是一种复合体，包括知识、信仰、艺术、道德、法律、风俗以及人类在社会中获得的一切能力和习惯，它根植于民族的特性之中。各国之间在文化上的差异会在国际商务谈判中淋漓尽致地表现出来。如果不能很好地了解这些文化背景上的不同，很容易在谈判中产生不必要的误会，甚至危及正常谈判。例如，当一个印度商人以摇头的方式对你描述的商品性能表示满意时，你可能以为对方不认可自己所销售的优质产品而非常困惑；又或者你以自己所习惯的谈价方式向你的瑞典对手报出一个高价，但对方或许根本不习惯这种讨价还价的做法，认为你要么缺乏此商品在国际市场上的价格常识，要么就是根本没有诚意做成这笔生意，最终弃你而去。

文化是社会群体的独有特征,既包括社会结构要素——作为社会交往背景的经济、社会、政治和宗教体制等,又包括心理因素——群体成员共享的价值观和规范。当利益主体跨越自己的文化进行谈判时,彼此都会不自觉地把自己的文化特性带到谈判桌上。在整个谈判过程中,文化通常都会以一种比较微妙的方式影响人们的谈判态度与谈判行为,渗透谈判的方方面面。

3. 较强的政策性

国际商务谈判既是一种商务交易的谈判,又是一项国际交往活动,具有较强的政策性。谈判双方的商务关系是两国或两个地区之间整体经济关系的一部分,因此常常涉及两国之间的政治关系和外交关系,尤其在军品贸易、能源贸易中,这方面的影响较为突出。国际商务谈判中不能仅考虑企业的获益得失,还必须执行国家有关方针政策和外交政策,遵守对外经济贸易的一系列法律和规章制度。例如,对方要求与你合作,将一座大型水电工程建在与其邻国有领土争议的地方,这不但会给项目建设带来很大风险,还可能引发外交问题。再比如,中东某国进口商要求中国某纺织服装企业加工一批有种族或宗教歧视字样的 T 恤衫,无论这笔生意有着多么超乎寻常的利润,中方谈判人员都必须拒绝其要求。

4. 资产跨国转移性

在国际商务谈判中,由于谈判的利益主体来自不同的国家或地区,一旦双方达成交易,资产就会从当事一方转移到另一方,也就是发生了跨国转移。

由于国际商务谈判的结果会导致资产的跨国转移,必然会涉及国际贸易、国际结算、国际保险、国际运输等一系列问题,在国际商务谈判中要以国际商法为准则,以国际惯例为基础,才能切实保证双方利益的获得。谈判人员要熟悉各种国际惯例,熟悉对方所在国的法律,熟悉国际法、国际公约和多边公约等,这些是一般国内商务谈判所不涉及的,因此应引起特别重视。

5. 谈判的特殊复杂性

由于国际商务谈判的谈判者代表了不同国家或地区的利益,有着不同的社会文化和经济背景,其价值观、思维方式、行为方式、语言及风俗习惯不同,从而使谈判考虑的因素增加,谈判过程变得复杂多变,谈判难度也相应增大。谈判者必须有广博的知识和高超的谈判技巧,不仅能在谈判桌上因人而异、运用自如,而且要在谈判前注意资料的准备、信息的收集,使谈判按预定方案顺利进行,这就对从事国际商务谈判的人员提出了更高的要求。

三、国际商务谈判的原则

国际商务谈判具有明显的政策性,这就要求谈判者在国际商务谈判过程中必须掌握一定的原则,只有在这种谈判原则的指导下,运用恰当的谈判手段和技巧,才可能排除谈判障碍,最终达成谈判协议。

1. 平等性原则

平等性原则的基本含义是:在商务活动中,不论双方实力强弱,在相互关系中都应处于平等的地位;在商品交换中,自愿让渡商品,等价交换;谈判双方应根据需要与可能,有来有往,互通有无,做到双方互利。平等是国际商务谈判得以顺利进行和取得成功的重要前提。在国际经济往来中,不同利益主体间的洽谈协商活动不仅反映着企业与企业的关系,而且体现了国家与国家的关系,相互间要求在尊重各自权利和国格的基础上,平等地进行贸易与经济事务合作。平等性原则作为对外经贸关系中的一项基本准则,必须贯彻于国际商务谈判的各个方面。

(1)谈判各方地位平等。企业不论实力强弱,在经济贸易谈判中的地位一律平等。实力较强的一方不可颐指气使,盛气凌人,把自己的观点和意志强加给对方。对于利益、条件方面有分歧的问题,双方应通过友好协商加以妥善解决。切忌使用要挟、欺骗的手段来达到自己的交易目的,也不能接受对方带强迫性的意见和无理的要求。使用强硬、胁迫手段,只能导致谈判破裂。

(2)谈判各方权利与义务平等。各国之间在商务往来谈判中的权利与义务是平等的,既应平等地享受权利,又要平等地承担义务。谈判者的权利与义务具体表现在谈判各方的一系列交易条件上,包括涉及各方贸易利益的价格、标准、资料、方案、关税、运输、保险等。如在世界贸易组织中,国与国之间的贸易和谈判,要按照有关规则公平合理地削减关税,尤其是限制或取消非关税壁垒。

谈判的每一方都是各自利益的占有者,都有权从谈判中得到己方所需要的利益,都有权要求达成等价有偿、互相受益、各有所得的公平交易。谈判者享受的权利越多,需要承担的相应义务也就越多,反之亦然。

(3)谈判各方签约与践约平等。商务谈判的成功体现在谈判双方最终签订贸易及合作协议或合同。协议条款的拟订必须是公平合理的,这样才有利于谈判双方目标的实现,使各方利益都能得到最大限度的满足。谈判合同一经签订,谈判各方必须"重合同,守信用""言必信,行必果",认真遵守,严格执行。签订合同时不允许附加任何不合理的条件,履行合同时不能随意违约和单方面毁约,否则,就会以不平等的行为损害对方的利益。

2. 互利性原则

在国际商务谈判中,平等是互利的前提,互利是平等的目的。平等与互利是密切联系、有机统一的两个方面。国际商务谈判不能以胜负输赢而告终,要兼顾各方的利益。所以,应做到以下几方面:

(1)投其所需。在国际商务活动中进行谈判,说到底就是为了说服对方进而得到对方的帮助和配合以实现自己的利益目标,或者说通过协商从对方获取己方所需要的东西。只想得利而不付出,只顾自己的需要而无视他人利益是不可能在谈判中如愿以偿的。所以说,欲取之必先予之。

(2)求同存异。因为谈判各方在利益、条件、意见等方面存在着分歧,所以为了共同的利益,双方坐在一起进行谈判。国际商务谈判,实际上是通过协商弥合分歧,使各方利益目标趋于一致而最后达成协议的过程。如果因为争执升级、互不相让而使分歧扩大,则容易导致谈判破裂。因此,互利的一个重要要求就是求同存异,求大同,存小异。谈判各方应谋求共同利益,妥善解决和尽量忽略非实质性的差异。这是国际商务谈判成功的重要条件。

(3)妥协让步。在国际商务谈判中,互利不仅表现在"互取"上,而且表现在"互让"上。互利的完整含义,应包括促进谈判各方利益目标共同实现的"有所为"和"有所不为"两个方面。既要坚持、维护己方的利益,又要考虑、满足对方的利益,兼顾双方利益,谋求共同利益,是谓"有所为";对于难以协调的非基本利益分歧,面临不妥协不利于达成谈判协议的局面,做出必要的让步,此乃"有所不为"。谈判中得利与让利是辩证统一的,妥协能避免冲突,让步可化解僵局,妥协让步的实质是以退为进,促进谈判的顺利进行并达成协议。

第二节 文化差异及其对国际商务谈判的影响

国际商务谈判不仅是经济领域的交流与合作,而且是各国文化之间的碰撞与沟通。国际商务谈判受到各自国家的政治、经济、文化等多种因素的影响,而其中最难把握的就是文化因素。文化上的差异导致了国际商务谈判中的文化碰撞甚至冲突,相当一部分谈判因此而失败,直接影响了国际商务活动的顺利进行。因此,要顺利地开展商务活动,必须了解不同国家的文化背景及其差异,并在此基础上扬长避短,制定出合理的谈判策略。

一、文化与文化差异

任何一种文化都有一套人们必须遵循的谈判规则,从见面打招呼,到衣着打扮,各有各的规范形式,这些形式因文化的不同而存在一定的差异。

1. 文化

文化是人类在漫长的社会生活实践中,对人与自然运行规律的理性和感性认识,并自觉地以不同形式应用于人类社会和自然的改造。

广义的文化,着眼于人类与一般动物、人类社会与自然界的本质区别,泛指人类有意识地作用于自然界和人类社会的一切活动及其结果,即打上人类活动印记的社会物质财富和精神财富的总和,包括物质生活、精神生活和社会生活等范畴。

狭义的文化,专注于精神创造活动及其结果,是指社会意识形态,它是思想观念、传统习惯、行为方式、价值取向和综合能力等的复杂统一体。

文化的基础是文化的价值观与规范。价值观奠定了社会文化的基础,提供了形成社会规范的内容,社会价值和规范影响着社会的结构与宗教。

2. 文化差异

国际商务谈判中的文化差异主要表现在语言与非语言交际方式、价值观、思维方式等方面。

(1)语言与非语言交际方式的差异。人们的交流方式包括语言与非语言两种形式。中西方的语言与非语言交际方式均有不同程度的差异。

一般西方的语言是低语境的,西方人习惯用明确而具体的语言文字传递信息,谈判者推崇以明确、坦率、直接的方式交流。我国的语言文化则属于高语境文化。在高语境文化中,人们善用间接、婉转、迂回的表达方式来传递和理解信息,尤其是在表达异议或拒绝时,碍于面子,往往不会直接说"不",要理解话语的含义,需领会言外之意。

非语言交际方式也是谈判中广泛使用的交流手段,对商务谈判有着重要的作用。非语言交际方式不像语言和文字那样具有明确的符号和意义,对于具有不同文化背景的交流双方,更容易产生误解。例如,中国人说"对不起"时会微微一笑表示歉意,而西方人则可能误认为笑意味着道歉没有诚意。由此可见,对非语言交际方式的了解也是十分必要的,唯有如此,谈判时才不会感到困惑,甚至产生误解。

(2) 价值观差异。价值观是决定人们所持看法和所采取行动的根本出发点,决定人们的信念和态度,影响着人们理解问题的方式。不同的文化背景中,价值观亦会有很大的差异。

例如,西方人崇尚个人主义,独立、自由、平等、竞争的观念根深蒂固,其价值观的核心是通过自我奋斗达到自我价值的实现。因此,在个人主义至高无上观念的影响下,西方人在谈判中充满自信,直陈己见,突出个人的作用,强调个人能力。中国人由于长期受儒家文化的影响,强调的是人与人之间的和谐、互助、相互依赖,强调集体,忽视个体,个人只被看作社会关系的一部分。在集体主义的影响下,中方代表在谈判中往往强调对集体的依赖和贡献,不突出个人,在团结、互助、协商的氛围下完成谈判任务。

(3)思维方式差异。不同的经济、政治、文化,导致不同的思考问题的方式,即思维方式。

中国的传统哲学注重天人合一,对事物个体不过多分析。因此,中国人养成了综合型思维方式,即习惯从总体上观察事物的特征,强调事物的普遍联系,从全局观点进行研究。受西方哲学的影响,西方人更注重分析型思维方式。分析型思维是指在思想上将一个完整的对象分解成各个组成部分,或者将它们的各种属性、各个方面、相互间的联系等区别开来,然后进行分析研究。这种科学的分类和研究,有利于深入透彻地把握事物的本质。受不同思维方式的影响,中西方的谈判方式存在很大的差异,只有具备了敏感的跨文化差异意识,才能做到知己知彼,取得谈判的胜利。

(4)风俗习惯差异。风俗习惯是一个国家和民族文化的重要体现,其重要性不言而喻。在国际商务谈判中,对不同国家和民族的风俗习惯的了解和尊重也十分重要。同样的语言和动作在不同的文化里有着不同的寓意。日本人习惯于运用含蓄的语言进行表达,委婉地表明自己的意图。德国人则习惯于运用明确的语言,清楚地表达自己的态度。如在日德商务谈判中,谈判双方共同进餐品尝菜肴,在回答招待方"味道如何"的问题时,日本代表通常会回答"很好,谢谢",德国代表可能会直接回答"好吃"或"不太好吃"。对对方风俗习惯足够了解和尊重可以体现谈判者对对手的尊重以及诚意,更能体现己方谈判团队的专业性。

在谈判过程中,风俗习惯的差异无疑会加大谈判的难度。国际商务谈判中,为达成协议,往往会进行正式的谈判以及非正式的社交活动,以创造良好的条件和氛围。如果在进行社交活动前不对对方的风俗习惯进行足够的了解,可能会给对方留下不好的印象,形成沟通障碍,可能给正式谈判带来不便,严重的甚至会直接导致谈判失败。只有在谈判前充分了解谈判对手的风俗习惯,才能为顺利谈判打下良好的基础。

(5)谈判风格差异。具有不同文化背景的人们有着不同的谈判风格,商务谈判风格主要体现在谈判者的言谈举止和控制谈判进程的方法、手段上。在谈判过程中,只有准确了解各国、各地区商人的谈判风格,才能选择、调整和控制应对策略和技巧,推动谈判顺利进行,最终达成协议。比如,美国人大多是十分外向的,具有较强的法律维权意识,努力争取谈判所涉及的各项利益;中国人大多较为委婉,与他人对话时讲究客套、含蓄;英国人十分关注各项礼仪,也擅长与人交往;日本人重视礼仪,擅长倾听;法国人擅长营造轻松、愉悦的气氛等。

二、文化差异对商务谈判的影响

总的来说,文化差异对商务谈判的影响主要体现在文化冲突和文化互补两个方面。

(一)文化冲突和文化互补对商务谈判的影响

1. 文化冲突对国际商务谈判的影响

人类的文化和价值观是多样、复杂的。不同文化的交汇,会产生文化冲突,这种文化冲突影响国际商务谈判的进程或结果。从文化冲突的层面看,国际商务谈判中谈判各方固守自己封闭的文化圈,引起谈判对立。全球化把不同种族、文化、国度的人联系起来,挤压到一个狭小的空间,争夺利益和权利,彼此间的威胁和防范心理大大加强。对发达国家和强势文化来说,表现为文化和价值向外扩张的冲动;对发展中国家来说,则表现为争取自己文化的生存、发展空间,这就可能引发冲突。国际商务谈判势必受谈判行为方式、谈判者价值观、信仰等冲突的影响。

2. 文化互补对国际商务谈判的影响

求同存异是商务谈判成功的关键,也是商务谈判的基本原则。"两利相权取其重,两害相权取其轻"的古训告诫我们,在可能力争时应尽量力争,在不可能奢望时应用灵活机动的谈判策略让出眼前利益取换长远利益。其实,还可通过优势互补、劣势互抵的原理调动双方可调动的各种因素,趋利避害,使双方都成为赢家。善于求同存异,反映了谈判者较高的素质,历来是谈判高手智慧的表现。贯彻求同原则,要求谈判各方善于从大局出发,着眼于自身发展的整体和长远利益,善于运用灵活机动的谈判策略,通过妥协寻求利益冲突的解决办法,构建和增加共同利益。这种原则在谈判文化中的体现,就是强调文化的互补交融。国际商务谈判从文化互补层面看就是要求双方以宏大的文化胸襟容纳来自世界各地的差异文化。

(二)文化差异对商务谈判的具体影响

文化差异对商务谈判的具体影响主要体现在以下三个方面:

1. 给谈判策略带来的影响

受思维、价值观等各种文化因素影响,不同国家的谈判者在开展商务谈判时通常会采取不同的谈判策略。文化具有导向作用,可以使群体成员在实现价值观念的过程中,将注意力集中在共同的问题上,最终提出能够达成一致意见的问题解决方案。如美国人追求个人主义,凡事强调效率,在谈判时通常只会安排几个人组成一个团队,以免人员过多造成办事效率低下。日本人在强调集体主义的同时,具有较强的等级观念,对每个人的分工进行细化,确定每个人的职责,谈判小组的成员通常较多,以确保工作质量。在具体采取谈判策略时,美国人讲究原则,习惯于安排律师参加谈判,并逐条提出明确的条款,体现较强的法制观念。日本人主要从宏观上运用谈判策略,尽可能体现自身的诚意,希望建立相互信任的关系,除非涉及法律纠纷,否则不会安排律师在一开始时便参加谈判。类似的问题也发生在中美之间,如美国肯沃公司曾经与我国某家电子设备生产公司就设备购买问题开展商务谈判。在项目考察期间,美方公司代表到中方公司所在地后立即被安排入住酒店和参加晚宴,第二天被中方公司人员带至当地的景点旅游,第三天,正式谈判才开始。美方公司代表忍无可忍,提出"我们希望直接讨论正题",因为感到中方不讲究效率而考虑是否继续合作。在这一案例中,中方按照思维习惯采取了"先搞好关系"的谈判战略,但这却不符合美国人的思维习惯,违背了美方"讲求效率"的战略思想,造成双方无法顺利建立信任关系,最终导致谈判策略失效。

2. 给谈判进程带来的影响

在国际商务谈判中,谈判进程可能受到文化因素的影响,造成谈判停滞不前甚至终止。不同于其他因素,文化因素给谈判进程带来的影响往往让人感到"摸不着头脑",不知道对方为什么突然不愿意继续谈判。例如,我国某家公司准备采购德国某公司生产的机械设备,在德国开展谈判时,中方上午安排技术人员参观德方公司的厂区并参加讨论,下午则由公司上层管理者继续谈判。在第二天的谈判会议上,中方安排市领导和公司总经理出席,对此,德方提出"谈判人员换来换去,是否真的有诚意?"的质疑,最终双方不欢而散。对本案例进行分析后可以发现,德国人思想较为严谨,在商务谈判中往往会做充分的准备,注重谈判过程前后的一致性和连续性。而中方在后期谈判中直接换人的行为,无疑破坏了德方所注重的前后一致性和连续性准则,直接造成德方信任崩塌,最终合作终止。中方在商务谈判中做出这种安排,是认为前期谈判主要针对技术问题,故安排技术人员参与谈判,最终的决策者则必须为领导,由此造成谈判主角不确定,严重阻碍了谈判进程。

3. 给谈判结果带来的影响

忽视文化差异不仅会通过影响谈判策略和进程带来间接影响,有时也会给谈判结果带来直接影响。在不同的文化背景下,人们做事的方式和合作的方式等存在较大的差异,体现不同的思想价值观念。美国等西方国家的人们崇尚个人主义,流动性较大,参与商务谈判的人员在后期可能不会参与合作的项目,所以西方国家看重合同,在国际商务谈判中非常重视合同的签订。而中国人注重集体主义,在商业合作中更重视负责人,出问题后通常会直接找之前负责商谈的人员寻求解决方案。在国际商务谈判中,谈判结果受到多重复杂因素的影响,基于各种国际商务谈判的经验和教训,国人也越来越重视合同。近年来,随着跨国并购失败案例的日渐增多,国人也更加重视由于文化差异引起的商务谈判失败问题。例如,在 TCL 和汤姆逊的并购案中,双方通过商务谈判达成了重组彩电和 DVD 业务的一致意见,组建 TTE 公司,负责欧洲业务的开展。TTE 公司负责人在开展业务时却发现,不同于中国的裁员,在法国裁员,按照当地的隐性规则,需要将没有竞争力的员工留下,将年轻、有能力的员工裁掉。由于谈判失败,公司不得不裁掉全部员工,为此支付了高达 2.7 亿欧元的费用。由于决策者对文化差异的忽视,没有处理好由此产生的各方面冲突,最终造成并购失败,不得不为谈判失败买单。

三、跨文化商务谈判的对策

1. 增强文化差异的敏感性,建立跨文化交流意识

国际商务谈判中,必须认识到不同文化类型和背景的谈判者在需求、动机、信念以及谈判风格和决策上的不同,学会了解、熟悉、接受、尊重对方的文化,培养文化差异的敏感性,建立和增强跨文化意识,树立全球文化观,摒弃文化本位,灵活多变,使自己的谈判风格和策略适应不同的文化。

2. 尊重和宽容不同的文化,谨守中立

国际商务谈判中,谈判双方的文化有很大的差异,有时甚至会截然相反,一些在一方看来合情合理、决不可更改的原则和礼俗,在另一方看来可能是不可思议的。因此,切不可片面地认为在自己的国家里得到认可,在其他国家也同样行之有效。同时,要学会尊重并接受异国文化,不妄加评论和指责,同样也不要随意让对方评判自己的文化习俗以及价值观,要谨守中立,以免引发尖锐矛盾,导致谈判失败。

3. 提高外语运用能力,克服语言沟通障碍

国际商务谈判中出现沟通障碍是不可避免的,关键是当障碍出现时,要能及时地消除,减少不必要的误解,以确保谈判顺利进行。这就要求谈判人员能熟练掌握谈判对方的语言且能灵活运用,消除不同的文化背景对语意理解的障碍,提高语言运用能力,力争用准确而得体的语言表达己方的意愿。

4. 增强法律意识和法制观念

在现代社会,所有的商务活动都要在法律的约束下进行,但由于社会经济和文化背景不同,中西方的法律观念存在着明显的区别。西方国家法制完善,人们的法律意识根深蒂固。中国受到等级观念、官本位思想以及关系意识的影响,现阶段人们的法制观念比较淡薄,谈判者在谈判过程中更注重人际关系,倾向于采用非正式的处理方式。对此,应健全法制观念,增强国民的法律意识,提高人们的综合素质,使学法、懂法、用法成为中国人的自觉行为。在国际商务谈判中,一旦发生纠纷,要争取用法律保障自己的权益,营造公平、公正的谈判环境。

四、国际商务谈判的技巧

随着经济全球化进程的加快,我国企业的对外商务活动日趋频繁,国际商务谈判迅速增加。国际商务谈判是国际商务活动的重要环节,它不仅决定了谈判双方在经济领域的交流与合作方式,还体现出各国文化之间的碰撞与沟通,跨文化交际是国际商务谈判的重要特点。由于中西方文化在价值观、思维方式、决策过程等方面存在巨大差异,在中西方商务谈判中很容易出现文化冲突,甚至导致谈判的最终破裂。因此,了解中西方文化差异并在此基础上制定合

理的谈判策略,对促进国际商务谈判的顺利进行有着重要的意义。在国际商务谈判的过程中,形势复杂多变,这要求相关的谈判人员运用一定的技巧,把握谈判的主动权,从而有效控制谈判的进展方向。另外,谈判人员还需要灵活应对随时产生的问题,最大限度地避免谈判过程中矛盾的进一步激化。同时,由于商务谈判涉及的范围较广,因此,谈判人员需要充分准备谈判材料,明确谈判目标与对策,从而取得令人满意的谈判结果。

(一)了解不同文化国家商人的谈判风格

不同地域的国家之间存在着较大的文化差异。而在国际商务谈判中,谈判对象往往来自不同的国家和地区。由于各个国家和地区的地理环境和历史文化背景不同,经济、政治、文化制度各异,所以各个国家和地区的商人的经商理念和价值观念也存在着较大的差异。

要想在国际商务谈判中取得胜利,必须熟练掌握各个国家和地区的历史文化背景,对不同的谈判对象采取不同的谈判策略和谈判方式。各个国家和地区的商人都有各自的特点,以美国商人为例,美国特殊的文化背景决定了其商人的经商观念,美国商人性格爽朗,办事果断,不拖泥带水,追求效率和质量。他们在谈判中条理清晰,喜欢按照合同条款逐一讨论并解决,认为这样既能缩短谈判时间,又可提高办事效率。与美国商人谈判需要直截了当,不能拐弯抹角,如果有些问题没有讨论清楚,很有可能会引起谈判双方的利益冲突,进而影响谈判的进行,使得谈判陷入僵局。而日本商人不同,他们受中国传统文化的影响较深,在经商中有明显的体现。日本商人做事严谨认真,考虑问题细致周到,眼光长远。谈判时,他们注重礼节,注重建立和谐的人际关系,讲究商品的品质。因此,与日本商人谈判时,要注意细节,避免在谈判过程中因文化差异造成谈判的失利。

随着世界经济的飞速发展,全球经济一体化的进程逐步推进,世界各国之间的贸易往来越来越频繁,国家之间的交流与合作越来越密切,过去的国际商务谈判只在几个世界主要贸易国家和地区进行,现如今已经发展到很多国家和地区。面对这样的国际形势,我们要悉心研究和学习,取长补短,不仅要了解各个国家和地区的历史文化和经济政治体制的差异,熟知各国商人的谈判风格、技巧和方式,还要在国际商务谈判中根据实际的谈判状况进行随机应变,即时观察谈判的进展和谈判效果,适时调整自己的谈判策略和谈判方式,以取得商务谈判的成功。

(二)与谈判对象国社会习俗的对接

国际商务谈判活动作为不同国家共同参与的活动,在某一层面也属于国与国之间的跨文化交际活动,要在商务谈判过程中表现出对谈判对象国的重视。受历史文化、经济状况等各个因素的影响,各国的谈判礼仪行为会有明显的禁忌,而了解这些礼仪行为禁忌是顺利找到对接点的前提和基础。

1. 约定时间禁忌

中西方商人的时间观念有所不同。在中国,人们往往认为谈判时提前到场是对谈判对象的尊重,以及对商务谈判活动的重视。而在西方国家,提前到场是一种不礼貌的现象。私下约会时,中国人倾向于说"过两天见",但是不明确说明具体哪一天。在西方人看来,约定会面的时间必须确定到某天某时,不规定具体时间的约会是没有诚意的客气。

2. 会面禁忌

国际商务谈判双方会面对,受传统文化的影响,中国人习惯根据对方的职业、官职、辈分等来称呼,但西方国家的商人则不同,他们注重平等,如果是相互熟识的人,一般都直呼其名,以表示亲切。与美国人进行商务谈判,不能有过多的客套话,他们更希望直接切入正题,甚至希望从吃早餐的时候便开始谈判,所以,在美国,早餐会议是很常见的。商务谈判中还需要关注着装问题,有些地区对服装的颜色有一定的忌讳,比如南美地区的商人在谈判时十分忌讳对方穿浅色衣服。

3. 见面礼禁忌

在中国,初次见重要的客户时准备见面礼是很常见的一种现象。在见面前,中国人会根据对方的性别、身份、地位等选择适合对方的礼物,以达到给对方留下良好印象或拉近彼此关系的目的。而注重理性的西方人往往只关注谈判本身,很少考虑其他的因素。

(三)国际商务谈判中的应对策略

1. 换位思考

在国际商务谈判中,交易双方难免会出现矛盾。在出现矛盾时,谈判人员需要采取必要的措施避免矛盾的进一步激化,以保证谈判的顺利进行。对大量的谈判案例进行分析后可以发现,大部分矛盾并不是源于利益的冲突,而是由于谈判人员无法理解对方的想法。很多谈判人员在谈判过程中往往过于坚持自身的观点,并且根据自身的思维来思考问题,从而使得谈判陷入僵局,这要求相关的谈判人员进行换位思考,避免矛盾的激化。首先,谈判人员可以尝试站在对手的立场上进行思考,不要总是以自己的思维来揣度他人的想法;其次,谈判人员在谈判过程中需要加强必要的交流与沟通,以了解对方的需求与看法,从而采取合理的手段有效地缓解冲突;最后,谈判人员可以适当地向对方展示自己的诚意,即使在签订协议后,也不可忽视诚意的表达,为对手留下足够的面子,尊重对手。

2. 以实现共赢为目的

国际商务谈判的目的并非分出输赢,而是寻找双方在利益上的平衡点,从而实现交易双方的共赢,这要求谈判人员采取合理的手段与策略,使交易双方都能够得到令人满意的谈判结果,这才是谈判的最终目标。谈判人员在面对矛盾时,应该通过科学的分析与协调,寻找双方利益的契合点,实现双方的共赢。

3. 参考客观标准

在商务谈判的过程中,交易双方往往会因为一个小问题各执己见,使得谈判无法继续下去,这要求交易双方参考相关的客观标准,以为问题的解决提供一定的依据。例如在价格的协商中,若双方各执己见,无法获得一个令双方都满意的价格,这时候,相关的谈判人员可以适当参考市场的价值标准、折旧价格以及现实成本等,为价格的确定提供客观的标准。该种方法具有很强的实用性,其可以在融洽、和谐的氛围中决定谈判的最终结果。对于其他很多问题,都可以用该方法处理。总而言之,客观标准对于获得公正与科学的谈判结果具有非常重要的作用。

综上所述,谈判人员应该提升自身的专业水平,灵活应用多样化的谈判技能,有效处理谈判过程中产生的各种问题,巧妙化解矛盾,以获得满意的谈判结果。

本章小结

在现代国际社会中,许多交易往往需要经过艰难、烦琐的谈判才可能最终达成。在国际商务活动中,不同的利益主体需要就共同关心或感兴趣的问题进行磋商,协调各自的经济利益或政治利益,谋求在某一点上取得一致,使双方都感到有利,从而达成协议。

国际商务谈判,是指国际商务活动中不同国家或地区的利益主体,为了达成某笔交易,彼此通过信息交流,就交易的各项条件进行协商的过程。国际商务谈判的利益主体来自不同的国家或地区,因此,相对于国内商务谈判而言,除了具有商务谈判的基本特点外,国际商务谈判还具有以下特点:具有明显的跨国、跨地区性;跨文化性;较强的政策性;资产跨国转移性;谈判的特殊复杂性。谈判者在国际商务谈判过程中必须掌握一定的原则:平等性原则(谈判各方地位平等、谈判各方权利与义务平等、谈判各方签约与践约平等);互利性原则(投其所需、求同存异、妥协让步)。只有在谈判原则的指导下,运用恰当的谈判手段和技巧,才可能排除谈判障碍,最终达成谈判协议。由于世界各国的政治经济体制不同,各民族有着迥然不同的历史、文化传统,各国商人的文化背景和价值观念也存在着明显的差异,他们在商务谈判中表现的风格各不相同。国际商务谈判风格主要表现在谈判者谈判过程中的行为举止和实施控制谈判进程的方法手段上。在谈判过程中,只有准确了解各国、各地区商人的谈判风格,才能选择、调整和控制应对策略和技巧,推动谈判顺利进行,最终达成协议。

专有名词

国际商务谈判(International Business Negotiation)
文化差异(Cultural Divergence/Difference)
集体主义(Collectivism)
跨文化性(Cross-cultural)
平等性原则(Principle of Equality)
互利性原则(Principle of Mutual Benefit)
资产跨国转移性(Cross-border Transfer of Assets)

思考题

1. 什么是国际商务谈判?国际商务谈判有何特点,应遵守哪些原则?
2. 国际商务谈判与国内商务谈判有哪些区别?

案例讨论

南方蜡烛公司的失败之旅

罗纳德·皮卡德是南方蜡烛公司的总裁。南方蜡烛公司位于美国马里兰州的巴尔的摩,专门生产高质量、燃烧慢的芳香蜡烛和无香味的蜡烛。该公司拥有一项专利,就是制造三维立体雕刻蜡烛的独特工艺设计,其产品在全美的各零售商店、专卖店以及特许经营店均有销售。近几年来,来自其他蜡烛公司的竞争使得南方蜡烛公司寻找新市场的需求愈加强烈。公司以往参加国际展览会的经验表明:在欧洲,特别是西欧,存在一个很大的蜡烛需求市场。皮卡德确信他们在美国市场上所获得的商务经验同样可以运用到欧洲市场上去。

在德国慕尼黑举行的国际贸易展览会上,皮卡德见到了皮埃尔·杜朗德。杜朗德是法国的一个零售商,他在法国、德国和比利时都拥有连锁专卖店,名为精美物品店。这个特制品商店迎合了社会上高端客户的需求,它的产品线包括香水、护肤品、服饰、定制的首饰和手工制作的家用陈设品。杜朗德说,他对销售南方蜡烛公司的产品很感兴趣,而且还想多了解一些有关制造三维立体雕刻蜡烛的工艺设计方面的问题。杜朗德邀请皮卡德参观他在法国的公司,以便讨论双方可能的商务协议。皮卡德欣然接受了邀请。

皮卡德对其公司在欧洲的贸易前景感到非常兴奋。南方蜡烛公司可以增加精美物品店产品线上的产品,这次商机给南方蜡烛公司开辟了一条新的发展道路,这样,就会使该公司在欧洲开店成为可能。

皮卡德把公司的员工召集到一起,共同策划如何把公司的产品线营销给杜朗德。皮卡德决定与玛吉·杜布瓦——他的市场营销经理,以及一个技术人员一起讨论制造三维立体雕刻蜡烛的工艺设计问题。经过几个小时的辛勤工作,这个小组准备了一份详尽的商业计划,也做好了去巴黎的准备。皮卡德很高兴可以带着杜布瓦女士同行,因为她曾经在加拿大魁北克省住过五年,能讲一口流利的法语。

皮卡德和谈判小组的其他成员是在9:00抵达巴黎的,杜朗德亲自来机场接他们。见面后,大家互相握手致意,杜布瓦用法语热情地问候了东道主,杜朗德也以微笑致意。在去公司的路上,杜布瓦偶尔会与大家用法语轻松地交谈。杜朗德称赞她法语说得好,并且问她是从哪里学的法语。杜布瓦告诉他,自己在加拿大住过五年,杜朗德又笑了。

到达公司以后,杜朗德把皮卡德和谈判小组的其他成员介绍给公司的员工。双方互换了名片。皮卡德接过名片,仔细看了一下,发现名片的一面是用英文印刷的,另一面是用法文印刷的,这一点给他留下了深刻的印象。杜朗德亲自带领皮卡德和谈判小组的其他成员来到会议室。会议开始20分钟后,杜布瓦开始觉得有些不适,因为她注意到杜朗德的谈判小组中有好几个成员一直在注视她,而且面带微笑。她好像从这种动作中得到了一些暗示,所以决定在午餐时和皮卡德谈谈。13:00会议暂停,到了午餐时间,令皮卡德大为惊异的是午餐竟然持续了两个多小时。当他们又回到会议室的时候,皮卡德因为午餐太丰盛而感到有些不舒服,他决定把外衣脱掉,可是其他人都没有这么做。

在下午的会议中,虽然时常会有一些争论,但总体还是进展得非常顺利。皮卡德的发言得到了广泛的认可,而且看起来杜朗德也打算要购买南方蜡烛公司的产品,皮卡德对自己的表现很满意,他迅速地向团队的其他成员做了一个"OK"的手势。杜朗德对皮卡德的发言表示了感谢,然后告诉皮卡德自己还要与公司其他员工再商量一下报价,之后会告诉皮卡德最终的决定。

会议结束以后,杜朗德邀请皮卡德和谈判小组的其他成员于20:00参加在自己家中举行的小型晚宴。杜朗德派人在19:30的时候到皮卡德下榻的宾馆去接,皮卡德于20:00到了杜朗德家。此时杜朗德公司的几个管理人员已经到了。

皮卡德被介绍给杜朗德夫人认识,他亲切地握了杜朗德夫人的手,并送上了一束美丽的玫瑰花。杜布瓦也被介绍给杜朗德夫人认识,她用法语问候了杜朗德夫人。接着,皮卡德又被介绍给其他客人。晚宴十分丰盛,而且是在一种悠闲的气氛中进行的,大家谈的都是很轻松的话题。就这样,晚宴一直持续了几个小时才结束。在晚宴过程中,皮卡德几次提到当天早些时候的谈判,但都被大家又带回到社交中令人愉快的话题上了。这是一个美好的夜晚,看起来好像商务上也很成功。

皮卡德大概是半夜才回到宾馆的,忙碌了一整天的他早已筋疲力尽。他很庆幸自己订的是第二天早上晚些时候返回美国的机票。

令皮卡德感到很诧异的是,两个星期以后,他收到了杜朗德的一封诚挚的来信,信上说,杜朗德决定这次暂时不拓展精美物品店的产品线。

问题：
1. 杜朗德为什么决定不用南方蜡烛公司的产品线？
2. 你认为皮卡德在文化方面的察觉力和敏感度如何？

第十章　商务谈判礼仪

学习目标

1. 熟练掌握商务谈判中各项礼仪的基本要求。
2. 理解商务礼仪的本质及交往中的一般礼仪。

案例导入

投其所好

1972年2月，美国总统尼克松访华，中美双方将要展开一场具有重大历史意义的国际谈判。为了营造一种融洽和谐的谈判环境和气氛，中国方面在周恩来总理的亲自带领下，对谈判过程中需要的各种环境都做了精心而周密的准备和安排，甚至对会上要演奏的中美两国民乐都进行了精心的挑选。在欢迎尼克松一行的国宴上，当军乐队熟练地演奏起由周总理亲自选定的《美丽的亚美利加》时，尼克松总统呆住了，他绝没有想到能在中国的北京听到如此熟悉的乐曲，因为这是他平生最喜爱的并且指定在他的就职典礼上演奏的家乡乐曲。敬酒时尼克松总统特地到乐队前表示感谢。此时，国宴达到了高潮，一种融洽而热烈的气氛感染了美国客人。

中方在周恩来总理的领导下，在尼克松总统访华前进行了周密的谈判准备，真正地做到了尊重对方并投其所好，从而为谈判的顺利进行开了一个好头，营造了良好的开局气氛。商务谈判礼仪是商务谈判活动中体现相互尊重的行为准则，学好商务谈判礼仪有助于谈判各方更好地沟通、协调和合作，推动谈判的顺利进行。

第一节　商务礼仪概述

《礼记》曰："凡人之所以为人者，礼义也。"人在社会这个大环境中生存、发展，就必须按"基本规则"与外界进行交往，这种交往的"基本规则"被称为"礼仪"。

商务谈判也是人际交往的一种形式，同样必须遵守礼仪规范。离开了礼仪规范，也就没有了人际沟通的基本标准，商务谈判就失去了依存。

一、商务礼仪的含义及作用

有人说礼仪是一种道德修养，有人说礼仪是一种形式美，也有人说礼仪是一种风俗习惯。古往今来，礼仪是一个国家、一个民族文明程度的重要标志，是一个民族精神面貌和凝聚力的重要体现。礼仪是一门综合性较强的行为科学，是指在人际交往中，自始至终地以约定俗成的程序和方式来表现的律己、敬人的行为，是现代社会人与人之间、人与组织之间、组织与组织之间用以沟通思想、联络感情、促进了解、构建和谐社会，最终塑造良好形象的一种行为规范。

1. 商务礼仪的含义

商务交往涉及面很广，但基本来讲是人与人的交往，所以商务礼仪其实是商务人员交往的艺术。商务礼仪的操作性在于应该怎么做和不应该怎么做。

商务礼仪是在商务活动中体现相互尊重的行为准则，用来约束日常商务活动的方方面面。可以用一种简单的方式来概括商务礼仪，即商务活动中对人的仪容仪表和言谈举止的普遍要求。

仪容仪表是指个人的形象，言谈举止是指每一个人在商务活动中的职业表现。

2. 商务礼仪的作用

商务礼仪的作用主要有：

(1) 有助于维护企业形象。在商务交往中，个人代表集体，个人形象代表企业形象，个人的行为就是企业的活广告。

(2) 提升个人素养。比尔·盖茨讲过，企业竞争是员工素质的竞争，是企业形象的竞争，教养体现细节，细节展示素质。

(3) 方便个人交往应酬。交往是一门艺术，在商务交往中会遇到不同的人，对不同的人要采取不同的交往方式。比如夸奖人要讲究艺术，否则会让人听着感觉不舒服。

二、商务礼仪的具体表现及基本准则

礼仪是人类社会文明发展的产物，是人们在社会交往中以风俗、习惯和传统等形式固定下来的行为规范与准则。礼仪包含的内容比较广泛，具体表现为礼貌、礼节、仪表、仪式等。

礼貌是指人与人之间和谐相处的意念和行为，是言谈举止对别人尊重与友好的体现；礼节是指在交际场合送往迎来、相互问候、致意、祝愿等方面惯用的形式；仪表是指人的外表，包括容貌、姿态、服饰等内容；仪式是指在较大场合举行的、具有专门规定的程序化行为规范的活动。

对个人而言，礼仪是一个人思想水平、文化修养、交际能力的外在表现。对社会而言，礼仪是社会交往中不可缺少的润滑剂和联系纽带，是社会文明程度、道德风尚和生活习惯的反映。

商务礼仪是社会交往、商务活动取得成功的一个重要条件，其基本准则包括：

1. 真诚谦虚

在商务活动中，只有言行一致、诚实无欺，才能得到对方的尊重。这种真诚谦虚的态度，表现为谈判者在商务活动中的严于律己、宽以待人。

"我敬人一尺，人敬我一丈"，这种从对方的角度来考虑问题和理解对方的态度，能为谈判者带来"投桃报李"的良好循环效应。只有通过彼此真挚的情感交流，才能真正塑造企业和个人的良好形象，为今后双方的长远合作打下扎实的基础。

2. 尊重宽容

参与商务谈判的各主体地位都是平等的，相互尊重是最基本的礼仪。商务活动中，彼此在相互尊重中建立情感关系，对推进商务谈判的进程至关重要。谦虚总是和尊重联系在一起，如果谦恭热情、平易近人，就很容易产生亲和力，博得别人的好感。

3. 不卑不亢

在商务活动中，所有的尊重宽容、真诚谦虚，都需要保持一个适当的度，那样才能取得良好的效果。想通过言行举止体现出自己的诚意，要适可而止。过度的迎合，会让人觉得虚伪做作，弄巧成拙。

适度，主要是指情感表达、谈吐、举止等行为要适度。在商务活动中，谈判者既要做到彬彬有礼,又不能卑躬屈膝;既要显得热情大方,又不要让人感觉低三下四。

三、商务谈判中的着装礼仪

商务谈判属于正式的商务活动,在商务谈判场合,着装一般以西服、长袖衬衫、制服或套裙为主。正式谈判前的接洽与沟通,如果是在一些休闲娱乐场所,则可根据实际场景选择运动服、休闲服等日常非正式着装,以更好地拉进谈判双方的距离,为正式谈判营造良好的氛围。

(一)着装技巧

1. 男士西装穿着技巧

(1)"三个三"原则,即"三色原则""三一定律""三大禁忌"。

①"三色原则":男士在正式场合穿着西装套装时,着装颜色必须限制在三种之内。

②"三一定律":男士穿着西装外出时,鞋子、腰带和公文包三处的色彩必须协调统一,最理想的颜色是黑色。

③三大禁忌:一是袖口上的商标没有拆;二是在正式场合穿着夹克打领带;三是袜子出现问题。

(2)纽扣的系法。西装的纽扣较多,上衣、背心及裤子都有扣子,这些扣子的系法是有讲究的。

①在坐下时,西装上衣的扣子可以解开,以防止西装变形;站立时,西装上衣的扣子最好扣上,以示庄重。但如果里面穿了羊毛衫或马甲,可以不扣。对于单排扣的上衣,坚持"扣上不扣下"的原则,例如单排两粒扣,就扣上一粒;单排三粒扣及以上,可以扣第一粒或第二粒或前两粒扣子。对于双排扣上衣,则坚持"全扣"的原则。

②西装马甲的纽扣,单排扣的马甲一般只留最下面的一粒扣子不扣,双排扣的马甲则坚持"全扣"。

③西装裤子的扣子一律要扣好,出门之前必须检查。如果裤子采用拉链,要注意拉链下滑的问题,及时调整。

(3)不卷不挽。穿西装时,衣袖和裤子不宜卷起。脱下西装后不宜随意丢放、搭在肩上或抱在怀里,应平整地挂在衣架、椅背上。

(4)慎重搭配内里。为了让西装穿起来更有型,西装上衣内除了衬衫与背心外,最好不要再穿其他衣物,若是在冬季,为防寒,可以穿一件"V"形单色羊毛衫,以不妨碍打领带,其他领口则都不适合。如在衬衣内搭背心,以不外露为基本要求,而且背心的颜色要与衬衫的颜色相仿,不能带数字或图案。

(5)少装物品。西装口袋的装饰性大于实用性,不宜装太多物品,而且每个口袋所装之物有讲究。上衣外侧位于左胸部的口袋只可放西服方巾;上衣内侧口袋可放钢笔、钱夹和名片夹等,但不宜多放;上衣外侧下方的两个口袋原则上不放任何物品;西装背心口袋为装饰性口袋,不放物品;西装裤子口袋只能放纸巾、钥匙等小物件;裤子后袋不放任何物品。

资料链接

对于男士西服的选择,重要的不是价格和品牌,而是面料、裁剪和加工工艺等,可以从以下几个方面进行选择:

①做工:检查的重点在于衬里是否外露,还要注意纽扣是否牢固、针脚是否均匀、外观是否

平整等,这些都是衡量西服质量的要点。

②面料:对于西服的面料,不宜选择不透气的人造纤维,应该优先考虑天然面料,秋冬西服首选的面料是毛料,纯毛、纯羊绒的面料以及高比例含毛的毛涤混纺面料,都可做西服的面料。轻薄的毛料比全棉、亚麻或真丝面料更有气派,也更挺括耐穿。任何化纤制品都有廉价、劣质之嫌。

③色彩、图案:商务场合,男性西服的颜色一般以深蓝、灰、深灰等纯色为主。任何大格、花呢的图案都难以使人产生良好的印象。深蓝色加暗条纹西服是男性西服的优选。

(6)领带。领带通常与西装一起出现,是西装的"点睛之笔",不同的领带,即使搭配同一件西装,也会给人耳目一新的感觉。一般来说,制作领带的面料很多,较高档的面料是真丝,棉布、麻料、尼龙等面料也可制作领带,不过档次较低,不太适合在正式场合使用。领带的颜色有单色和多色之分。以蓝色、灰色、黑色、棕色、紫红色等为代表的单色领带适用于公务活动和隆重的社交场合。多色领带则可适用于多种场合,但一般不超过三种颜色。领带颜色和花色的选择要与个人肤色、体型、年龄相符,可选择"深—浅—深""深—中—浅"或"浅—中—浅"的配色,将西装、衬衫和领带进行搭配,做到色彩搭配的和谐统一。

(7)鞋袜、公文包的搭配。皮鞋与西装配套,一般以牛皮质地为上,黑色系带款式为首选。商务活动中穿着皮鞋需要做到鞋内无味、鞋面无尘、鞋底无泥、鞋垫合适。袜子要做到干净整洁、无异味、合脚,与皮鞋同色,以纯色和深色为宜。

男性商务人员的公文包以牛、羊真皮制品为上选,以黑色和棕色为主,长方形手提式公文包最为常见,颜色应该与西装和皮鞋搭配。公文包不宜同时背多个,包内应整洁,物品摆放有序。

2.职业女士着装技巧

一般来说,女性的职业装有以下几个方面的要求:

(1)大小合适。上衣最短应齐腰,裙子最长至小腿中部,上衣袖长要盖住手腕。

(2)穿着端正。上衣领子要完全翻好,衣袋的盖头要盖住口袋;衣扣一律扣上,特殊情况下第一颗可不扣。穿套裙时一定要穿衬裙,特别是穿丝、棉、麻等薄型面料或浅色套裙时。

(3)注意场合。女士在职场中一般以穿套裙为宜,尤其是涉外活动中。其他场合,如宴会、舞会和音乐会等,则可选择与场合协调的礼服和时装。

(4)协调妆饰。穿着打扮讲究的是着装、化妆和配饰的风格统一,相辅相成。穿套裙时,不可不化妆,也不可化浓妆。配饰要少而精,合乎身份。

(5)兼顾举止。套裙可以体现女性的美感和干练,要求举止优雅,注意个人仪态。

资料链接

1.女士穿裙装时应着丝袜

女士在穿着裙装时配上丝袜能增强腿部的美感。腿较粗的女士最好选择深色的袜子,腿较细的女士则适合穿浅色的袜子。穿着丝袜时,袜口不能露在裙子外面。不宜选择鲜艳、有明显花纹或网格的丝袜。

2.女士正装衬衫的穿着要求

女士正装衬衫以单色为最佳。同时应注意以下事项:衬衫的下摆应掖入裙腰之内,不宜悬垂于外,也不要在腰间打结;衬衫的纽扣除最上面的一粒可以不扣外,其他纽扣均应系好。衬衫面料要求轻薄柔软,可选择真丝、麻纱、纯棉材质,色彩要求雅致不失端庄,与套裙颜色相搭配,形成深浅对比,最好选择无图案的款式。

3. 裙子的着装要求

女士正装裙子以窄裙为主,年轻女性的裙子下摆可在膝盖以上3~6厘米,不可太短;中老年女性的裙子下摆在膝盖以下3厘米左右。裙子内应有衬裙。真皮或仿皮的西装套裙不宜出现在正式场合。套裙面料应平整、光洁、柔软、挺括、不起球、不起毛,以冷色调为主,以体现典雅、端庄、稳重。此外,要求图案简单,不宜有过多的装饰。

4. 饰物的佩戴

(1)提包:女士用的提包不一定是皮包,但必须质地好、款式庄重,并与服装相配。

(2)围巾:正式场合使用的围巾要庄重、大方,颜色要兼顾个人爱好、整体风格和流行时尚,最好无图案,亦可选择典雅、庄重的图案。

(3)女性首饰:包括耳环、项链、戒指、手镯、手链、胸针等。佩戴时以少为佳,应同质同色、风格划一。有碍于工作的首饰、炫耀财力的首饰、突出个人性别特征的首饰不宜佩戴。

(二)着装禁忌

(1)过于鲜艳。商务人员在正式场合的着装色彩不宜繁杂,过分鲜艳。

(2)过于杂乱。着装杂乱极易给人留下不良印象,容易使客户对企业产生不信任。

(3)过于暴露。在正式商务场合身体的某些部位不宜暴露,比如,胸部、肩部、大腿等。

(4)过于透视。在商务场合穿透视装有不尊重他人之嫌。

(5)过于短小。在正式场合,商务人员的着装不可过于短小,不可穿短裤、超短裙、露脐装和短袖衬衫等。

(6)过于紧身。在正式的商务场合,谈判人员穿着过于紧身,会显得不够庄重严肃。

第二节 商务谈判的日常礼仪

一、迎送礼仪

迎来送往是商务活动中很常见的社交活动,亦是谈判活动中的一项基本礼仪。对来宾的迎送规格一般要遵循"对等原则",即主要根据来访者的身份和访问的目的,适当考虑双方关系,同时注重通用惯例,综合平衡地进行迎送工作。如果需要顾及双方的关系和业务往来等具体情况,也可安排破格迎送和接待。

迎送虽然只是商务谈判活动中一个不显眼的环节,却是谈判所不可或缺的重要组成部分。恰当地掌握迎送礼仪,直接决定谈判双方人员的关系、谈判气氛、谈判进程以及最终协议的达成。

1. 迎接礼仪

根据己方与谈判客商关系的不同,迎接礼仪可灵活使用。一般来讲,对重要客商和初次打交道的客商要去迎接;如果是一般客商或者有多次生意往来的客商,即便不迎接也不算失礼。迎接礼仪中,要注意以下几点:

(1)准确掌握客人到达的时间。在客人动身之前,就要清楚客人到达的准确时间,必须在客人抵达机场、车站或码头之前到达约定的地点等候,不能让客人等候甚至空等。

(2)事先制作接应牌。机场、车站和码头等地客流量比较大,为方便寻找客人,可事先制作接应牌,上面写明客人的姓名、所在单位、出席的活动或会议的名称及接待单位名称等。书写的字号要大,方便辨认。

(3)事先妥当安排交通工具及食宿。交通工具一般选择宽敞舒适的商务车,客房规格应按照客人所定规格和预算进行调整,餐点则要根据客人的饮食习惯适当安排。

(4)态度热情周到。要以热情有礼、周到妥帖的态度做好迎接工作,使客人有"宾至如归"的感觉。

(5)初次见面。接到客人,如事先互不认识,应再核对一下,以免出错。与客人见面,应向客人做自我介绍,表示欢迎、问候,并将其他接待人员一一介绍给客人。

(6)陪车。主人陪车时,应由主人或陪同人员打开车门。上车时,应先请客人从右侧车门上车,主人随后从左侧车门上去。在车上可与客人寒暄,缓解客人的紧张、拘谨情绪,并向客人介绍有关活动、会议和一些重要事务的具体情况,也可以与客人进行轻松愉快的谈话,向客人介绍本地的风土人情等。

(7)办理住宿。到达住宿地,办理入住手续,领取钥匙,带领客人进入房间,临走时询问客人有无不满意的地方或其他要求。

2. 送别礼仪

送别是文明待客的最后一个环节,要做到善始善终。当客人离去时,不论对方是否与己方道别,也不论双方谈判是否成功,都应本着善始善终的原则,为客人送行,因为"买卖不成仁义在"。

谈判一方为即将离去的客人安排送别仪式时,应根据其身份、与对方交往的性质、双方的关系等因素综合考虑。最为常见的送别形式有道别、话别、饯别、送行等。

(1)道别,指与交往对象分别。按照常规,道别应当由来宾首先提出。如果是主人先提出来的话,难免有逐客的嫌疑。

(2)话别,亦称临行话别。一般来说,与来宾话别要讲究主随客便。最佳的话别地点是来宾的下榻之处。参加话别的主要人员应为宾主双方身份、职位大致相似或对口部门的工作人员。话别的主要内容包括:表达惜别之意;听取来宾的意见或建议;了解来宾有无需要帮忙或代劳之事;向来宾赠送纪念性礼品等。

(3)饯别,也称饯行,是指在客人离别之前,东道主一方专门为对方举行宴会,郑重其事地为对方送别。这样不仅在形式上显得热烈隆重,而且还会使对方产生备受重视之感,进而加深双方之间的相互了解。

(4)送行,特指东道主在异地来访的重要客人离开本地时,特地委派专人前往来宾的启程返还处,与客人亲切告别,并目送对方渐渐离去。

考虑为来宾送行的具体时间时,要兼顾以下两点:一是切勿耽误来宾的行程;二是切勿打扰来宾的计划安排。

二、见面礼仪

商务活动虽是高度理性化的行为,但理性往往受到感性的引导。优雅热情、细致周到的礼节会给对方以良好的印象,首先从情感上缩短双方的距离,继而有助于谈判的顺利进行。

1. 握手礼

握手是人们日常见面时最常见的礼节。握手的具体做法是:不可离对方太远或太近,手肘大约抬到腰部位置,伸出右手,四指并拢,与对方轻重适度地握一下放开或者上下晃动两三下即可,握手有气无力或者握住对方的手不放都是极不礼貌的。

握手时,主人应比客人先伸手;年长的、职位高的应比年轻的、职位低的一方先伸手;男女握手时应该由女士先伸手,如果女士不伸手,男士不宜主动去握女士的手,且握手时男士必须脱下手套,女士则可视环境需要决定是否脱手套。

握手时要讲究先后次序,如果来宾已经排好队伍,切不可跳过其中一位直接与下一位握手,这一行为对跳过的那一位来宾而言是极为失礼的。

如果由于手上不干净或受伤等原因不便握手,必须及时告知对方,以得到对方的谅解。

2. 鞠躬礼

鞠躬是典型的具有东方色彩的礼节,在日本尤为常见。鞠躬时,应脱帽立正,双目凝视受礼者,慢慢地弯下腰去,男士双手紧贴裤缝,女士双手交叠放在腹前。

虽然一般的商务场合不需90°鞠躬,但是鞠躬的角度越大,越表示对对方的尊重。需要注意的是切忌三鞠躬。

3. 合十礼

合十也叫合掌,行合十礼时,双手对掌十指并拢,指尖向上,置于胸前高度,上身微欠,略略低头。这种礼仪一般出现在伊斯兰教或佛教信奉者相遇的场合,不可乱用。

4. 拥抱礼

在西方国家,拥抱是和握手一样常见的礼仪。人们在见面、道别、祝贺时,都常常用拥抱来表达内心的感情。拥抱时,双方面对面站立,各自举起右臂搭住对方左肩,再用左臂轻轻揽住对方右边的腰际。首先向对方左侧拥抱,然后向右侧拥抱,最后再回到左侧。一般完整的拥抱礼是拥抱三次,普通场合如果方向反了或者次数少了也不用太尴尬。

5. 亲吻礼

亲吻礼通常会和拥抱礼同时使用,即一边拥抱一边亲吻。长辈吻晚辈的额头,晚辈吻长辈的下颌或者面颊。在商务场合,没有长辈、晚辈之分,同性之间可以相互贴一下面颊,异性之间也可以吻面颊。如果不是很清楚亲吻的礼仪,则少用或者不用,以免产生笑话或者误会。

6. 点头礼

点头致意适宜不方便交谈的场合。与交情尚浅的人相会在商务场合,微微低头颔首,头轻点一到两下,同时面带微笑,与对方目光交会,幅度不用太大,表示出自己的诚意即可。

三、会谈礼仪

1. 会谈开始前的礼仪

商务谈判是不同的利益主体之间为了满足各自需要而进行的磋商活动。商务谈判过程又是谈判代表交往沟通的过程,所以,同样必须遵循人与人交往的礼仪规范。

(1)谈判地点的选择。选择谈判地点的主要原则是方便与会者,同时有利于谈判的进行。不论商务谈判的规格、级别如何,一般应安排在备有基本商务会议设施的会议厅,可以是己方办公场所的会议室,也可以租借当地专门的会议中心或是商务酒店的会客中心。

(2)谈判者的座次。举行双边谈判时,应使用长方形或椭圆形的桌子,宾主分坐于桌子两侧。如果桌子对门横放,则对门的一侧为上,应安排客方就座,背对着门的一侧由主方就座;如果桌子竖放,则进门左侧为客方就座区。

区别了主客方后,各方的主谈判者应该在自己一方居中而坐,其余人员遵循右高左低的原则,依据自身的职位等,在主谈判者的两侧依次落座。东道主一方在谈判开始前应做好列有各位来宾姓名的席卡,并按顺序放置在每个座位前,暗示、引导各位成员落座。

需要翻译时,翻译应坐在主谈判者右侧的第一位。

举行多边谈判时,为了淡化尊卑关系,通常选择没有明显主从之分的圆桌落座,这就是常说的"圆桌会议"。就座时,力求主客两方同时落座,至少主方不能在客方未到场时先落座。

(3)谈判场所的安排。商务谈判注重的是简洁高效,在谈判过程中,要大量用到科技演示手段,电脑投影仪、显示屏等都是必不可少的,必要时还应准备无线话筒、红外线指示笔等。

谈判场所不能过于狭小,空间应宽裕,光源要充足,通风效果要良好,否则会让经历长时间谈判的谈判人员感到不舒服,影响到谈判的效果。

谈判场所应该保证安静,隔音效果良好,当谈判发生争执时,可以有效避免尴尬。

2. 会谈中的礼仪

会谈是谈判的主体,是商务谈判的实质性阶段,是谈判中最重要的阶段。当谈判各方在会议桌前落座后,开始面对的将是各方商业利益的你争我夺。只要始终维持有理、有力、有据的得体局面,即便谈判不成功,也不至于损害各方友好的关系。

(1)谈判过程中语言的使用。在商务谈判的开局、磋商、协议的签订等各个阶段,谈判者所有观点的表达和技巧的运用,几乎都是通过语言来表现的。谈判者在与对手沟通的过程中,对语言的驾驭能力以及其中体现的礼仪规范,轻则影响谈判者个人之间的人际关系,重则关系到谈判的气氛。如果谈判过程中语言使用不规范,严重的会产生谈判僵局,甚至导致谈判的破裂。

①规范谈判语言。在商务谈判中,谈判各方都会为自己的经济利益锱铢必较。一切谈判语言都要有理、有力、有据,无的放矢或者指桑骂槐都不是商务谈判者应有的风范。这样不仅达不到期望的谈判效果,而且会给自身和公司带来恶劣的影响。

②谈判使用的函件。商务谈判过程中用到的一切商务应用文件都应有一定的格式和规范,在书写的时候,一定要注意合理使用语言和格式,在必要的地方加上谦辞。

(2)会谈中处理僵局的态度。商务谈判中经常出现僵局,如果不能及时恰当地处理,就容易弄巧成拙,致使谈判破裂。对待僵局的态度以及处理僵局的方法,实际上也属于商务谈判礼仪的范畴,也是需要注意的问题。

现代商业社会竞争非常激烈,谈判的节奏也很紧张。在谈判过程中,如果能一直保持礼貌态度,既能显示己方的风度,又能反衬对方的焦躁,从而在谈判中占据主动地位。当商务谈判中不可避免地出现尴尬局面甚至僵局的时候,需要有人出面调节气氛。毕竟各方都是为了达成共同的商业目的而走到一起,谈判成功各方受益,否则都得不偿失。组织谈判的一方可灵活掌握调节时机,合理安排谈判间歇,可以从与会者感兴趣的话题入手,适当转移各方的注意力,缓解紧张情绪,让各方适度放松,重新回到心平气和的谈判氛围中来。

(3)签约仪式。整个谈判取得的成果一般需要体现在最终的签约仪式上,签约场所的布置要与签约人员的身份、地位相匹配。一般来说,签订文件的重要程度越高,签约双方代表的地位也越高。特别是有外商参与的商务谈判,在签约的时候还需注意相关国家的礼仪细节。

四、宴会礼仪

1. 应邀与出席时间

(1)应邀。正式宴请一般需要发出请柬,即使事先口头约定了也要补发,以显正式。请柬要在宴会之前的1~2周发出,以便被邀请者合理决定能否出席。接到宴请的口头或书面邀请后,要尽早答复对方能否按时出席,以便对方妥善安排。

接受邀请后,不要随意改动,尤其是主宾。万一非改不可,应尽早向主人解释、道歉,甚至登门拜访表达歉意。应邀前,还需核实一下主人身份、时间、地点等,邀请的来宾人数,服饰有无要求等。

(2)掌握出席时间。出席宴请抵达时间的早晚,逗留时间的长短,在一定程度上反映出对主人的尊重程度。迟到、早退、逗留时间过短都会被视为失礼或有意冷落。身份高者可略晚到达,一般客人宜略早到达。主宾退席后,其他客人再陆续告辞。出席宴请时间,各地通行的做法是准时,有的地方是晚一两分钟到,我国是提前两三分钟到,这都是正常的做法。确实有要紧事需要提前离席的,应向主人说明情况后悄悄离去;也可事前打好招呼,到时自行离去。

出席宴会前,最好稍作梳洗打扮,至少穿上一套符合时令的干净衣服。每个客人都应穿着整洁、得体地赴宴,使整个宴会充满一种比较隆重的气氛,这会使主人感到高兴。出席宴会最忌讳的是穿着工作服,而且面带倦容,这样会使主人感到未受到尊重。

2. 入座与进餐

(1)入座。听从主人安排,了解自己的桌次和座位,不要随意乱坐。如有女宾,应先让女宾入座,席间适当照顾女宾,离席时请女宾先走。

(2)进餐。入座后,主人招呼,即可进餐。用餐时要注意以下事项:

①身体与餐桌之间要保持适当的距离,距离过近易使手肘过度弯曲影响邻座,过远又不易取食。理想的坐姿是身体挺而不硬,仪态自然。在餐桌上切忌狼吞虎咽或一味低头吃饭。

②等主人摊开餐巾并使用时,客人才能将其摊开置于膝盖上。餐巾的主要作用是防止油污、汤水滴到衣服上,也可用来轻擦嘴边油迹。切忌用餐巾擦脸、擦汗或除去口中的食物,也不可用它擦拭餐具。餐毕离桌时,要将餐巾放在桌上靠左位置,不可胡乱扭成一团。

③请外国客人用中餐时,既要摆碗筷,又要摆刀叉,做到中餐西吃。右手持刀,左手持叉,将食物切成小块后用叉送入口中。吃西餐时,按刀叉顺序由外往里取用,吃完一道菜后,将刀叉并拢平放于盘内,或者摆成八字形,刀口向内,以示吃完。

④为了表示礼貌,送到面前的食物多少都要食用一点。特别合口味的食物切勿一次食用过量,对不合口味的食物也不要流露出厌恶的表情。

⑤吃西餐的肉类食物时,要边切边吃,切一次吃一口;吃鸡、龙虾等食物时,经主人示意可以用手撕着吃;吃面条之类的食物时,可用筷子、叉卷起来吃,但一次不宜过多;吃带腥味的食物时,常备有柠檬,可用手将汁挤出滴在食物上,以去除腥味;喝汤时,切忌用口吹或发出"嘶嘶"的声音。

⑥进餐时应尽量避免打喷嚏、咳嗽、打哈欠、擤鼻涕等。如果无法抑制,宜用手帕掩口,并避免对人。嘴内嚼有食物时,不要说话。

3. 进餐中的注意事项

(1)宽衣。社交场合,无论天气如何炎热,都不能当众解开纽扣,脱下衣服。在小型便宴上,如果主人请客人宽衣,男宾可以脱下外衣搭在椅背上。

(2)水盂。在西式宴会上,上鸡、龙虾、水果等食物时,有时会递上一个小水盂,水上漂有玫瑰花瓣或柠檬片,这是供洗手用的。可两手轮流蘸湿指头,轻轻涮洗,然后用餐巾或小毛巾擦干,切勿饮用。

(3)交谈。无论是主人、陪客或宾客,都应与同桌的人相互交谈,特别是左右邻座。不要只同几个熟人或一两个人说话。如果与邻座的客人并不熟悉,可先做自我介绍。

(4)饮酒。宴席上一项很重要的活动就是饮酒,要了解祝酒的习惯以及为何祝酒。在主人或主宾致辞、祝酒时,应停止进餐,停止交谈,注意倾听,不得借此抽烟或离席。主人或主宾到各桌敬酒,应起立举杯。碰杯时,主人和主宾先碰,人多时可同时举杯示意,不一定非碰杯不可。祝酒时，注意不要交叉碰杯。碰杯时，要目视对方致意。

（5）取茶。招待员上茶时，不要抢着去取，待送至面前时再拿。周围的人未拿到第一份时，不要急于去拿第二份。

（6）喝茶、喝咖啡。西式喝茶、喝咖啡，有时需要用小汤匙加牛奶或白糖搅拌。正确的饮法是搅拌后，把小汤匙放回小碟内，左手端着小碟，右手拿着杯子喝，不要用小汤匙把茶或咖啡送入口中。

（7）吃水果。吃水果时，可先用水果刀将水果切成几瓣，再去皮、去核，刀口朝内，从外往里削，然后用手拿着吃。

（8）纪念品。除了主人准备送给来宾的纪念品外，各种招待用品，包括糖果、水果、香烟等都不要拿走。

五、馈赠礼仪

古今中外的各种交往，几乎都离不开馈赠礼品这项活动。谈判人员在相互交往中馈赠礼品，一般除表示友好、想进一步增进友谊和今后不断联络感情的愿望外，更主要的是表示对此次合作成功的祝贺，以及对再次合作能够顺利进行的希望。

一般情况下，欧美国家更看重礼物的意义价值，而不是货币价值，他们只把礼物作为传递友谊和感情的手段。因此，在选择礼物送给欧美的商人时货币价值不要过高，但要有本国特色。有时，赠送贵重的礼物甚至会适得其反，对方会怀疑赠礼者的意图，这样不但不能加深相互间的友谊，反而会引起对方的戒备心理。亚洲、非洲、拉丁美洲、中东地区的客商与欧美的客商相比有所不同，他们往往更看重礼物的货币价值。

挑选礼物时，要注意对方的习俗和文化修养。由于谈判人员的文化背景不一样，爱好和要求也会有所不同。在阿拉伯国家，酒类是不能作为礼品相互赠送的，更忌讳给当事者的妻子送礼品；在英国，受礼人讨厌有送礼单位或公司标记的礼品；在法国，忌讳给别人送菊花，因为菊花只在办丧事时使用；日本人不喜欢有狐狸图案的礼品，因为在日本狐狸被视为贪婪的象征。所以，在馈赠礼品时要注意和重视这些文化差异。

送礼的数量也应有所讲究。我国一向以双数为吉数，而日本则以奇数表示吉利，一些西方国家通常忌讳"13"这个数。因此，若送数量较多的礼品时，一定要注意这一点。

送礼的时机和场合也要特别注意。各国、各地区大同小异，一般都有初交不送礼的习惯。法国人喜欢在下次重逢时馈赠礼品；英国人多在晚餐后乘兴赠送礼品；我国则认为在离别前赠送纪念品较为自然。

有时，己方送礼后会遇到收到对方赠礼的情况，此时需要思考对方送礼的目的、是否恰当、是否可以接受等问题。一般来说，送礼者的目的在于想得到某些方面的让步。对于涉外商务交往中是否可以接受礼物，以及礼物的处置等问题，国内有关部门和企业都有相应的政策和纪律，谈判人员一定要遵守这些规定。如有人送礼而不能接受时，应当向对方解释清楚，表示内心了解并接受对方的情谊，这样才能防止对方产生误解和发生不愉快的事；如果认为对方送的礼物恰当并接受后，应以适当的方式表示感谢。

本章小结

商务礼仪是在商务活动中体现相互尊重的行为准则,用来约束日常商务活动的方方面面。可以用一种简单的方式来概括商务礼仪,即商务活动中对人的仪容仪表和言谈举止的普遍要求。商务礼仪的作用在于:有助于维护企业形象,提升个人素养,方便个人交往应酬。商务礼仪具体表现为礼貌、礼节、仪表、仪式等。商务礼仪的基本准则包括真诚谦虚、尊重宽容、不卑不亢。

迎送虽然只是商务谈判活动中一个不显眼的环节,却是谈判所不可缺的重要组成部分。恰当地掌握迎送礼仪,直接决定谈判双方人员的关系、谈判气氛、谈判进程以及最终协议的达成。迎接礼仪中,要准确掌握客人到达的时间,事先制作接应牌,妥当安排交通工具及食宿,要以热情有礼、周到妥帖的态度做好迎客工作。当客商离去时,不论对方有没有与己方道别,也不论双方谈判是否成功,都应本着善始善终的原则,为客商送行。谈判一方对即将离去的客人,应根据其身份、与对方交往的性质、双方的关系等因素,综合考虑安排相应的送别仪式,最为常见的送别形式有道别、话别、饯别、送行等。商务活动虽是高度理性化的行为,但理性往往受到感性的引导。优雅热情、细致周到的礼节会给对方留下良好的印象,首先从情感上缩短双方的距离,继而有助于谈判的顺利进行。见面礼通常有握手礼、鞠躬礼、合十礼、拥抱礼、亲吻礼、点头礼。

商务谈判是不同利益主体之间为了满足各自需要而进行的磋商活动。在会谈活动的整个过程中要注意相应的礼仪。处理谈判过程中出现的僵局时一定要保持礼貌的态度,这样既能显示己方的风度,又能反衬对方的焦躁,从而在谈判中占据主动地位。此外,宴请是商务活动中最常见的一种交际活动,是谈判过程中不可缺少的组成部分。在宴请活动中,一定要注意应邀、出席时间、入座、进餐等问题。

 专有名词

商务礼仪(Business Etiquette)
迎送礼仪(Welcome Etiquette)
见面礼仪(Greeting Etiquette)
会谈礼仪(Meeting Etiquette)
宴会礼仪(Banquet Etiquette)
馈赠礼仪(Gift of Etiquette)

 思考题

1. 如何理解商务礼仪?
2. 商务谈判中通常涉及哪些礼仪?
3. 商务谈判中的迎送礼仪应注意哪些方面?
4. 会谈时需要注意哪些礼节性问题?
5. 赠送对方礼品时应注意哪些问题?

 案例讨论

不懂礼仪的代价

艾丽是一位热情而敏感的女士,在中国某著名房地产公司任副总裁。有一次,她接待了来访的大桥建筑材料公司主管销售的韦经理。韦经理被秘书领进艾丽的办公室后,秘书对艾丽说:"艾总,这是大桥公司的韦经理。"

艾丽离开办公桌,面带笑容,走向韦经理。韦经理伸出手来,让艾丽握了握。艾丽客气地说:"很高兴你来为我们公司介绍这些产品。这样吧,让我看一看这些材料,再和你联系。"韦经理在几分钟内就被艾丽送出了办公室。几天内,韦经理多次打电话,但得到的都是秘书的回答:"艾总不在。"

到底是什么让艾丽这么反感一个没说一句话的人呢?艾丽在一次讨论形象的课上提到这件事,余气未消:"首次见面,他留给我的印象不只是不懂得基本的商务礼仪,还没有绅士风度。他是一个男人,职位又低于我,怎么能像个王子一样伸出高贵的手让我握呢?他伸给我的手看起来毫无生机,握起来更像一条死鱼,毫无热情。当我握他的手时,他的手掌也没有任何反应。我只有感恩戴德地握住他的手,只差要跪吻他的高贵之手了。握手的这几秒钟,他就留给我一个极坏的印象:他的心可能和他的手一样冰冷,他没有让我感到他对我的尊重。作为一个公司的销售经理,居然不懂得基本的握手方式,他显然不是那种经过职业训练的人。公司能够雇用这样素质的人做销售经理,可见公司管理人员的素质和层次也不会高。这种素质低下的人组成的管理层,怎么会严格遵守商业道德,提供优质、价格合理的建筑材料?我们这样的大房地产公司,怎么能够与这样作坊式的小公司合作?怎么会让他们为我们提供建材呢?"

问题:
1. 韦经理为什么没有得到艾丽副总裁的再次会见?
2. 握手的时候需要注意哪些细节?
3. 你赞同艾丽的做法吗?

参考文献

1 张国良,赵素萍.商务谈判[M].杭州:浙江大学出版社,2010.
2 宋莉萍.商务谈判理论、策略与技巧[M].上海:上海财经大学出版社,2012.
3 毛晶莹.商务谈判[M].北京:北京大学出版社,2010.
4 甄玉连.浅析心理学在商务谈判中的运用[J].科教导刊,2014(2):154-155.
5 吴晓红.气氛营造对商务英语谈判的影响——以开局阶段为例[J].长沙大学学报,2016,30(3):98-100.
6 刘春生.国际商务谈判[M].北京:电子工业出版社,2016.
7 陆雪文,秦得力.商务谈判中语言艺术的运用[J].文学教育(下),2019(1):69-70.
8 覃业城.商务谈判中的语言技巧[J].合作经济与科技,2017(23):140-141.
9 耿晓琴.浅析肢体语言在商务谈判中的有效运用[J].东方企业文化,2014(19):340.
10 鲁小慧.浅析商务谈判中的说服技巧[J].江苏商论,2014(9):9-11.
11 刘昕阳,吕智博,李丛.浅析国际商务谈判中的技巧[J].企业科技与发展,2019(10):116-117.
12 费非.语言沟通技巧在商务谈判中的运用[J].文教资料,2019(16):215-217.
13 庞岳红.处理商务谈判僵局的原则及技巧探讨[J].现代营销(下旬刊),2017(11):24-25.
14 尚丰阳.商务谈判报价的策略[J].环渤海经济瞭望,2018(7):28.
15 柯静.WTO电子商务谈判与全球数字贸易规则走向[J].国际展望,2020,3:154-155.
16 汪遵瑛.商务谈判[M].上海:复旦大学出版社,2012.
17 利·汤普森.国际商务谈判[M].6版.赵欣,译.北京:中国人民大学出版社,2019.
18 宿荣江,龙云.国际商务谈判案例汇编[M].北京:中国商务出版社,2016.
19 杜琴.文化差异对于国际商务谈判的影响和启示[D].北京:对外经济贸易大学,2018.
20 张晓.国际商务谈判[M].北京:中央广播电视大学出版社,2014.
21 邹莉,梁晓霞.跨国礼仪在国际商务谈判中的运用研究[J].文化创新比较研究,2018,2(36):187-188,191.
22 吴美清,王明霞.跨国文化礼仪在国际商务谈判中的运用策略探索[J].产业与科技论坛,2018,17(18):226-227.
23 袁梦苑,林梅.基于文化对接角度的国际商务谈判技巧研究[J].商场现代化,2021(20):110-112.
24 郝轶君.多元化的国际商务谈判技巧及顺应策略研究[J].理论观察,2017(8):174-176.
25 杨伶俐.论中美商务谈判中的文化差异和冲突解决方式[J].国际商务(对外经济贸易大学学报),2013(5):122-128.
26 谢楚楚.国际商务谈判中的跨文化障碍及应对策略[J].现代营销(经营版),2020(3)40-42.
27 林聪.跨文化之国际商务谈判中的风俗习惯差异[J].现代交际,2019(8):86-88.